Das Buch

Kaum ein Schriftsteller ist im Bewusstsein seiner Leser so sehr mit einer Stadt verbunden wie Heinrich Böll mit Köln. Hier wurde er 1917 geboren, hier verbrachte er seine Kindheit und Jugend, und hierher kam er nach seiner Zeit als Soldat und Kriegsgefangener zurück und begann seine literarische Karriere, die ihm neben dem Nobelpreis auch den Literaturpreis und die Ehrenbürgerschaft der Stadt Köln eintrug. Es gibt liebevolle und detaillierte Beschreibungen der Kölner Südstadt vor dem Krieg, scharfsichtige Beobachtungen zum Wandel der Stadt und ihrer Bewohner unter den Nazis und intensive Schilderungen der chaotischen Verhältnisse nach dem Ende des Krieges. Und doch blieb das Verhältnis ambivalent, auf viele seiner kritischen Äußerungen reagierten die städtischen Institutionen und die Öffentlichkeit ablehnend.

René Böll rekonstruiert anhand der Texte seines Vaters und zahlreicher Bilddokumente Bölls Köln – und lädt ein zur Lektüre und zur Besichtigung der Stadt durch die Zeilen des größten Schriftstellers der Stadt am Rhein.

Der Autor

Heinrich Böll, 1917 in Köln geboren, nach dem Abitur 1937 Lehrling im Buchhandel und Student der Germanistik. Mit Kriegsausbruch wurde er zur Wehrmacht eingezogen und war sechs Jahre lang Soldat. Seit 1947 veröffentlichte er Erzählungen, Romane, Hör- und Fernsehspiele, Theaterstücke und zahlreiche Essays. Zusammen mit seiner Frau Annemarie war er auch als Übersetzer englischsprachiger Literatur tätig. Heinrich Böll erhielt 1972 den Nobelpreis für Literatur. Er starb im Juli 1985 in Langenbroich/Eifel.

Der Herausgeber

René Böll, geboren am 31. Juli 1948 in Köln. Seit 1963 autodidaktisches Studium Zeichnen und Malen. Ab 1966 Unterricht bei Bernhard Müller-Feyen und ab 1967 Studium der Malerei und Druckgraphik (speziell: Lithographie) in Köln und Wien. 1972 erste Arbeiten mit chinesischer und japanischer Tusche. Von 1975 bis 1988 Mitgründer und Verlagsleiter des Lamuv Verlages. 1978 Verleger und Übersetzer (aus dem Spanischen), Tätigkeit als Fotograf. 1985 Redakteur der sechsbändigen Ausgabe »Sämtliche Briefe von Vincent van Gogh«. Seit 1988 wieder freier Maler. Ab 1993 erneute Arbeiten mit chinesischer Tusche. Seit 1999 Radierungen. Studienreisen u. a. nach: China, Ecuador, Irland, Kenia und Russland. Einzelausstellungen in Deutschland, China, Ecuador, Irland, den Niederlanden und Tschechien.

KiWi
1417

»Köln gibt's schon, aber es ist ein Traum ...«

Ein Autor und seine Stadt

Herausgegeben von René Böll

Kiepenheuer & Witsch

Verlag Kiepenheuer & Witsch, FSC® N001512

1. Auflage 2014

© 2014, Verlag Kiepenheuer & Witsch, Köln
Umschlaggestaltung: Barbara Thoben, Köln
Umschlagmotiv: © Toni Richter
Herstellung: Dorothea Roll
Gesetzt aus der Minion und der Syntax
Satz: Buch-Werkstatt GmbH, Bad Aibling
Druck und Bindung: CPI books GmbH, Leck
ISBN 978-3-462-04722-6

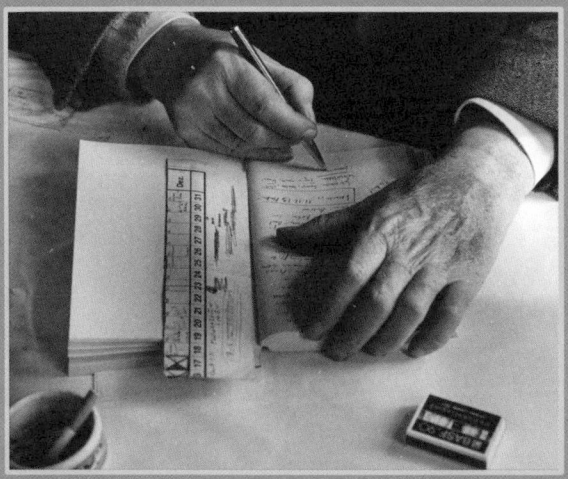

Abb. 1: Heinrich Böll am Schreibtisch in Bornheim-Merten, 1982

Abb. 2: Rathausturmfigur Heinrich Bölls

Inhalt

Zur Einführung

Die Erkenntnis der Städte ist an die Entzifferung
ihrer traumhaft hingesagten Bilder geknüpft
Siegfried Kracauer: »Aus dem Fenster gesehen«[1]

»Ein Autor und seine Stadt« herauszugeben, war für mich ein Reiz und eine Herausforderung. Ein Reiz, da die Auswahl und Zusammenstellung der Texte Heinrich Bölls, die Sichtung von Dokumenten und Lebenszeugnissen der Familie vielfältig Situationen, Szenen, Ereignisse, Erzählungen und Geschichten wieder in Erinnerung riefen, die vergessen schienen. Eine Herausforderung, da ich selbst über einige Jahrzehnte Teil dieser Geschichten gewesen bin. Dass ich mich bei der Zusammenstellung des Bildmaterials und der Lebenszeugnisse an historischen Punkten und biografischen Fakten orientieren konnte, half, bei aller Nähe den notwendigen Abstand zu finden – und hoffentlich auch gehalten zu haben.

Einen zusätzlichen Reiz, die Aufgabe einer neuen Zusammenstellung von Texten und Dokumenten zu übernehmen, bot zudem die Gelegenheit, in einer Art ›Spurenlese‹ die im Romanwerk verstreuten Anspielungen auf Köln zusammenzutragen. Natürlich ist für den Schreibprozess immer entscheidend gewesen, einen Text zu schaffen, der seinen eigenen, seinen künstlerischen Gesetzmäßigkeiten folgt. Dennoch: blicke ich auf das ›Material‹, in dem sich die literarische Phantasie verkörperte, entdecke ich in den zahlreichen Schilderungen von Örtlichkeiten, Straßen oder auch Gebäuden immer wieder viele Einzelheiten der Wohnumgebungen, in denen meine Eltern, meine Brüder und ich nicht nur viel gemeinsame Zeit verlebt haben, sondern die auch immer wieder in

---

1 Siegfried Kracauer: *Straßen in Berlin und anderswo*. Frankfurt am Main: Suhrkamp 2009, S. 55.

der Familie Anlässe zu Gesprächen gaben, die nicht selten in Zeiten führten, die vor der Zeit von uns Geschwistern lag.

Köln ist im Leben und Werk Heinrich Bölls überall greifbar – als Geburtsstadt, als Wohn-, Schreib-, Arbeitsort und Lebensraum. Über Jahrzehnte hinweg war es die Stadt seiner Aufmerksamkeit und Beobachtungen, wurde Gegenstand essayistischer Texte und hielt nicht zuletzt auch das Material für die literarische Topografie des Romanwerks bereit. Die Formel vom ›Autor und seiner Stadt‹ deutet auch im Fall Heinrich Bölls auf eine vielfältige Konstellation wechselseitiger Resonanz von Autor & Stadt, Stadt & Autor.

Spuren gibt es viele: zunächst die Wohnungen und Häuser, die die Familie im Verlauf der Jahre bewohnte, sowie die gelegentlich für die Arbeit zusätzlich angemieteten Zimmer, die Ausweichmöglichkeiten waren, wenn die Konzentration auf das Schreiben mehr Ruhe erforderte, als ein Haushalt mit drei Kindern bot. Ende der 1950er-Jahre beispielsweise für einige Wochen ein Zimmer im Schnütgen-Museum, das durch Vermittlung des damaligen Kulturdezernenten Kurt Hackenberg von Hermann Schnitzler, von 1953 bis 1970 Direktor des Museums, zur Verfügung gestellt wurde. Oder ein Refugium im Fuchsweg in Lövenich während der Arbeit am Roman *Billard um halb zehn*, dann eines in der Fleischmengergasse Mitte der 1960er-Jahre. Andere Spuren wiederum führen zu ›öffentlichen‹ Wirkungsstätten: zum *WDR* – nicht zu vergessen der Paternoster im Funkhaus am Wallrafplatz, dem in *Dr. Murkes gesammeltes Schweigen* ein kleines literarisches Denkmal gesetzt wurde – oder zum Verlag Kiepenheuer & Witsch, anfangs am Hansaring, dann in der Rondorfer Straße im Stadtteil Marienburg. An dieser Stelle vielleicht, einmal, aperçuhaft und anekdotisch, eine Bemerkung, was ›Köln‹ als Arbeitsort auch bedeutete und welche ›Gegenmaßnahmen‹ die Familie dieser ›Bedeutung‹ entgegensetzte. ›Köln‹ bedeutete immer zugleich Hektik, Zwänge, Termine, hieß stets, zahlreichen Ansprüchen ausgesetzt zu sein und Anforderungen gerecht werden zu müssen. Den Kontrast dazu bildeten die Aufenthalte in Langenbroich. Und damit dieser auch erhalten blieb, wurde in Langenbroich rasch die Einrichtung des ›Bis-Köln-nicht-Anpack-Koffers‹ etabliert. Alles wanderte in diesen Koffer, was an das mit Köln als ›Arbeitsort‹ verbundene Leben erinnerte – auch das, was eigens aus Köln mit nach Langenbroich genommen wurde, um hier ›in Ruhe‹ abgearbeitet werden zu können. Der Koffer bot über Jahre hinweg eine gern wahrgenommene Verdrängungsinstitution. Aber zurück, und zu den Spuren, die in Gesprächen aufscheinen. Sie weisen auf die frühen Besuche des Wallraf-Richartz-Museums, mit den für das spätere Schreiben so entscheidenden Eindrücken bildender Kunst, oder – viel später – auf die des Römisch-Germanischen Museums, des Weiteren auf die vielfach erwähnten und gleich viel bewunderten romanischen Kirchen – und (auch wenn nicht sonderlich geschätzt) zum Karneval. Und Spuren – andere –, die die Zeit überdauert haben, sind auch die kleinen Belege, die Auskunft geben über die gern und oftmals mit der Familie, mit Freunden, Bekannten und Gästen aufgesuchten Gaststätten und Cafés – Café Eigel in der Brücken-, Café Fromme in der Breitestraße, das frühe Campi in der Hohestraße, das Rino Fontana di Trevi am Ebertplatz. Und – für die Frage der Lektüre und ihren Zeitpunkt nicht uninteressant – die Rechnungslegungen der Lengenfeld'schen Buchhandlung oder der Buchhandlung Walther König. Ein dichtes Gewebe dokumentierter, erhaltener Spuren dies alles. Was dabei immer wieder anklingt – direkt, oder mitschwingt zwischen Zeilen und Sätzen: Köln als Gegenstand kritischer Reflexion urbaner Unwirtlichkeiten, die Stadt als Geschichtsraum, der Erinnerungen nicht nur überall hervorruft – als römische Gründung, mittelalterliche Bau- oder frühneuzeitliche Kunstwerkstatt –, sondern auch notwendig macht – als Stadt in der Zeit des Nationalsozialismus, als zerstörte Stadt am Ende.

Köln war jedoch auch immer wieder die Stadt, deren Straßen, Häuser und Plätze in den literarischen ›Protokollen‹ der geschichtlichen, imaginären ebenso wie realen Streifzüge zur Konstellation einer humanen Lebenswelt zusammentreten konnten und in der »geschaffenen Wirklichkeit« des literarischen Textes eine Wirklichkeit sichtbar machen, deren Realität von der ikonisch ausgestanzten Stadtansicht des Touristen – Rhein, Dom, ›Früh‹ und Heinzelmännchenbrunnen – verdeckt ist oder im Zuge der Sanierung der Stadt für die Belange des Verkehrs nach dem

Zweiten Weltkrieg verschüttet wurde. »Geschaffene Wirklichkeit« des Textes als literarisches Protokoll einer Stadtwahrnehmung, die auf das sinnlich fassbare, nicht aber begrifflich fixierbare Potenzial eines in seiner Alltäglichkeit verstandenen und gelebten Lebens weisen und vor ihrem Verschwinden bewahren soll. Was für diesen Blick der Stadtwahrnehmung wesentlich war, atmosphärisch Wesentliches repräsentierte, waren »Straßen wie diese«: die Severinstraße, Unter Krahnenbäumen, war der Chlodwigplatz. »Köln liegt für mich am Perlengraben und auf dem Platz vor Sankt Severin«[2], lag auch im Geruch des Rheins, der für die Erkenntnis der Stadt entscheidender sein konnte als der Dom. »Es ist schwer zu definieren, was Sympathie erweckt: jedenfalls vieles in Köln erweckt sie, und ich weiß nicht, ob der Geruch des Rheines nicht so bedeutsam ist wie der Dom.«[3] Es geht um Blicke, die die Wahrnehmung der Stadt als ›Groß‹- und ›Domstadt‹ ablenken und verfremden sollen, um zum Anblick der ›Stadt‹ zu kommen, die erfahrbar, aber nicht fixierbar ist.

Für mich sind es immer wieder zwei Aufmerksamkeiten, die sich zu Schwerpunkten der Stadtwahrnehmung meines Vaters kristallisierten. Zum einen das leidenschaftliche Interesse für die Situationen des Alltäglichen, für die Konstellationen des ›einfachen‹ Lebens, das sich im Leben in den Straßen manifestiert, zum anderen die Erinnerungen an das Köln der Vorkriegszeit, die Zeit der Kindheit und Jugend.

> »Wenn man alle Städteschilderungen, die es gibt, nach dem Geburtsorte der Verfasser in zwei Gruppen teilen wollte, dann würde sich bestimmt herausstellen, daß die von Einheimischen verfaßten sehr in der Minderzahl sind. Der oberflächliche Anlaß, das Exotische, Pittoreske wirkt nur auf Fremde. Als Einheimischer zum Bild einer Stadt zu kommen, erfordert andere, tiefere Motive. Motive dessen, der ins Vergangene statt ins Ferne reist.«[4]

---

2   Stadt der alten Gesichter, hier S. 67.
3   Köln, eine Stadt – nebenbei eine Großstadt, hier S. 12.
4   Walter Benjamin: Die Wiederkehr des Flaneurs, in: Walter Benjamin: *Gesammelte Schriften*. Band III: Hrsg. von Hella Tiedemann-Bartels. Frankfurt am Main: Suhrkamp 1989, S. 194.

Mit dieser für mich im Blick auf die Stadtwahrnehmung Heinrich Bölls zentralen Unterscheidung leitete Walter Benjamin die Besprechung eines Buchs ein, das zu den Gründungsdokumenten einer Figur wurde, in der sich das Sehen und Erfahren der Stadt sein Bewusstsein geschaffen hat. Es ist die des Flaneurs als ›Leser‹ ihrer Straßen. Hervorgebracht hat ihn – so Walter Benjamin – Paris[5]. Seine einprägsamste Formel hat er in dem von Walter Benjamin rezensierten Buch gefunden, in Franz Hessels *Spazieren in Berlin*. Er erscheint dort als ›Leser‹, dessen ›Lesen‹ »eine Art Lektüre der Straße [ist], wobei Menschengesichter, Auslagen, Schaufenster, Caféterrassen, Bahnen, Autos, Bäume zu lauter gleichberechtigten Buchstaben werden, die zusammen Worte, Sätze und Seiten eines immer neuen Buches ergeben«.[6]

Franz Hessels *Spazieren in Berlin*, 1929 publiziert, entstand nach seiner Rückkehr aus Frankreich vor dem Hintergrund des zur Metropole sich umwandelnden Berlin, das die Physiognomie des ihm bekannten nicht mehr trug. Die Entzifferungsarbeit von Hessels Spaziergänger zielt daher in seiner ›Lektüre der Straße‹ auf das, was die Stadtansicht nicht unmittelbar mehr zeigte, auf das Vergangene. Er entziffert es zwischen den Zeilen der Straßen, Gebäude, Schaufenster und Gesichter der ihm Begegnenden. Denn »mit dem Herumlaufen allein ist es nicht getan. Ich muss eine Art Heimatkunde treiben, mich um die Vergangenheit und Zukunft dieser Stadt kümmern, dieser Stadt, die immer unterwegs, immer im Begriff, anderes zu werden, ist.«[7]

Franz Hessel erwähne ich hier vor allem aus dem Grund, weil mir die bei ihm zum Ausdruck kommende Art der Stadtwahrnehmung als Motiv für die immer wieder auf ein vergangenes Köln zurückgreifenden Äußerungen Heinrich Bölls ebenso aufschlussreich scheint wie für seine Wahrnehmung des im Wiederaufbau umgewandelten Köln.

---

5 Ebd. S. 195.
6 Franz Hessel: Berlins Boulevard, in: Franz Hessel: *Spazieren in Berlin*. Mit einem Geleitwort von Stéphane Hessel und einem Nachwort von Bernd Witte. Neu herausgegeben von Moritz Reininghaus. Berlin: Verlag für Berlin-Brandenburg, 2011, S. 121.
7 Franz Hessel: *Spazieren in Berlin*, wie Anmerkung 6, S. 23.

Auf den Punkt bringt Walter Benjamin diese Stadtwahrnehmung in seiner Rezension mit der Bemerkung über die Stadt als »mnemotechnischer Behelf des einsam Spazierenden, sie ruft mehr herauf als dessen Kindheit und Jugend, mehr als ihre eigene Geschichte«.[8] Für Heinrich Böll war diese Stadt Köln. Die Erkundungen und Repräsentationen der Stadt, die immer Erinnerungsgänge in einen Stadtraum wurden, der sich zwischen den Polen Kindheit/Jugend – und gegenwärtigem Bewusstsein aufspannte, sind, auch wenn sie wie Streifzüge im Album privater Erinnerungsstücke scheinen, auch eine Folie, auf der sich die Konstellationen von Gegenwärtigem und Vergangenem, An- und Abwesendem abzeichnen.

»Ich denke an Köln, an die Stadt, in der ich geboren bin und immer noch lebe. Aber wenn Sie mich nach Heimat fragen, denke ich an das Köln vor 33, das Köln meiner Kindheit und meiner Jugend. Ein zweites Köln war schon das Köln zwischen 1933 und 1939, also ein von Nazi-Gauleitern und SA-Truppen bestimmtes. Das dritte Köln war das zerstörte Köln, ein viertes ist das wiederaufgebaute. Aber Heimat, wenn Sie mich nach dem Gefühlswert Heimat fragen, ist das Köln vor 33, das die Heimat meiner Erinnerungen ist«.[9]

Oder an anderen Stellen:

»Es gibt zwei Köln, die in diesem Sinn ›heimatlich‹ waren: das Vorkriegsköln zwischen Raderthal und Chlodwigplatz, zwischen Vorgebirgsstraße und Rhein, dazu noch die Südbrücke und die Poller Wiesen; das zweite Köln, das in diesem Sinn ›heimatlich‹ war, war schon ein anderes, das zerstörte Köln, in das wir 1945 zurückzogen. Diese beiden Köln sind Gegenstand der Erinnerung – und der Sentimentalität natürlich«.[10]

---

8 Walter Benjamin: Die Wiederkehr des Flaneurs, wie Anmerkung 4, S. 194.
9 Was ist Heimat? *Hessischer Rundfunk* (Frankfurt a. M.), Hörfunk 2. Programm, 29.12.1970 – Abendstudio, in: Mitscherlich/Kalow (Hrsg.): *Hauptworte – Hauptsachen. Zwei Gespräche: Heimat – Nation. Nation – ein überholter Begriff?* – München: R. Piper Verlag, 1971, S. 11–56.
10 Heimat und keine; im vorliegenden Band , 73.

»Die Architektur Kölns vor dem Krieg ist weg. Das ist für mich eine verschwundene, versunkene Stadt, in der ich einige Punkte noch erkenne,
und das sind eben hauptsächlich die Kirchen, die romanischen Kirchen.
Vielleicht zehn Häuser noch und im übrigen ist das so wie Frankfurt, Stuttgart, was weiß ich … auch nicht rekonstruierbar […]. Aber das wieder
aufgebaute, dynamische Köln – nennen wir es dynamisch –, das paßt nun
überhaupt nicht. Köln zu dynamisieren ist schrecklich«.[11]

Die Stadt, ein Spurenarsenal des vergangenen, ›ersten‹ Köln der Vorkriegszeit und des die Spuren der Zerstörung sichtbar tragenden Köln der
ersten Jahre der Nachkriegszeit. Beide ragten immer in die Gegenwart
hinein; zum einen durch die nicht verblassenden eigenen Erinnerungen,
zum anderen durch die Erinnerungen, die sich durch die Konstanten der
topografischen Konstellationen der Stadt immer wieder erneuerten –
der Vorgebirgspark war, wo er war, immer der Vorgebirgspark, und auch
ein in seiner Gestalt durch die Zerstörung der Oper veränderter Ort wie
der Rudolfplatz blieb nach dem Wiederaufbau der Ort der Oper, dessen
Wahrnehmung jetzt – traumbildartig – ins Vergangene führen konnte.
Ich zitiere noch einmal aus Walter Benjamins Rezension:

> »Für den Flanierenden geht folgende Verwandlung mit der Straße vor sich:
> sie leitet ihn durch eine entschwundene Zeit. Er schlendert die Straße ent-
> lang; ihm ist eine jede abschüssig. Sie führt hinab, wenn nicht zu den Müt-
> tern, so doch in eine Vergangenheit, die um so tiefer sein kann, als sie nicht
> seine eigene, private ist. Dennoch bleibt sie immer Vergangenheit einer
> Jugend.«[12]

Worum es also bei allen Verweisen auf das Vergangene nicht geht, ist das
gegenseitige Ausspielen einer »schönen«, »harmonischen« Kindheit und
Jugend mit einer im Gegensatz zu ihr »schlechten« Gegenwart bzw. umgekehrt, einer Gegenwart, in der doch alles viel besser geworden sei im
Verhältnis zu einer oft kargen Kindheit.

---

11 Eure Ruinen waren unsere Spielplätze, im vorliegenden Band, S. 78–79.
12 Walter Benjamin: *Das Passagen-Werk*, in: Walter Benjamin: *Gesammelte Schriften*. Bd. V.2: Hrsg.
   von Rolf Tiedemann. 4. Aufl. Frankfurt am Main: Suhrkamp 1996, S. 1052 f.

Zum Ausdruck gebracht werden sollte mit diesen Hinweisen auf die Kindheit und Jugendzeit vielmehr das Recht des Gewesenen, als Vergangenes nicht vergessen, ausgeblendet zu werden und als Möglichkeit dafür bereitzustehen, das Erinnerte mit einer auf sich fixierten Gegenwart zu kontrastieren – und damit diese mit sich auch zu konfrontieren.

Aus dieser Anschauung lebt vielleicht auch die wenn auch nachvollziehbare, so doch ganz subjektiv motivierte Unterscheidung Kölns in ein erstes, zweites, drittes und viertes, das heißt in die Wahrnehmung eines vervielfachten, in sich unterschiedenen Köln als Abweichungsmöglichkeit oder Auflösung eines nur auf die Gegenwärtigkeit der Stadt fixierten Blicks, der sich zu und in einem Erinnerungsraum bewegt, der die Gegenwart mit Resonanzen des Vergangenen wie mit Traumbildern erfüllt. Dass das vor Augen stehende Köln für Heinrich Böll stets in eine räumlich und zeitlich mit Melancholie erfüllte Ferne rückte, war sicherlich auch Ausdruck eines Lebensgefühls und -verständnisses. Formuliert wurde dies gelegentlich so: »Die Tatsache, daß wir alle eigentlich wissen – auch wenn wir es nicht zugeben –, daß wir hier auf der Erde nicht zu Hause sind, nicht ganz zu Hause sind. Daß wir also noch woanders hingehören und von woanders herkommen.«[13] Herausgelöst aus dem religiös-theologischen Rahmen, in dem diese Bemerkung fiel, meint ›Nicht-ganz-auf-dieser-Erde-sein‹ immer schon und auch ein Gewesener zu sein, dessen Vergangenheit als etwas Verlorenes im Jetzt seiner Gegenwart deren melancholischer Grund geworden ist.

›Spazieren in Köln‹ war – um es in Anlehnung an den Titel des von Heinrich Böll hochgeschätzten und des Öfteren zitierten Romans von Marcel Proust zu sagen – immer auch ›die Suche nach einer verlorenen Zeit‹, in der sich bei der Entzifferung der kleinen Gesten, Dinge und Ereignisse eine »Erkenntnis der Stadt« ermöglicht – und diese einen Anfang setzt, um mit der Arbeit an einer anderen Wahrnehmung der Stadt zu beginnen.

---

13 Weil wir uns auf dieser Erde nicht ganz zu Hause fühlen. Gespräch mit Karl-Josef Kuschel, in: Heinrich Böll: *Werke*. Kölner Ausgabe. Bd. 26, S. 311.

Was zunächst wie ein stetiges Abgleiten in die Vergangenheit aussieht, lässt sich so auch als fortgesetzte Aufforderung verstehen, eine nur auf das immer Gegenwärtige konzentrierte Wahrnehmung zu revidieren, sie als etwas nicht Abschließbares zu verstehen. Die Eigenart der Stadtwahrnehmung spiegelt damit einen Grundgedanken, der im ganzen Werk präsent ist. Dass etwas in seiner eigenen Wirklichkeit erfahrbar wird, heißt, dass an ihm immer auch etwas Unauflösbares stehen bleibt, ein ›Rest‹. Es geht um einen »Rest«[14] an Ungewissheit, Fremdheit, Ungreifbarem, Sich-Entziehendem, mit anderen Worten, um die Präsenz des Bekannten und die Poesie des Unbekannten. Auch in der Erfahrung der Stadt.

> »[Z]u Hause bin ich da, wo jeweils meine Familie sein mag, wo ich die Bekannten kenne; Köln liegt da, wo ich die Unbekannten kenne, liegt am Rhein, hat Kirchen und Brücken und viel Geschichte, römische Legionäre kratzten diese Geschichte in Ziegel, mittelalterliche Baumeister bauten die romanischen Kirchen, die viel kölnischer sind als der Dom, der ein wenig fremd, für Fremde, so nahe am Bahnhof und viel zu nahe an den großen Hotels liegt; zu leicht kann man sich einbilden, Köln zu kennen, wenn man aus einem Hotelfenster auf den Dom blickt, Köln liegt für mich am Perlengraben und auf dem Platz vor Sankt Severin, es ist die Stadt der Unbekannten, die ich kenne.«[15]

Dass Erkennen sich immer in einer Abweichung, in der »Entfernung von der Truppe« realisiert, war eine feste Überzeugung. In »Stadt der alten Gesichter« hat diese Überzeugung ihre Figur in den Unbekannten gefunden. Sie sind es, die von der Wahrnehmung des bereits oder der schon

---

14 Siehe hierzu die Nobelpreisvorlesung Versuch über die Vernunft der Poesie: »Politiker, Ideologen, Theologen und Philosophen versuchen immer und immer wieder, restlose Lösungen zu bieten, fix und fertig geklärte Probleme. Das ist ihre Pflicht – und es ist unsere, der Schriftsteller – die wir wissen, daß wir nichts rest- und widerstandslos klären können –, in die Zwischenräume einzudringen«, in: Heinrich Böll: *Werke*. Kölner Ausgabe. Bd. 18, S. 206.
15 Stadt der alten Gesichter, im vorliegenden Band, S. 67.

Bekannten wegführen. Denn Köln ist nicht fassbar da, wo Fassbarkeit an fixe Kennzeichen gebunden ist (»zu leicht kann man sich einbilden, Köln zu kennen …), wenn man aus einem Hotelfenster auf den Dom blickt«. Wie die alten Bekannten, die einem nicht begegnen, weil man sie sucht, sondern einen ›zu-fällig‹ finden, wird man Köln nicht in der Konzentration auf die lokalen Ikonen erfassen. Köln ist nicht das, was die Spitze der Domtürme unter sich fassen. Erst abgerückt von Identifiziertem »öffnet sich« die Stadt ihrem Betrachter »als Landschaft« und »umschließt ihn als Stube«[16], wie die verwobenen Portalfiguren mancher romanischer Kirchen den Eintretenden umfangen, deren Runden und Bögen nichts ›unter‹ sich, sondern alle Lebensfülle in sich fassen.

Wie die ›Wirklichkeitskunde‹ der »geschaffenen Wirklichkeit« die Realität der in der ikonischen Physiognomie der Straßen und Plätze verborgenen Wirklichkeit humanen Lebens sichtbar macht, so gibt sie auch weiter, was die Stadt als »allerlei Weisheit« in den »zweitausend Jahren« ihrer Geschichte angesammelt hat, weil sie die Verkörperung einer Figur erlaubt, in der diese »Weisheit« sich »aus dem Unsichtbaren heraus […] immer wieder manifestiert«: den »Straßenbahnschaffnern«. Es sind die Straßenbahnschaffner, die, da sie selbst die Ziele nicht haben, zu denen sie ihren Fahrgäste verhelfen, und dadurch, wenn auch nicht völlig unabhängig von diesem Zweck, so doch an keinen einzelnen gebunden sind, die »Boten« sind, in denen sich die Lehre eines nur auf das Erfüllen von Zwecken und Erreichen von Zielen ausgerichteten Lebens neu vermessen kann. Nicht ihre Existenz als »Boten« steht infrage, sondern die Ubiquität dessen, was sie infrage stellen: tödlicher Ernst in allem. Wer ihnen ›begegnet‹, wird »geheilt von der Vorstellung, das Leben sei lang genug, daß man Zeit habe, sich aufzuregen. Auch die Vorstellung, das Leben sei so tödlich ernst, wie es manchmal aussieht, wird von ihnen widerlegt«[17] – ihre Botschaft sind Gelassenheit und Humor.

---

16 Walter Benjamin: Die Wiederkehr des Flaneurs, in: wie Anmerkung 5, S. 195.
17 Köln eine Stadt, nebenbei eine Großstadt, im vorliegenden Band, S. 32.

»Köln gibt's schon, aber es ist ein Traum«[18] – ein Stadttraum, keine Traumstadt. An jeder Ecke, in jeder Begegnung kann der Stadttraum, den die Texte bewahren und zu dessen Entzifferung sie auffordern, aber erwachen.

Heinrich Böll in Köln – ein Überblick

Es soll hier keine Biografie Heinrich Bölls geschrieben werden; die wichtigsten Stationen sind in der Chronik festgehalten. Mit wenigen Strichen will ich lediglich die Anfangszeit der Familie in Köln bzw. den Neuanfang nach 1945 und die weiteren Stationen im Überblick skizzieren.

Die Geschichte beginnt 1896 mit der Übersiedlung Viktor Bölls aus Essen. Es war die Hoffnung, sich in Köln besser als in der Heimatstadt als Schreiner und Kunstschnitzer etablieren und erfolgreich sein zu können. Ein weiteres Motiv: In Köln wohnte Katharina Gießen, eine Schwester des mit Viktor Böll befreundeten Essener Kaplans Engelbert Gießen, die er bei gelegentlichen Besuchen der Kölner in der Ruhrgebietsstadt kennengelernt hatte. Die erste Kölner Anschrift nach der Heirat im April 1897 war die Telegraphenstraße 5. Geboren wurden hier die drei Kinder Engelbert (1898) – er starb allerdings nach nur wenigen Monaten –, Mechthild (1899) – auch sie starb, noch bevor sie ihr neuntes Lebensjahr vollendete – und Grete (1900). Als ein Jahr nach der Geburt Gretes auch Katharina Böll starb, gab Viktor Böll die erste gemeinsame Wohnung auf und zog 1902 mit den Kindern in den Mauritius-Stein-Weg 38, 1903 dann in die Waisenhausgasse und 1905 in das von ihm selbst errichtete Gebäude Vondelstraße 28, in dem auch die Werkstatt untergebracht war. Über die Zeit hinweg bricht allerdings der Kontakt zu der bis zum Tod Katharina Bölls im Haushalt lebenden Hauswirtschafterin, Maria Herrmanns, die sich, wie es die einzuhaltende Schicklichkeit forderte, nach dem Tod Katharina Bölls aus dem Haushalt zurückgezogen hatte, nicht ab. Viktor Böll und Maria Hermanns heirateten am 25. November

---

18 Köln gibt's schon, aber es ist ein Traum. Gespräch mit Werner Koch, im vorliegenden Band, S. 81.

1906. Bevor das erste Kind dieser Ehe, Mechthild, 1907 geboren wurde, wurde eine neue Wohnung in der Teutoburger Straße 32 bezogen. In dieser kam 1909 auch die zweite Tochter, Gertrud, zur Welt. Als sich dann mit Alois 1911 weiterer Nachwuchs ankündigte, zog die für die Wohnung zu groß gewordene Familie 1912 in die Hardtstraße 27 um. 1914 – ein Jahr nach der Geburt des vierten Kindes, Alfred – folgte ein Wohnungswechsel in die Petersbergstraße 61; die letzte ›Station‹ vor dem Umzug 1916/17, der die Familie wieder in die Teutoburger Straße, diesmal das Haus Nr. 26, zurückführte. Hier, in der auf der ersten Etage gelegenen Wohnung, wurde Heinrich Böll am 21.12.1917 geboren.

Für das Auskommen der Familie sorgte die Schreinerei, die im Dezember 1886 am Wormserplatz 13 eröffnet und als ›Atelier für kirchliche Kunst‹ von Viktor Böll und Wilhelm Polls betrieben wurde. Kennengelernt hatten sich die beiden Handwerker in Kolpings Ledigenheim in der Breitestraße, Viktor Bölls allererste Adresse in Köln, nach der Übersiedlung.

Die Firma »Böll & Polls« entwickelt sich gut. So konnten die Partner bereits vor der Jahrhundertwende, 1898, an die Errichtung je eines Miethauses denken: die Gebäude Nr. 28 und Nr. 30 in der Vondelstraße, in deren gemeinsamem Hinterhaus der nun als ›Werkstatt für Kirchenmöbel‹ firmierende Betrieb ab 1902 geführt wurde. Die Herstellung von Beichtstühlen, Orgelbrüstungen, Orgelgehäusen, Kirchbänken und Altären in einigen Kölner Kirchen – u. a. in St. Agnes, St. Alban, St. Aposteln, St. Cäcilien, St. Maria Lyskirchen, Maria-Hilf und St. Severin – hielt den wirtschaftlichen Erfolg bis 1918/19 aufrecht. Erst 1920, als die Auftragslage für die Versorgung von zwei Familien schwieriger wurde, trennten sich die Partner gütlich und im Einvernehmen darüber, dass Viktor Böll die Werkstatt in der Vondelstraße übernimmt. Nur der Name änderte sich. Die Schreinerei firmierte unter dem Titel: ›Kunsttischlerei, Werkstätten für kirchliche Kunst‹.

Aus der Stadt zog die Familie im Juli 1922. Der neue ›Standort‹ war ein neu errichtetes Einfamilienhaus in der Kreuznacher Straße 49 in Raderberg. »Der Name der Siedlung, in die wir zogen, hieß ›Am Rosengarten‹; der Name war zutreffend, die Zuversicht, mit der da ›im Grünen‹ gebaut wurde, nicht ganz so angemessen.«[19] In der Tat. Im Zuge der Weltwirtschaftskrise wurde die 1923 gegründete »Rheinische Kredit-Anstalt«, Köln, Johannisstraße 72–78, für die Viktor Böll als Bürge gezeichnet hatte, liquidiert. Durch die 1930 abgerufenen Bürgschaften geriet die Familie in massive wirtschaftliche Bedrängnis, sodass letztlich das Haus in der Kreuznacher Straße veräußert werden musste. »Es war ein düsteres Jahr. Totaler finanzieller Zusammenbruch, nicht gerade eine klassische ›Pleite‹, nur ein ›Vergleichsverfahren‹, ein Vorgang, den ich nicht durchschaute, es klang jedenfalls vornehmer als ›Bankerott‹, hing mit dem Zusammenbruch einer Handwerkerbank zusammen, deren Direktor dann auch, wenn ich mich recht entsinne, hinter Gitter kam. Mißbrauchtes Vertrauen, verfallene Bürgschaften, unseriöse Spekulationen. Unser Haus im Grünen mußte verkauft werden, und es blieb kein Pfennig von der Kaufsumme übrig. Wir waren verstört, zogen in eine große, zu große Wohnung am Ubierring in Köln, der damaligen Werkschule gegenüber.«[20] Ein Jahr später, 1931, folgte ein weiterer Umzug, da die Miete für den Ubierring nicht mehr finanzierbar war. Eine neue Wohnung wurde ganz in der Nähe gefunden: in der Maternusstraße, die bis 1936 gehalten wurde. Der letzte Umzug vor dem Krieg führte zum Karolingerring 17. Bis zu ihrer Evakuierung aus Köln wohnten hier die Eltern, Viktor und Maria Böll, sowie die Schwester Mechthild. (Die Schwester Gertrud war schon einige Zeit zuvor nach Bonn gezogen, die Brüder Alois und Alfred hielten ebenfalls eigene Wohnungen). Heinrich Böll – nach seiner Einberufung zur Wehrmacht 1939 zuerst in Polen, dann in Frankreich als Besatzungssoldat stationiert, dann infolge einer Ruhrerkrankung 1940 bis Mai 1942 zu Ersatztruppenteilen in Mülheim an der Ruhr, Bielefeld und Lüdenscheid abkommandiert bzw. zu den Landesschützenkompanien versetzt und als deren Angehöriger zwischen Januar 1941 bis Mai 1942 in Köln kaserniert – wohnte nach seiner Heirat mit Annemarie Böll im März 1942 zu-

19 Raderberg, Raderthal, siehe hier S. 160.
20 Der Husten meines Vaters, in: Heinrich Böll. *Werke*. Kölner Ausgabe. Bd. 20, S. 121.

nächst in der Kleingedankstraße 20, später und im Rahmen von Fronturlauben in der Neuenhöfer Allee 38.

Im Juni 1943 mussten die Eltern und Mechthild die durch Bomben unbewohnbar gewordene Wohnung am Karolingerring verlassen. Ihr neues Quartier waren ein Doppel- und zwei Einzelzimmer des Hotels »Vier Winde« in Ahrweiler – mit dabei Annemarie Böll. Nach dem Tod der Mutter im November 1944 siedelten die in Ahrweiler verbliebenen Familienmitglieder nach Marienfeld in einen bereits seit August 1943 von Alois Bölls Frau Maria und ihren drei Kindern Marie-Therese, Franz, Gilbert und dem im Mai 1945 geborenen Sohn Clemens bewohnten Pfarrsaal der Kirchengemeinde St. Mariä Himmelfahrt – ein ca. 70 qm großes Fachwerkhäuschen an der Dorfstraße, das der mit Alois Böll bekannte Küster der Gemeinde vermittelt hatte. Im Juli 1945 wurde hier Annemarie und Heinrich Bölls erster Sohn, Christoph, geboren. Christoph starb jedoch drei Monate nach seiner Geburt im Siegburger Krankenhaus an den Folgen eines aufgrund fehlender Medikamente nicht zu behandelnden Brechdurchfalls.

1946 kehrte die Familie aus Neßhoven, wohin Annemarie Böll, nachdem das Marienfelder Quartier aus Platzgründen aufgegeben werden musste, gezogen war und wo Heinrich Böll nach seiner Entlassung aus der Kriegsgefangenschaft im September 1945 zunächst ebenfalls lebte, nach Köln zurück. In die Schillerstraße 99.

Das Haus in der Schillerstraße verfügte – neben Küche, Diele, Bad – über 7 Zimmer und 3 Mansarden. Von den vier auf der ersten Etage gelegenen Zimmern bezogen zwei Annemarie und Heinrich Böll; eine Mansarde diente als Arbeitszimmer. Die übrigen drei Räume und die noch verbliebenen zwei Mansarden teilten sich Viktor Böll, Mechthild Böll – beide ebenfalls auf der ersten Etage –, Alois und Maria Böll mit ihren 1948 dann sechs Kindern, die Schwester Gertrud, die aus Bonn zurückgekommen war, sowie einige Zeit der Bruder von Heinrich Bölls Schulfreund Caspar Markard, Josef Markard, seine Frau Asta und ihr Sohn Norbert. Nach der Geburt von Raimund 1947, René 1948 und Vincent 1950 lebten in der Schillerstraße bis zu 17 Personen – beengt und ohne

Möglichkeiten, einander auszuweichen, und dies über geraume Zeit. Dennoch waren diese ersten Jahre der Nachkriegszeit die im Blick auf den Umfang der literarischen Produktion intensivste Zeit. In der Liste der Arbeitsplätze werden für die Schillerstraße 99 im Zeitraum »bis 54«, also dem Umzug in die Belvedere Straße 35 in Köln-Müngersdorf, 230 Texte notiert – darunter der 1946/47 geschriebene, umfangreiche Roman *Kreuz ohne Liebe*.

Möglichkeiten, eine Änderung der Wohn- und damit Lebenssituation herbeizuführen, zeichneten sich – trotz vielfacher Bemühungen – bis Anfang der 1950er-Jahre nicht ab. Auch dann noch nicht, als sich die ersten literarischen Erfolge einstellten – bis hin zum Gewinn des ersten Preises der Gruppe 47 im Jahr 1951. Eine Familie finanziell abzusichern, allein durch die schriftstellerische Arbeit, blieb unmöglich. Einer der Gründe, warum Annemarie Böll ihre Tätigkeit als Lehrerin nach dem Krieg fortsetzte und an der Schule am Rothgerberbach unterrichtete. Als nach der Geburt von Vincent die Beengung in der Schillerstraße noch spürbarer wurde, drängte Annemarie Böll, die die Hauptlast des Alltags zu tragen hatte, jedoch immer intensiver auf eine Entscheidung. Sie wurde getroffen, als sich eine Bindung an den Verlag Kiepenheuer & Witsch konkretisierte – 1952. Im Sommer 1953 wurde mit dem Bau eines Hauses begonnen, für das ein Grundstück in Köln-Müngersdorf gefunden worden war. Ab Juli 1954 lebten Annemarie und Heinrich Böll, die Kinder Raimund, René, Vincent sowie der Vater Viktor und die Schwester Mechthild Böll in der Belvedere Straße 35. Bis 1969 blieb dies die Kölner Anschrift der Familie. Ab 1966 allerdings im Wechsel mit dem in Langenbroich in der Nähe von Düren erworbenen, ehemaligen bäuerlichen Anwesen. 1969 wurde dann in der Hülchrather Straße, durch Vermittlung Vilma Sturms, eine Wohnung gefunden, die den erwünschten Wechsel vom Stadtteil Müngersdorf zurück in die Stadt ermöglichte. Die Hülchrather Straße war die letzte Anschrift Heinrich und Annemarie Bölls in Köln bis zu ihrem Abschied aus der Stadt zum Jahreswechsel 1981/1982 durch ihren Umzug nach Bornheim-Merten zur Familie René Bölls. Köln blieb, wenn auch nicht der Wohnort, so doch die Stadt, in die beide immer wieder die zahlreichen Bekanntschaften führten, blieb auch ein Arbeitsort – durch den *WDR*, durch die Verbindung zu Kiepenheuer & Witsch, durch öffentliche Auftritte wie etwa 1982 anlässlich des Schriftsteller-Kongresses »Interlit '82«, der unter dem Thema »Die Feindbilder der Völker« in Köln durchgeführt wurde, oder 1984 anlässlich der Feier des fünfundzwanzigjährigen Bestehens der von Heinrich und Annemarie mitbegründeten »Germania Judaica. Bibliothek zur Geschichte des Judentums in Deutschland«.

Aber auch für die Stadt bedeutete der Auszug aus dem Kölner Stadtgebiet keinen Abschied von ihrem Autor – so kontrovers die Beziehung, so kritisch die Äußerungen auf beiden Seiten übereinander auch mitunter gewesen waren. Ein Zeichen besonderer Wertschätzung und Ausdruck ihres Respekts war gewiss die Ausrichtung eines Empfangs im Kölner Schauspielhaus anlässlich des 60. Geburtstages. Von besonderer Bedeutung dabei war die durch diese Feierlichkeit zum Ausdruck gebrachte Solidarität der Stadt mit Heinrich Böll angesichts der im Zusammenhang mit den Ereignissen im Deutschen Herbst 1977 kulminierenden öffentlichen Hetze gegen ihn und die Familie. Heinrich Böll hatte dieses als Zeichen verstanden und auch so empfunden. Es folgte, fünf Jahre später und damit zum 65. Geburtstag, die Verleihung des Ehrenbürgerrechts.

Aus: Ich han dem Mädche nix jedonn, ich han et bloß ens kräje

Abb. 3: Heinrich Böll, 1984

Ich stamme aus dieser Stadt. Vieles an ihr ist mir selbstverständlich, manches fremd, immer fremd geblieben, einiges fremd geworden. Aber diese Fremdheit würde ich als Stuttgarter oder Tuttlinger genauso empfinden, denn ich bin ziemlich sicher, wir gehören nicht ganz hierher, auf diese Erde, meine ich. Unsere Heimat ist auch anderswo. Was mich an dieser Stadt, in ihr wohl geprägt hat, war etwas, das ich sehr schwer definieren kann, etwas Architektonisches: das Frühe, das die romanische Architektur ausstrahlt, die Romanik eben, in der ja auch eine Utopie, ein Traum zu verwirklichen versucht worden ist, den wir Christentum zu nennen übereingekommen sind, und wie der Name Romanik ja sagt, auch etwas Römisches. Nicht den kalten Angeberpomp der Peterskirche, der ja eigentlich einen nur in Erkältung treibt, sondern eine tiefe Innigkeit, die auch in Rom zu Hause und noch zu finden ist. Was ich außerdem liebe, ist etwas Zerbrechliches, die römischen Gläser, und ich danke Ihnen noch einmal besonders herzlich für die Replik eines römischen Glases, die die Stadt mir zum Geburtstag geschenkt hat. Und natürlich den Rhein, den ich einmal eine »schmutzige Majestät«[21] genannt habe.[22]

---

21 Siehe Hülchrather Straße 7, im vorliegenden Band, Seite 232.

22 Der vollständige Text der Rede zur Verleihung der Ehrenbürgerschaft steht auf Seite 256.

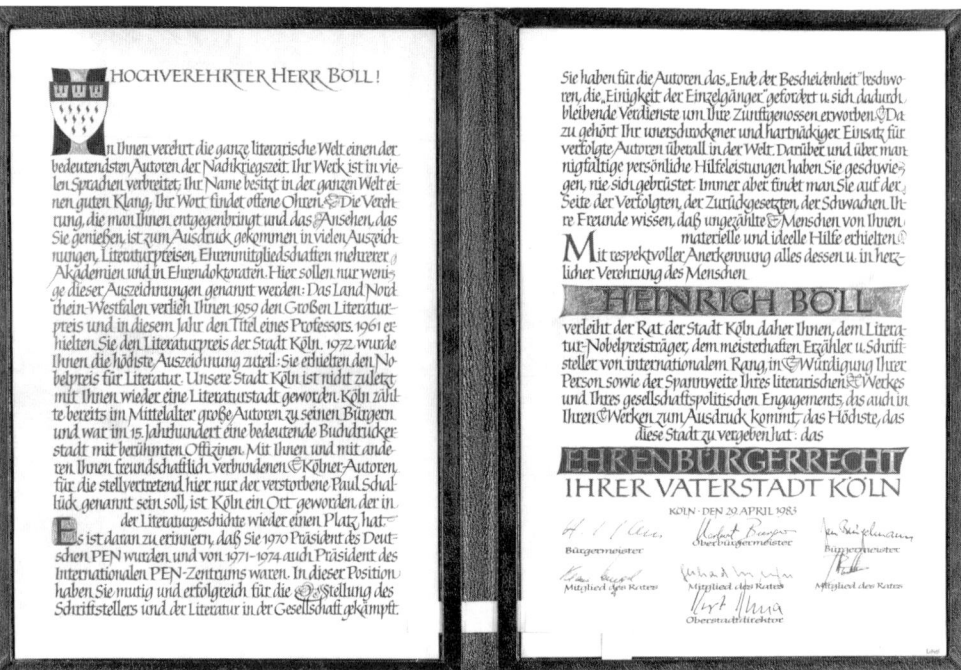

Abb. 4: Urkunde zur Verleihung des Ehrenbürgerrechts am 29. April 1983

Kölner Ehrenbürger

Die Verleihung der Ehrenbürgerrechte geht auf einen von den Rathausfraktionen von SPD, CDU und FDP am 5.11.1982 einmütig getroffenen Vorschlag zurück, Heinrich Böll anlässlich seines 65. Geburtstages am 21.12.1982 die Ehrenbürgerschaft anzutragen.

Die endgültige Entscheidung darüber sollte auf der für den 25.11.1982 anberaumten Sitzung des Kölner Stadtrats auf der Grundlage einer zuvor im Hauptausschuss des Rats abgestimmten Beschlussvorlage getroffen werden, deren Wortlaut auf der Sitzung des Ausschusses vom 15.11.1982 zu verabschieden war. Der dem Gremium übermittelte Text der Verleihungsurkunde löste jedoch zunächst eine Kontroverse aus. Die ursprüngliche Formulierung der Ernennungsbegründung, die Böll als »meisterhaften Erzähler und Schriftsteller von internationalem Rang« und zugleich als »mutigen Verteidiger der Freiheit und der freien Meinungsäußerung« sowie als »kritischen und engagierten Beobachter gesellschaftlicher Fehlentwicklung« charakterisierte, wurde von den Ratsmitgliedern der CDU abgelehnt.

Die Fraktion war lediglich bereit, den »meisterhaften Erzähler und Schriftsteller von internationalem Rang« zu ehren. Böll seinerseits lehnte dies als nur »halbe« Ehrung ab. Ein entsprechendes, letztlich jedoch nicht abgeschicktes Telegramm an den Kölner Oberbürgermeister Norbert Burger, in dem Böll seinen Verzicht auf die Verleihung artikulierte, datiert auf den 16.11.1982:

»Lieber Herr Burger, nach Bekanntwerden der einschränkenden Begründung muß ich, um der Stadt Köln und mir weitere Peinlichkeiten zu ersparen, die mir zugedachte Ehrung ablehnen. Stop. Auch Autoren und ihr Werk sind unteilbar wie die Freiheit selbst. Eine halbe Ehrung kann ich nicht als solche verstehen, da sich in ihr eine halbe Diffamierung verbirgt.

Mit Dank für Ihre Bemühungen / 16. 11. 1982 Heinrich Böll«.

In Kenntnis des von Böll erwogenen Verzichts bemühte sich Norbert Burger um die Ausarbeitung eines die strittige Passage aussparenden, Bölls gesellschaftliches Engagement aber nicht übergehenden Textes der Verleihungsurkunde, der dann im Rat der Stadt auf seiner Sitzung vom 25.11.1982 (mit einer Gegenstimme und drei Enthaltungen aus den Reihen der CDU-Fraktion) verabschiedet und von Böll akzeptiert wurde. In der Verleihungsurkunde heißt es:

»Mit respektvoller Anerkennung [...] u. in herzlicher Verehrung des Menschen Heinrich Böll verleiht der Rat der Stadt Köln Ihnen, dem Literatur-Nobelpreisträger, dem meisterhaften Erzähler u. Schriftsteller von internationalem Rang, in Würdigung Ihrer Person sowie der Spannweite Ihres literarischen Werkes und Ihres gesellschaftlichen Engagements, das auch in Ihren Werken zum Ausdruck kommt, das Höchste, das diese Stadt zu vergeben hat: das Ehrenbürgerrecht Ihrer Vaterstadt Köln.«

Die Rede wurde am 29.4.1983 im Rahmen des Festaktes zur Verleihung des Ehrenbürgerrechts der Stadt Köln im Historischen Rathaus gehalten.

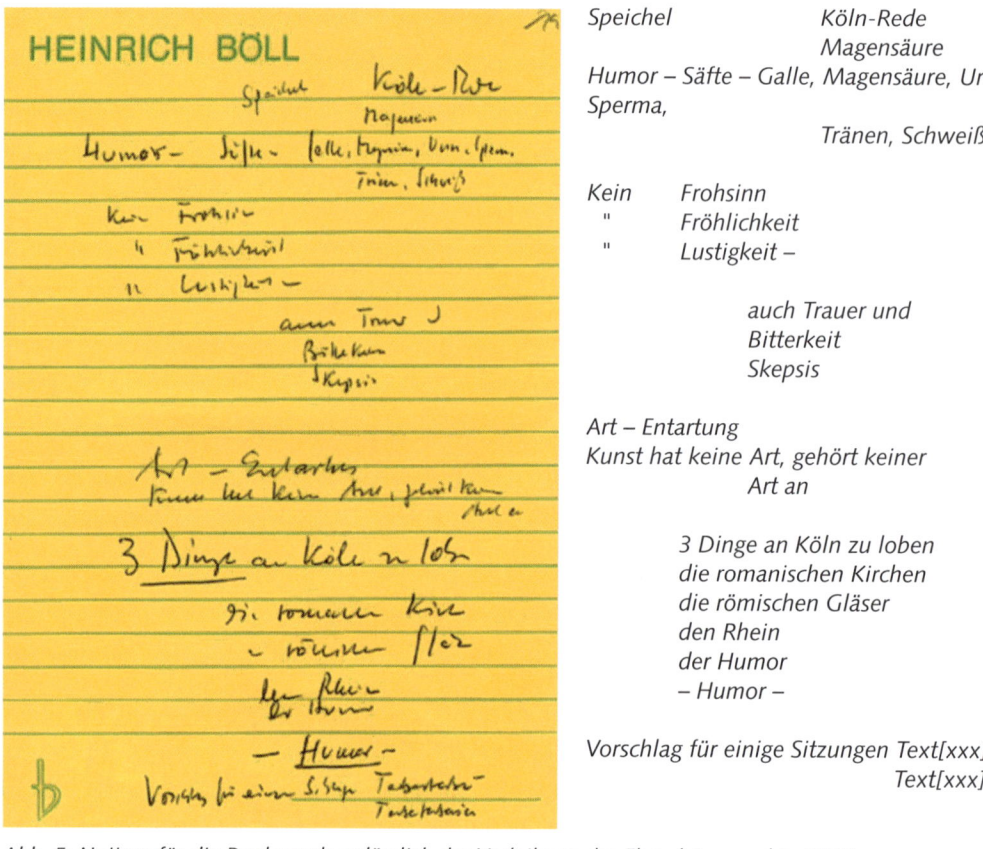

Speichel   Köln-Rede
                        Magensäure
Humor – Säfte – Galle, Magensäure, Urin,
Sperma,

                        Tränen, Schweiß

Kein   Frohsinn
  "   Fröhlichkeit
  "   Lustigkeit –

                auch Trauer und
                Bitterkeit
                Skepsis

Art – Entartung
Kunst hat keine Art, gehört keiner
                Art an

        3 Dinge an Köln zu loben
        die romanischen Kirchen
        die römischen Gläser
        den Rhein
        der Humor
        – Humor –

Vorschlag für einige Sitzungen Text[xxx]
                        Text[xxx]

Abb. 5: Notizen für die Dankesrede anlässlich der Verleihung des Ehrenbürgerrechts, 1983

28

Heinrich Böll politisch unbequem

Parteiengezänk um Ehrenbürgerschaft

Köln (taz) - Heinrich Böll wird am 21. Dezember 65 Jahre alt. Anlaß für die Stadt Köln, den Schriftsteller und Literatur-Nobelpreisträger zum Ehrenbürger zu ernennen. Seit diese Absicht bekannt ist, hängt der Segen im Kölner Rathaus schief. Der CDU paßt der Begründungstext für die Ernennung nicht.

Wer schmückt sich nicht gerne mit Persönlichkeiten des öffentlichen Lebens? Köln ist da keine Ausnahme. Eher das Gegenteil. Und so oft man den in Köln lebenden Schriftsteller Heinrich Böll beschimpft, beleidigt und als „Terror-Sympathisanten" verleumdet hat, die Stadt hat es sich nach außen hin nicht nehmen lassen, sich mit den literarischen Ergebnissen Bölls zu schmücken. Verbinden doch viele Menschen den Namen Böll's auch mit seiner Heimatstadt Köln, und Fremdenverkehrswerbung ist immer gut. Da waren sich SPD, FDP und CDU einmal richtig einig. Und was liegt näher, als einen berühmten Sohn der Stadt zu seinem Geburtstag mit der Ehrenbürgerwürde zu ehren?

Als die christdemokratischen Ratsherren allerdings am 4. November die Beschlußvorlage des Kulturdezernenten Peter Nestler in Sachen Böll erhielten, war der Zank vorprogrammiert. „Der Rat der Stadt Köln beschließt", lasen sie, „Heinrich Böll, dem meisterhaften Erzähler und Schriftsteller von internationalem Rang, dem mutigen Verteidiger der Freiheit und freien Meinungsäußerung, dem kritischen und engagierten Beobachter gesellschaftlicher Fehlentwicklungen, in Würdigung seiner Person und seines literarischen Werkes, das Ehrenbürgerrecht seiner Vaterstadt zu verleihen."

Bevor es jedoch zur Beschlußfassung im Rat der Stadt Köln kam, signalisierte der Fraktionsvorsitzende der CDU-Fraktion, daß seine Partei diesem Text nicht zustimmen werde. Dr. Gerhard Meyer: Zwar habe sich Böll literarisch verdient gemacht, über das „gesellschaftliche Engagement" könne man allerdings einiges „so oder so werten".

Die SPD, um den städtischen Konsens bemüht, schuf Abhilfe. Vorigen Montag lag den Ratsdamen und -herren ein neuer Entwurf vor. Die Passage über den mutigen Verteidiger und den kritischen Beobachter fehlte. Heinrich Böll, der Mann mit den Ecken und Kanten, der nie stromlinienförmig in der Masse schwamm, ist über dieses Parteigezänk verärgert, obwohl er es mittlerweile gewöhnt sein müßte. Er erwägt die Ablehnung der Ehrung. Der Skandal wäre perfekt. Schon manche Stadt hat sich bei der Ehrung bekannter, aber unbequemer Menschen schwer getan. Warum sollte Köln eine Ausnahme bilden? Ist dieser Streit nicht mehr Ehre und ein Ausdruck dafür, daß das Werk Heinrich Bölls noch immer quer liegt.?   *hud*

Abb. 6: Artikel über die Verleihung des Ehrenbürgerrechts an Heinrich Böll mit Hinweis auf die Kontroverse um den Text der Urkunde, Die Tageszeitung *(Berlin), 19.11.1982*

Köln eine Stadt –
nebenbei eine Großstadt
(1953)

Abb. 7: Blick auf den Dom von der Hohenzollernbrücke mit Reiterstandbild Wilhelm II.

Es ist fast müßig, eine Stadt zu loben, die fast zweitausend Jahre lang ohne viel Geschrei ihre Anziehungskraft bewiesen hat. Köln zu loben ist also wirklich fast müßig, und doch muß es einmal geschehen, obwohl es schwer ist, etwas zu beschreiben, was unbeschreiblich ist. Die wirklichen Städte haben die Eigenschaft, daß sie die Vorzüge eines Dorfes mit den Reizen einer Stadt verbinden: sie bestehen aus Vierteln, Quartieren oder Faubourgs, die sich, um ein Zentrum gruppiert, ihre Eigenart bewahrt haben, und es gibt Leute in Köln, die zehn Minuten vom Dom wohnen, aber »in die Stadt gehen«, wenn sie sich ins Zentrum begeben. Man kann nach jemand, der mitten in der Stadt wohnt, fragen und erhält die Antwort: »Er ist in die Stadt gegangen.« Eine wirklich schöne Frau braucht nicht zu beweisen, daß sie es ist: mögen Eifersüchtige ihr nachweisen, daß ihre Nase nicht vollendet, ihre Taille zu schmal, ihr Mund zu groß sei; sie lächelt über diese Tadel, denn sie weiß, daß sie etwas besitzt, das undefinierbar und unmeßbar ist: Schönheit; etwas was nicht perfekt, aber vollkommen ist. Köln ist nicht perfekt, aber vollkommen, es ist vollkommen Köln, und wieder wird es mir schwer, zu sagen, was Köln ist:

Den Kölner Dom zu loben ist wirklich überflüssig: er ist so groß, läßt sich gar nicht übersehen, steht außerdem gleich am Bahnhof und wirft seinen Schatten fast über alle einfahrenden Züge: man steigt aus, blickt unwillkürlich zu ihm auf, und einige Minuten später ist man drin, möglicherweise noch bevor man den Koffer ins Hotel gebracht hat; auch der Rhein ist eigentlich ziemlich breit, von vielen Schiffen befahren und von vielen Brücken überbrückt, und wenn man ausgestiegen ist, riecht man ihn, wenn man ihn auch noch nicht sieht; da wären eher die romanischen Kirchen zu loben, die viel zu bescheiden sind: ein ganzer Kranz von ihnen, die sanft und grau um den Dom herum liegen. Es ist schwer zu definieren, was Sympathie erweckt: jedenfalls vieles in Köln erweckt sie, und ich weiß nicht, ob der Geruch des Rheines nicht so bedeutsam ist wie der Dom; ob es die vielen sanftgrauen romanischen Kirchen sind oder die Kölner Straßenbahnschaffner: ich weiß es nicht. Vielleicht ist es das stetige Gefühl, in einer Stadt zu sein, was viel mehr bedeutet, als in einer Großstadt zu sein. Großstädte gibt es unzählige, aber schöne Städte gibt es nicht so sehr viel, und überdies sind sie Großstädte noch ganz nebenbei.

St. Aposteln mit Blick (vom Neumarkt) auf die östlich gelegene Chorapsis.

Wenn ich mich entscheiden müßte, was eigentlich den Ausschlag gibt in meiner Liebe zu dieser Stadt, die Straßenbahner würden siegen, weil sie sich aus einer sagenhaften Rasse rekrutieren, die es eigentlich gar nicht gibt; die aber aus dem Unsichtbaren heraus sich immer wieder manifestiert in den Schaffnern: aus der sagenhaften Rasse der Kölner, die aus soviel Elementen besteht wie es Heere, wandernde Völker in Europa je gegeben hat; alles was zwischen Moskau und Calais, zwischen Neapel und Stockholm je auszog, das Fürchten zu lernen, von allem ist in Köln etwas hängengeblieben; schließlich und endlich die ebenso biederen wie geschickten Ubier, die in Köln ihre Götter verehrten.

Abb. 9: Straßenbahnschaffner der Linie 7, 1955

Diese Mischung hat in zweitausend Jahren allerlei Weisheit angehäuft, und sie gibt ihre Weisheit, wohldosiert, weiter an alle Zugewanderten, an jeden, der sie hören mag, sie gibt sie weiter durch den Mund ihrer Straßenbahnschaffner! Jemand – ein Fremder – hat mir einmal zu beweisen versucht, daß die Stadtverwaltung (heimlich natürlich) ihre Schaffner in Psychotherapie unterweisen lasse, aber Psychotherapie ist ein dummes Wort, und der Fremde hatte natürlich unrecht. Wie es in Berlin wenig Berliner gibt, gibt es in Köln wenig Kölner: irgendwo aber muß diese geheimnisvolle Rasse existieren, denn sie sendet immer wieder ihre Boten in die Stadt, damit ihr Geist sich den Zugewanderten mitteile. Wer sich zu ihnen in die Kur begibt, also mit der Straßenbahn fährt, wird bestimmt geheilt entlassen, geheilt von der Vorstellung, das Leben sei lang genug, daß man Zeit habe, sich aufzuregen. Auch die Vorstellung, das Leben sei so tödlich ernst, wie es manchmal aussieht, wird von ihnen widerlegt, und außerdem (und ich hoffe, daß die Stadtverwaltung es nie erfährt) bestehen sie, falls man kein Geld mithaben sollte, nicht unbedingt darauf, daß man bezahlt: man kann mit ihnen reden: überhaupt lassen die Kölner mit sich reden: sie sind die am wenigsten fanatische Rasse, die ich kenne, und es ist gewiß kein Zufall, daß Hitler sich in keiner Stadt so wenig wohl gefühlt hat wie in Köln; die Souveränität der Bevölkerung liegt so sehr in der Luft, daß kein Tyrann, kein Diktator sich in Köln wohlfühlen kann.

Man kann mit dem Auto durch eine Stadt fahren, kann sie vom Flugzeug aus betrachten, schließlich die abenteuerliche Perspektive des Radfahrens wählen, aber die abenteuerlichste bleibt die des Fußgängers, der gelegentlich die Straßenbahn benutzt: er taucht in die Bevölkerung ein wie in ein Element, er nimmt an ihrem Leben teil, an ihrem Alltag und dieses Erlebnis nimmt ihm das ein wenig befremdende Gefühl, ein Tourist zu sein.

Köln ist eine Großstadt – gewiß –, aber das sagt nicht viel: es ist eine Stadt, und in einer Stadt fühlt man sich zu Hause, in einer Großstadt nicht immer.

Was ist kölnisch?
(1960)

Wahrscheinlich assoziiert der Nichtkölner bei kölnisch irgend etwas, das sich – in verschiedenen Mischungsgraden – aus dunkel, fromm, bürgerlich, Dom, Karneval, Rhein, Wein, Mädchen zusammensetzt. Für die Bewohner der Umgebung, die an Samstagen und Sonntagen in die Stadt strömen, hat Köln sehr unterschiedliche, sehr gegensätzliche Anziehung. Köln ist immer noch Pilgerstadt, die Pilgerziele sind für manchen verschwiegener, oft nur scheinbar gegensätzlicher Natur. Wer wird das Gleisdreieck konstruieren, an dem Frömmigkeit, Vernunft, Natur ohne jegliche Kollision auseinanderrangiert werden könnten? Auf einigen Bildern von Max Ernst steht ein Ohr im Mittelpunkt; der zum Ohr gehörige Mund schwebt in einer entfernten Bildecke. Max Ernst, im Bannkreis der Stadt Köln geboren, hat den Bann dieser Stadt gespürt und beschrieben; Mysterium wurde für ihn Magie. In der Kühle des Doms waltet der Pönitentiar seines Amtes; ein Ohr, das hört und doch nicht hört; ein Mund, weit,

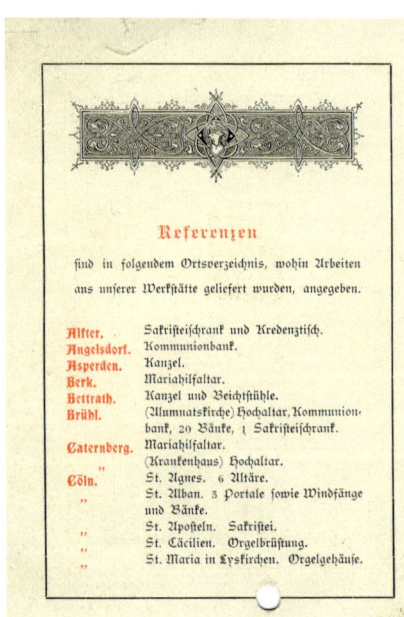

Abb. 10: Referenzliste Viktor Bölls. Die Liste verweist auf Arbeiten in den Kölner Kirchen: St. Agnes, St. Alban, St. Aposteln, St. Cäcilien, St. Maria Lyskirchen.

Abb. 11: St. Kolumba mit Kapelle nach einem Entwurf von Gottfried Böhm 1950;
»Madonna in den Trümmern«, 1953

entfernt von diesem Ohr, der lossprechen kann, wovon nicht jeder Pfarrer lossprechen kann. Die Kölner Redensart »Der muß im Dom beichten gehen –« drückt die gleiche, mit Schrecken gemischte Ehrfurcht aus, wie sie im Gefängnis die kleinen Betrüger, Diebe, Gelegenheitskriminelle dem großen Räuber entgegenbringen. Ich habe oft den Gehilfen meines Vaters zugesehen, wenn sie sich über Zeichnungen von Beichtstühlen beugten, das Holz zurichteten, aus Einzelteilen das Gehäuse zusammenbauten; die Kommentare waren so drastisch und kritisch, wie nur ehemalige Katholiken sie geben können, Kommentare von Kommunisten, Atheisten aller Schattierung, und doch gab es eine unsichtbare Grenze, die in Gegenwart eines Kindes niemand je verletzt hätte; auch im Karneval, gerade da, wo er sich aus dem Urgrund der Vulgarität nährt, wird diese Grenze nie verletzt; verletzt wird sie nur da, wo man etwas so vollkommen Unkölnisches wie Fasching mit Karneval verwechselt; Karneval ist vulgär, mit aller Größe und allem Schrecken des Vulgären, aber nie frivol; Fasching ist eine Erfindung der Boheme, der Karneval stammt aus dem Volk, er ist klassenlos, so wie eine ansteckende Krankheit keine Klassenunterschiede kennt. Den Fasching

Abb. 12: Trümmermadonna in St. Kolumba, 1945

bemerkt man nicht im Leben einer Stadt, man kann ihn ignorieren; in Köln den Karneval ignorieren zu wollen, wäre zwecklos; man kann sich nur aus der Ansteckungszone entfernen. Der Karneval ist ohne das allgegenwärtige Ohr nicht denkbar; es schwebt darüber, ein Max-Ernstsches Ohr; würde ich Vorschläge für ein neues Kölner Stadtwappen zu machen haben, das Ohr wäre ein Bestandteil eines komplizierten Wappens, das über das Kölnische Auskunft geben könnte; der dazugehörige Mund müßte in einer anderen Ecke des Wappens zu sehen sein.

Der Dom würde nicht in mein Wappen passen; daß er so offensichtlich von Bomben verschont wurde, während man die herrlichen romanischen Kirchen keiner Schonung für würdig fand, gehört zu den sentimentalen Irrtümern über das Kölnische; der Dom ist viel weniger kölnisch als andere Kirchen; nicht einmal als Bischofskirche ist er in der Stadt so richtig warmgeworden. Jahrhundertelang herrschte Streit zwischen Köln und seinem Bischof; Schlachten wurden geschlagen, Listen ersonnen, Bannflüche in Rom erwirkt, Priester und Sakramente der Stadt entzogen; und es ging meistens um Geld, Besitz, Privilegien. Die meisten Kölner Bischöfe waren immer mehr Fürst als Bischof, und ein Fürst bedeutet fast immer: ein verschuldeter Fürst. Erst seitdem die Bischöfe keine Fürsten mehr sind, herrscht Verträglichkeit zwischen Stadt und Bischof; diese Verträglichkeit ist erst einhundertfünfzig Jahre alt und nicht frei von einer gewissen Ironie; man weiß es genau: es gibt keine Streitobjekte mehr, keine, die so handgreiflich wären wie die guten kölnischen Thaler. Seit einhundertfünfzig Jahren erst wohnt der Bischof wieder in der

Stadt; alle Hirtenschreiben und Predigten haben seitdem einen versöhnlichen, fast werbenden Ton, und das in einer Stadt, wo knapp zwanzig Prozent der Katholiken ihre kirchlichen Pflichten erfüllen; der Bischof wohnt noch nicht lange genug mitten in der Stadt, und seine Kirche, der Dom, liegt so ungünstig, ein wenig erhöht, von riesigen Hotels umgeben, am Bahnhof, an der zugigsten Stelle der Stadt, die wahrscheinlich schon die römischen Wachtposten ihrer Zugigkeit wegen verflucht haben. Ins imaginäre Stadtwappen würde der Dom noch nicht reingehören, würde er nicht passen. Sankt Gereon würde sich gut ausmachen: Märtyrerkirche, Meutererkirche: ein gegen Rom rebellierender

Abb. 13: Stefan Lochner: Madonna im Rosenhag, 1440/42

Thebäer gab ihr den Namen, und das architektonische Hauptmerkmal von Sankt Gereon hat einen heimatlich klingenden Namen: Dekagon. Ein kleines Ohr, einen winzigen Mund, Sankt Gereon ins imaginäre Wappen; dazu einen halben Bischofsstab, und als letztes der kirchlichen und religiösen Embleme ein Madonnenbild. Auf vielen Plakaten strapaziert, in allen Broschüren abgedruckt, sind sie doch unverbraucht und typisch: die Trümmermadonna und ihre Schwester auf dem Lochnerschen Bild. Aus dem uralten Adel des vulgus, von unten, oder von oben aus dem städtischen Adel tauchen sie immer wieder auf; in der Straßenbahn, hinterm Steuer des Sportkabrioletts; verkaufen Lippenstifte bei Woolworth, lauschen einem Vortrag über Existenzialismus, sind nicht zahlreich und doch vorhanden: diese Gesichter, die so kölnisch sind; die steinerne ein wenig mokant, und doch: ganz Madonna, die andere sanfter, freundlich und auch: ganz Madonna.

Ohr, Mund, Gereon, Bischofsstab und Madonna, das wären der kirchlichen und religiösen Embleme genug. Es fehlen die weltlichen: ein Versicherungsgebäude oder ein Bankhaus. Daneben unbedingt zwei Hände, die eine die andere waschend; mag's überall Kompromisse geben, Gentleman's Agreement, Aufeinanderabstimmen, Korruption, Bestechung – der Klüngel ist doch etwas anderes, er ist die kölnische Form des »Seid nett zueinander«; wenn jemand auf nette Weise ein Brot verlangt, und du kannst es ihm nicht geben, du hast sogar die Macht und das Recht, es ihm zu verweigern – dann gib ihm drei Scheiben Brot; wirft er sie dir vor die Füße, besteht auf seinem ganzen Laib Brot, dann ist er eben nicht nett – und nicht kölnisch; uralte Bürgerweisheit, daß er wahrscheinlich von den drei Scheiben überrascht und überwältigt wird. Über den beiden Händen, die eine die andere waschend, müßte der Grielächer schweben, jene Person, deren Hand einmal wäscht, ein andermal gewaschen wird; der Grielächer nimmt nichts ernst, auch nicht, was ernst genommen zu werden verdiente; für ihn wird alles zur Variation einer Karnevalssitzung: Männergesang und Frauenrecht, Schulreform und Deportation; alles ist ihm nur Anlaß, Witze zu erzählen und allgemeine Nettigkeit zu fordern; er weiß, daß nichts so heiß gegessen wird, wie es gekocht wird; deshalb kocht er gleich lau und kommt nie in Gefahr, sich den Mund zu verbrennen; er könnte – so zwischen den beiden Händen schwebend – ein vulgäres Gesicht haben, patrizisch gekleidet sein, zwinkernde Augen wie Schäl, eine kreislaufgestörte Nase wie Tünnes haben; zarte Hände und plumpe Füße, oder umgekehrt; er hat einen Horror vor dem Geistigen, der ihn manchmal sogar seine Ureigenschaft, den Humor, vergessen läßt; wenn ein Grielächer ernst wird, wird es ungemütlich: er hat seinen Urfeind, den Geist, gewittert und ahnt, daß Unnettes unvermeidlich wird – und wenn es unnett wird, ist Köln nicht mehr Köln, und wohin sollte man sich als tumbes Brüderlein dann wenden? Grielächer ist unübersetzbar.

Damit wären noch lange nicht alle Ingredienzen aufgezählt, die das Kölnische zu einem wahren Eigenschaftswort machen, das beanspruchen kann, eine Vokabel ganz besetzt zu halten. Der Rhein gehört natürlich dazu, Fabriken, Vororte, römische Mauern. Obwohl es Gefängnisse in jeder Stadt gibt – und in einigen den Rhein, die römischen Mauern und die Brücken, Vororte –, wäre das Stadtgefängnis am Klingelpütz doch noch als typisch zu nennen; es ist häßlich und doch vertraut, es ist ständig überfüllt, längst nicht mehr up to date, und doch erfüllt der Plan eines Neubaus die gegenwärtigen, die ehemaligen und die potentiellen Insassen mit einer gewissen Trauer; was die Fachleute Kriminalität nennen, ist in Köln, aus bislang ungeklärten Gründen, so verbreitet, wie es ansonsten nur in Hafenstädten verbreitet ist. So bezeichnet der Ausdruck »Er sitzt im Pütz« eher einen Unglücks-, nicht immer einen Trauerfall, und die Anzahl der Kölner, die den »Pütz« von innen kennen, ist so groß (ich werde mich hüten, hier Zahlen zu nennen), daß man getrost von einer gewissen Vertrautheit sprechen kann. Ob so viele Kölner den Dom von innen kennen wie den Klingelpütz? Ich will mich bemühen, nett zu bleiben. Sicher ist, daß der Gefängnispfarrer die Pfarre mit der höchsten Kirchgängerquote im gesamten Erzbistum hat. Da sitzen sie nun, die das komplizierte Instrument Klüngel nicht zu benutzen verstanden, deren Unnettigkeit aktenkundig werden mußte.

Vielleicht wäre ein kleines Gitter, das viele Deutungen zuließe: Parkgitter, Rheingitter, Gefängnisgitter, als zusätzliches Moment in meinem imaginären Stadtwappen angebracht.

Köln I.
Für Joseph Faßbender
(1968)

Wer an Kanälen lauscht
kann sie hören
in Labyrinthen
unter der Stadt
über Geröll, Scherben, Gebein
stolpert die Madonna
hinter Venus her
sie zu bekehren
vergebens
vergebens ihr Sohn hinter Dionys
vergebens Gereon hinter Caesar
Hohnlachen
wer an Kanälen lauscht
kann es hören
Der dunklen Mutter
durch Geschichte
nicht gebessert
steht Schmutz
gut zu Gesicht
in Labyrinthen
unter der Stadt
verkuppelt sie die Madonna
an Dionys
versöhnt den Sohn mit Venus
zwingt Gereon und Caesar
zur großen Koalition
sich selbst verkuppelt sie
an alle die guter Münze sind

Joseph Faßbender (1903–1974) begann, nach Abschluss einer Bäcker-
lehre und sich anschließender Tätigkeit im elterlichen Betrieb, 1926 ein
Studium an den Kölner Werkschulen
in der Klasse des Malers und Graphi-
kers Richard Seewald (1889–1976);
nach Krieg und Gefangenschaft
nahm er 1946 seine künstlerische
Tätigkeit wieder auf; 1958 erfolgte
die Berufung zum Professor und Leiter der staatlichen Kunstakademie in
Düsseldorf, an der er die Mal- und
Zeichenklasse leitete.

Heinrich Böll hat in seiner Nobel-
preisrede an Joseph Faßbender erinnert:

Abb. 14: Joseph Faßbender

Aus: Versuch über die Vernunft der Poesie (1973)

Es wird von denen, die es wissen müßten, gesagt – und von anderen, die es
ebenfalls wissen müßten, bestritten –, daß bei etwas anscheinend so Ratio-
nalem, Berechenbarem, von Architekten, Zeichnern, Ingenieuren, Arbeitern
gemeinsam Erbrachtem wie einer Brücke ein paar Millimeter bis Zentimeter
Unberechenbarkeit bleiben. Diese angesichts der behandelten und geform-
ten Masse winzige Unberechenbarkeit mag in der Schwierigkeit begründet sein, eine Masse kompliziert miteinander verbundener chemischer und
technischer Einzelheiten und Materialien in all ihren möglichen Reaktionen
und dazu noch das Mitwirken der vier klassischen Elemente (Luft, Wasser,
Feuer, Erde) genauestens vorauszuberechnen. Es scheint also da nicht allein
der Entwurf, die immer wieder neu berechnete, kontrollierte technisch-che-
misch-statistische Komposition das Problem zu sein, sondern – ich nenne

41

es so – deren Verkörperung, die man auch Verwirklichung nennen kann. Diesen Rest Unberechenbarkeit, und mag er auch nur aus Bruchteilen von Millimetern bestehen, die unvorhersehbaren, winzigen Dehnungsdifferenzen entsprechen – wie sollen wir ihn nennen? Was verbirgt sich in diesem Zwischenraum? Ist es das, was wir Ironie zu nennen pflegen, ist es Poesie, Gott, Widerstand, oder, modischer ausgedrückt, Fiktion? Jemand, der's wissen mußte, ein Maler, der früher einmal Bäcker gewesen war, erzählte mir einmal, daß auch das Brötchenbacken, das ja in den frühen Morgen-, fast Nachtstunden stattfand, eine äußerst riskante Sache gewesen sei; daß man Nase und Hintern in den grauenden Morgen habe hinaushalten müssen, um die Mischung von Ingredienzen, Temperatur, Backdauer mehr oder weniger instinktiv herauszufinden, denn jeder, jeder einzelne Tag habe seine eigenen Brötchen erfordert, dieses wichtige, sakramentale Element der ersten Morgenmahlzeit für alle jene, die die Mühsal des Tages auf sich nehmen. Sollen wir dies fast unberechenbare Element ebenfalls Ironie, Poesie, Gott, Widerstand oder Fiktion nennen? Wie kommen wir ohne es aus?

Pfäffische Drei-Tage-Freiheit
(1969)

Der linksrheinische Karneval ist immer eine Artikulationsmöglichkeit der Opposition gewesen, eine einzigartige, weil sich rheinische Literaten und Volk, Intellektuelle und Proletariat einig waren in ihrer Opposition gegen die Obrigkeit. Die unerfreulichen preußischen Importe: Militär, Gendarmen, Beamte waren die beliebten Spottgegenstände des rheinischen Karnevals.

Der Karneval war antipreußisch, den Preußen so fremd, daß sie ihn in seiner Exotik dulden und belächeln konnten, wie englische Kolonialbeamte und -offiziere irgendeinen Negerkult belächeln und hinnehmen konnten. Für die Kirche (die katholische meine ich, Karneval und Katholizismus sind unzertrennlich, über Fasching und Fastnacht wäre da lange zu meditieren) war der Karneval nichts anderes als ein Drei-Tage-Ventil, heidnischen Ursprungs zwar, aber durch den Aschermittwoch ließ er sich geschickt und klug ins »Kirchenjahr« einfügen, und nach dem Motto: Unbarmherzig gegen die Sünde, aber barmherzig gegen die Sünder, durfte letzterer durchs Aschenkreuz (das in der rheinischen Mentalität lange Zeit als eins der wichtigsten »Sakramente« galt!) und Buße wieder heimkehren ins Reich der Gnade. Da die Kirche in ihrer »unaussprech-

Abb. 15: Heinrich Böll mit Raimund (links), Vincent (Mitte) und René (rechts) im Karneval, 1953

lichen Güte« und aufgrund ihrer »Barmherzigkeit mit dem Sünder« sich immer entgegenkommend zeigte und zeigen konnte, da sie via Beichte den sehr oder weniger reuigen Sünder (dem die Sünde, weil sie eben noch Sünde war, desto mehr Spaß machte) wieder in den »Griff bekam«, wurde sie auch fast nie zum Gegenstand des Spottes gemacht: durch den Aschermittwoch hatte sie den Karneval ganz »in der Hand«. Wer zuletzt lacht, lacht am besten. So hat die Kirche sich dem Karneval gegenüber immer im eigentlichen Sinne des Wortes »pfäffisch« verhalten und auch das Volk »pfäffisch« gemacht.

Ich kann hier nicht sämtliche sehr komplizierten historischen Komponenten berücksichtigen; es gab ein paar »Sprünge« in der jüngeren deutschen Geschichte, die ihren Einfluß auf den Karneval genommen haben: 1914, 1918, 1933, 1945 – ich muß die Rückwirkungen, die diese Daten auf den Karneval gehabt haben, überspringen. Heute ist der Karneval total kommerzialisiert, er ist durch den Proporz und die Beschissenheit der Verantwortlichen ganz in die Hand der Bourgeoisie geraten, deren einzige Freiheit ihre Schlüpfrigkeit ist (an der angesichts der Sex-Welle keiner mehr Anstoß nimmt), deren politischer Witz zum blöden Kalauer verkümmert ist und die sich darauf beschränken muß, nicht die Mächtigen, sondern die Ohnmächtigen zu verspotten: die APO, die Gammler, die Beatniks – das tut sie denn auch mit Erfolg, sie darf sicher sein, daß der Applaus kommt, wenn Studenten und Intellektuelle verhöhnt werden. Der heutige Karneval ist ein Mißbrauch der Drei-Tage-Freiheit, die schon kurz genug war, aber sich immerhin ursprünglich gegen die Mächtigen richtete. Inzwischen dürften auch die Kirchen im Karneval keinerlei Schonung mehr genießen: Religionen ja, aber die Kirchen nicht; sie sind derart verstrickt, verfilzt, undemokratisch, daß sie zum Ärgernis auch für den Karneval werden müßten. Freilich sehe ich keinen Weg, wie eine Befreiung des Karnevals, der natürlich in die Hände der Opposition gehört, möglich wäre: über Rundfunkräte, Fernsehräte, sitzen ja, die mit konzentrierter Bosheit angegangen werden müßten, in den Kontrollgremien, und so entsteht ein schlüpfriger, pseudokritischer Mischmasch, der die Gesellschaft nicht angreift, sondern sie permanent bestätigt.

44

Abb. 16: Heinrich Böll, 1956

Heinrich Böll
Köln-Bayenthal
Schillerstr.99
Köln,den 25.März 1946

Lebenslauf.

Am 31.Dezember 1917 wurde ich in Köln am Rhein als
Sohn des Bildhauers Viktor Böll und seiner Frau Maria
geborene Hermanns geboren.Ich bin katholischer Reli-
gion.Von 1924 bis 1928 besuchte ich die katholische
Volksschule in Köln-Raderthal.Von 1928 bis 1937 war
ich Schüler des humanistischen Kaiser -Wilhelm-Gym-
nasiums in Köln.Am 6.Februar 1937 bestand ich an dieser Schule die Reifeprüfung.Im April 1937 begann ich
die Buchhändlerlehre bei der Firma Mathias Lempertz
in Bonn.Die Lehre wurde abgebrochen durch meine Einberufung zum Arbeitsdienst im October 1938.Nach meiner
Entlassung aus dem Arbeitsdienst im April 1939 studier-
te ich ein Semester Germanistik in Köln.Im August 1939
wurde ich zur Wehrmacht einberufen.Ich nahm als Infan-
terist am Kriege teil vom September 1939 bis April 1945.
Ich wurde viermal verwundet.Von April 1945 bis October
1945 war ich in amerikanischer Kriegsgefangenschaft.
Seit dem 1.Dezember 1945 war ich in der Schreinerei
meines Bruders als Hilfsarbeiter tätig,um mir in Köln
eine Wohnung herzurichten.
Seit März 1942 bin ich mit Annemarie Cech verheiratet.

Abb. 17: Lebenslauf Heinrich Bölls vom 25. März 1946

Im Dienst der Stadt

Die ersten Jahre in der Schillerstraße waren mühsam. Der 1948 alles auf eine Karte setzende Entschluss, als freier Schriftsteller zu arbeiten, forderte seinen Tribut in Form ständiger Existenznöte der durch die Geburt der Söhne Raimund (1947), René (1948) und Vincent (1950) schließlich fünfköpfigen Familie. Geschrieben wurde viel, die Typoskripte kursierten durch die Redaktionen reichlich – und kamen ungedruckt, honorarlos also, zur Schillerstraße zurück.

Dann kreuzten sich zwei Briefe. Heinrich Böll schrieb am 11. November 1948 an den in Opladen ansässigen Verlag Friedrich Middelhauve. Das Angebot des Schreibens: Übersetzungsarbeiten aus dem Englischen. Das entsprach der seit Anfang 1948 von Annemarie und Heinrich Böll verfolgten Idee, durch Übersetzungen den Unterhalt der Familie zu stützen (was bereits im Juni zu einem an den Willi Weismann Verlag adressierten Probelauf mit dem Essay »W. H. Auden and the poets of the Thirties« von Stephen Spender geführt hatte – ergebnislos).

Der andere Brief, der sich mit dem Heinrich Bölls kreuzte, stammte von Georg Zänker, Lektor des Middelhauve Verlages. Zunächst hatte sich Georg Zänker am 10. November 1948 beim Einwohnermeldeamt der Stadt Köln nach der Adresse Heinrich Bölls erkundigt und bat in seinem, nur mehr mit der richtigen Anschrift versehen, am 24. November Heinrich Böll um die Gelegenheit eines Gesprächs. Der Besuch wurde am 15. Dezember 1948 in Köln möglich. Am 2. Mai 1949 konnte dann der erste Verlagsvertrag abgeschlossen werden. Der auf Verlagshonorare für künftige Arbeiten anzurechnende, monatlich gezahlte Vorschuss – zunächst von 100, dann ab September 200 DM (deren Auszahlung allerdings bis Dezember 1949 befristet war) – konnte die Situation zwar nicht mehr als völlig aussichtslos erscheinen lassen, die Existenz der vierköpfigen Familie jedoch auch nicht grundsätzlich sichern. Heinrich Böll sah sich daher gezwungen, bei der Stadt Köln ein Gesuch zur Gewährung einer Existenzbeihilfe zu stellen, das am 3. November 1949 eingereicht und dem mit einer einmaligen Zahlung von 500 DM entsprochen wurde. Mit einmaligen Zuwendungen ließ sich die Familie jedoch auch nicht dauerhaft absichern, sodass Überlegungen, die Existenz eines ›freien Schriftstellers‹ zugunsten einer gesicherten Anstellung aufzugeben, immer wieder am Horizont der Lebensplanung aufschienen. Aber auch immer wieder vertrie-

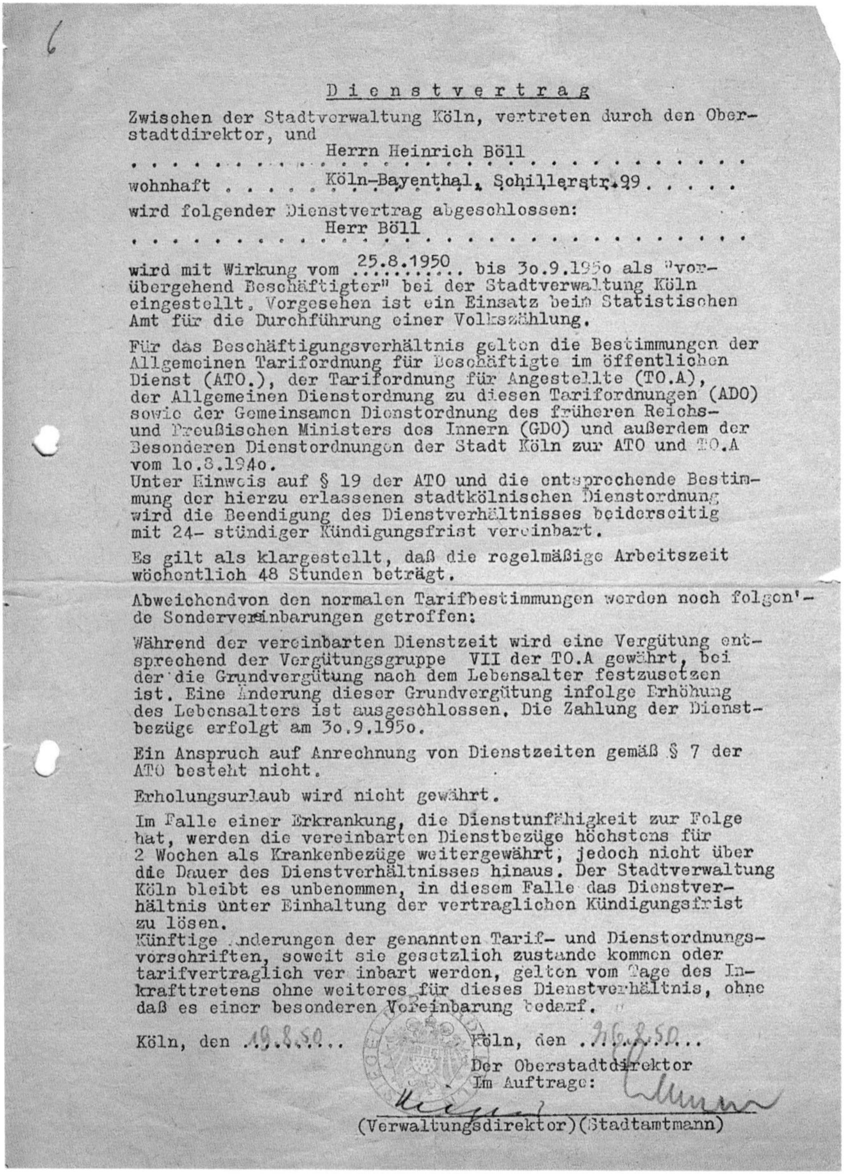

Dienstvertrag

Zwischen der Stadtverwaltung Köln, vertreten durch den Oberstadtdirektor, und
Herrn Heinrich Böll
. . . .
wohnhaft . . . . . Köln-Bayenthal, Schillerstr. 99 . . . . .
wird folgender Dienstvertrag abgeschlossen:
. . . . Herr Böll . . . .

wird mit Wirkung vom 25.8.1950 bis 3o.9.195o als "vorübergehend Beschäftigter" bei der Stadtverwaltung Köln
eingestellt. Vorgesehen ist ein Einsatz beim Statistischen
Amt für die Durchführung einer Volkszählung.

Für das Beschäftigungsverhältnis gelten die Bestimmungen der
Allgemeinen Tarifordnung für Beschäftigte im öffentlichen
Dienst (ATO.), der Tarifordnung für Angestellte (TO.A),
der Allgemeinen Dienstordnung zu diesen Tarifordnungen (ADO)
sowie der Gemeinsamen Dienstordnung des früheren Reichs-
und Preußischen Ministers des Innern (GDO) und außerdem der
Besonderen Dienstordnungen der Stadt Köln zur ATO und TO.A
vom 1o.8.194o.
Unter Hinweis auf § 19 der ATO und die entsprechende Bestim-
mung der hierzu erlassenen stadtkölnischen Dienstordnung
wird die Beendigung des Dienstverhältnisses beiderseitig
mit 24- stündiger Kündigungsfrist vereinbart.

Es gilt als klargestellt, daß die regelmäßige Arbeitszeit
wöchentlich 48 Stunden beträgt.

Abweichend von den normalen Tarifbestimmungen werden noch folgende Sondervereinbarungen getroffen:

Während der vereinbarten Dienstzeit wird eine Vergütung entsprechend der Vergütungsgruppe VII der TO.A gewährt, bei
der die Grundvergütung nach dem Lebensalter festzusetzen
ist. Eine Änderung dieser Grundvergütung infolge Erhöhung
des Lebensalters ist ausgeschlossen. Die Zahlung der Dienstbezüge erfolgt am 3o.9.195o.

Ein Anspruch auf Anrechnung von Dienstzeiten gemäß § 7 der
ATO besteht nicht.

Erholungsurlaub wird nicht gewährt.

Im Falle einer Erkrankung, die Dienstunfähigkeit zur Folge
hat, werden die vereinbarten Dienstbezüge höchstens für
2 Wochen als Krankenbezüge weitergewährt; jedoch nicht über
die Dauer des Dienstverhältnisses hinaus. Der Stadtverwaltung
Köln bleibt es unbenommen, in diesem Falle das Dienstverhältnis unter Einhaltung der vertraglichen Kündigungsfrist
zu lösen.
Künftige Änderungen der genannten Tarif- und Dienstordnungs-
vorschriften, soweit sie gesetzlich zustande kommen oder
tarifvertraglich vereinbart werden, gelten vom Tage des In-
krafttretens ohne weiteres für dieses Dienstverhältnis, ohne
daß es einer besonderen Vereinbarung bedarf.

Köln, den 19.8.5o   Köln, den 26.8.5o
                            Der Oberstadtdirektor
                            Im Auftrage:

(Verwaltungsdirektor)   (Stadtamtmann)

*Abb. 18: Zweiter Dienstvertrag mit der Stadt Köln vom 19./26. August 1950 für den
Zeitraum vom 25. August bis 30. September 1950*

399/30

STADTVERWALTUNG KÖLN

– Personalamt –

Stadtverwaltung Köln

Fernsprecher 70901 | Nebenstelle 263

Herrn
Heinrich Böll

Köln-Bayenthal
Schillerstr. 99

Dienstgebäude
Rathaus

Ihr Schreiben vom | Ihr Zeichen | Tag 30.4.1951 | Zeichen 12/VI (Bei Antwort angeben)

Betr.

Z e u g n i s

Herr Heinrich B ö l l, geboren am 21. Dezember 1917, trat am 25. August 1950 als vorübergehend beschäftigter Angestellter in den Dienst der Stadt Köln. Er wurde dem Statistischen Amt für die Arbeiten der Volkszählung 1950 zugeteilt. Während der Vorbereitung, Durchführung und ersten Auswertung der Volkszählung 1950 war er Leiter einer Außenstelle. Nach Auflösung dieser Stelle wurde er im Statistischen Amt als Gruppenführer bei den weiteren Auswertungsarbeiten eingesetzt. Damit oblagen ihm die Erteilung von Arbeitsanweisungen an seine Mitarbeiter und die Beaufsichtigung und Prüfung der Arbeiten seiner Gruppe.

Herr Böll wurde allen Anforderungen -auch bei schwierigen Sonderaufgaben- gerecht. Seine Leistungen waren sehr gut, sein dienstliches Verhalten war einwandfrei. Außerdienstlich ist nichts Nachteiliges über ihn bekanntgeworden.

Das Dienstverhältnis endet mit dem heutigen Tage wegen Ablaufs der befristeten Beschäftigung.

Im Auftrage:

SIEGEL DER STADT KÖLN

Hanquet
(Hanquet)
Oberverwaltungsdirektor

1111 Vordr. Nr. 4503, 2. 51, 30000, Sch.

Abb. 19: Zeugnis vom 30. April 1951

ben wurden – nicht zuletzt durch den Zuspruch Annemarie Bölls. Auf der Suche nach Alternativen richtete sich Heinrich Böll dann am 4. Januar 1950 an den *Kölner Stadt-Anzeiger*. Das Ziel: eine »Beschäftigung als Berichterstatter« (siehe Abb. 21) – allerdings blieb auch dies vergeblich.

»Der Junge kann was. Er kann tatsächlich etwas« – das waren dann die Worte, mit denen Friedrich Middelhauve am 1. Februar 1950 Heinrich Böll dem Beigeordneten der Stadt Köln Dr. Löns empfahl, perspektivisch mit der Aussicht kombiniert, Heinrich Böll ein »geregeltes Einkommen dadurch zu schaffen, daß er auf einem Büro tätig wird«.

Letztendlich führte Friedrich Middelhauves Initiative dazu, dass Heinrich Böll ab dem 1. Juni 1950 eine vorübergehende Beschäftigung bei der Stadt Köln im Rahmen der Grundstückszählung bzw. Volkszählung antreten konnte – erhofft hatte er allerdings eine Beschäftigung im »Archiv- oder Bibliotheksdienst«. Böll wird zunächst Leiter einer Außenstelle, dann Gruppenleiter im Innendienst bis zur Beendigung der mehrfach verlängerten Tätigkeit am 30. April 1951.

Dass er nur mehr im Dienst der Stadt sei, darüber berichtete Heinrich Böll seinem in Gelsenkirchen wohnenden Freund Ernst-Adolf Kunz unmittelbar nach Antritt der Stelle dann so: »[S]eit 1.6. bin ich hier beim Statistischen Amt – ausgerechnet! – und zwar vollbeschäftigt. Ich habe natürlich wenig Zeit, aber die Arbeit ist nicht so schlimm: eine Grundstückszählung, und zwar muß ich immer innerhalb von 3 Tagen ein bestimmtes Pensum erledigen – natürlich im Außendienst. Bisher habe ich festgestellt, daß ich die Arbeit von 3 Tagen in 1 ½ machen kann, auf diese Weise habe ich jetzt bis Dienstag frei. Bis Mittwochmittag habe ich dann meine Arbeit bis Freitag erledigt und so weiter. Auf diese Weise brauch ich meine eigentliche Arbeit nicht aufzugeben und kann vielleicht doch bis August den Roman [d. i. *Der Engel schwieg*] fertig haben.«[23]

---

23 Brief v. 3. Juni 1950 an Ernst Adolf Kunz, in: Die Hoffnung ist wie ein wildes Tier. Der Briefwechsel zwischen Heinrich Böll und Ernst-Adolf Kunz 1945–1953. Herausgegeben und mit einem Nachwort von Herbert Hoven. Mit einem Vorwort von Johannes Rau. Köln: Kiepenheuer & Witsch 1994, S. 253. – Weitere Briefe: 11. Mai 1950 (S. 252 f.), 17. Juni 1950 (S. 255 f.), 22. August 1950 (S. 259 ff.), 28. August 1950 (S. 261 f.), 22. November 1950 (S. 263 f.), 12. Dezember 1950 (S. 265), 12. April 1951 (S. 268 f.)

Heinrich Böll

Köln-Bayenthal

Schillerstr.99
den 5.2.52.

Anlage zum Antrag auf Wohungszuweisung.

Wie aus meinem Antrag hervorgeht,besteht meine gegenwärtige Wohung aus 1 Küche,1 Zimmer und einer
Mansarde,die als halber Raum zu betrachten ist.
Die Mansarde diente mir bisher als Arbeitszimmer,
ist aber nun infolge des täglich spürbarer werdenden
Raummangels als Schlafraum benutzt,und die Ausübung
meines Berufes,die in freier Mitarbeit bei verschiedenen Zeitschriften,Rundfunkstationen,Buchverlagen und
Zeitungen besteht,ist in einer Weise gefährdet,dass sie
fast als unmöglich zu bezeichnen ist,zumal ein Arbeits-
raum zugleich zur Unterbringung meiner Bibliothek dient.
Zu einem Zeitpunkt,wo nach jahrelangen Schwierigkeiten
sich eine erhebliche Besserung meiner beruflichen Möglichkeiten bietet,ist die Nutzung dieser Möglichkeiten
ernsthaft gefährdet,weil es an Raum mangelt,zumal die
Tätigkeit meiner Frau auch das Vorhandensein einer
ruhigen Arbeitsmöglichkeit ~~vorausnahm~~und die ständige
Anwesenheit einer Hausgehilfin voraussetzt,die in unserem Haushalt wohnen müsste,nun aber unter sehr schwierigen Umständen im Haushalt ihrer Mutter schlafen muss.
Ueber alle beruflichen Schwierigkeiten hinaus,ist wohl
als mindestens ebenso dringend die Tatsache zu betrachten,dass meine drei Kinder im Alter von 2-5 Jahren nicht
in dem Masse Schlaf und Ruhe finden,wie er ihrer Ge-
sundheit zuträglich wäre.

Heinrich Böll

Abb. 20: Wohnungsantrag (Anlage zum Antrag Heinrich Bölls auf eine Wohnungs-
zuweisung vom 5. Februar 1952)

51

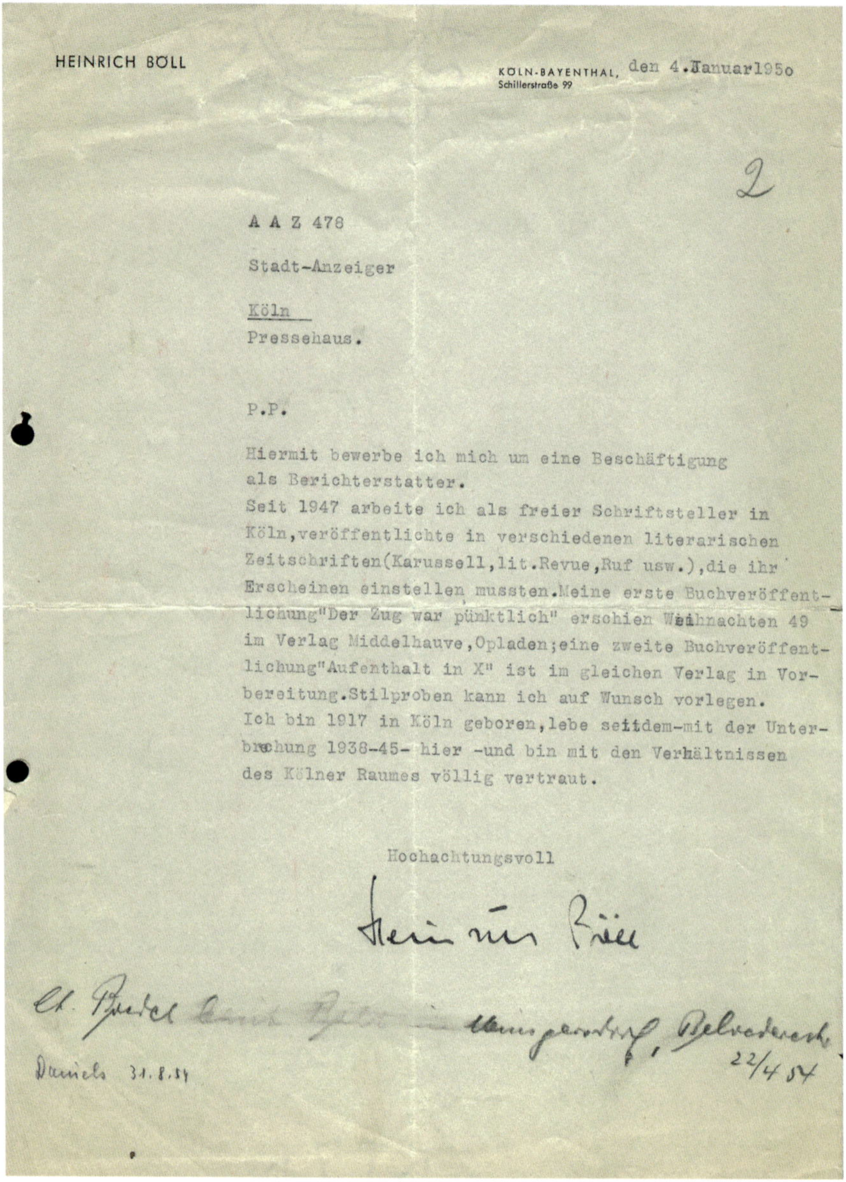

HEINRICH BÖLL

KÖLN-BAYENTHAL, den 4.Januar 1950
Schillerstraße 99

2

A A Z 478

Stadt-Anzeiger

Köln
Pressehaus.

P.P.

Hiermit bewerbe ich mich um eine Beschäftigung
als Berichterstatter.
Seit 1947 arbeite ich als freier Schriftsteller in
Köln,veröffentlichte in verschiedenen literarischen
Zeitschriften(Karussell,lit.Revue,Ruf usw.),die ihr
Erscheinen einstellen mussten.Meine erste Buchveröffent-
lichung"Der Zug war pünktlich" erschien Weihnachten 49
im Verlag Middelhauve,Opladen;eine zweite Buchveröffent-
lichung"Aufenthalt in X" ist im gleichen Verlag in Vor-
bereitung.Stilproben kann ich auf Wunsch vorlegen.
Ich bin 1917 in Köln geboren,lebe seitdem-mit der Unter-
brechung 1938-45- hier -und bin mit den Verhältnissen
des Kölner Raumes völlig vertraut.

                    Hochachtungsvoll

                    [Unterschrift: Heinrich Böll]

[handschriftliche Notizen]
Daniels 31.8.54   22/4 54

Abb. 21: *Bewerbung Heinrich Bölls als Berichterstatter beim* Kölner Stadt-Anzeiger
vom 4. Januar 1950

52

Köln II.
Für Grieshaber zum 3 × 20.
(1969)

Sie glaubt nicht an Dauer
und dauert so lange
ewig ewig
heilig heilig
will sie nicht sein
über zerbrochenen Bischofsstäben
kocht sie ihr Süppchen
Material
aus Tränen
Asche der Heiligen
Hurenblut
Bürgertalg
zermahlenem Domherrengebein
mit Pinsel
aus Madonnenhaar
malt sie Flüche
an die Mauerreste
tief tief
unter dem Dom
beschwört ihn
sie liebt ihn
er sie nicht
immer immer
fließt er an ihr vorbei

Abb. 22: »Es wird Herbst!!!« – Gouache der Hauskatze »Otto« der Familie Böll von HAP Grieshaber, 8. September 1964 (38 x 31,5 cm)

Heinrich Böll und der Maler, Grafiker und Holzschneider HAP Grieshaber (Helmut Andreas Paul Grieshaber; 1909–1981) hatten sich Anfang der 1960er-Jahre in ihrer Eigenschaft als Mitherausgeber der von Werner von Trott zu Solz (1902–1965) initiierten Zeitschrift *labyrinth* kennengelernt. (Die als Vierteljahresschrift konzipierte Zeitschrift erschien zwischen September 1960 und Juni 1962 in sechs Lieferungen, musste dann aber eingestellt werden.) Die Verbindung von Grieshaber und Böll zum Zeitschriftenprojekt wiederum kam über den mit Werner von Trott zu Solz seit Längerem bekannten Professor für Philosophie an der Düsseldorfer Kunstakademie Walter Warnach zustande (1910–2002), mit dem Böll seinerseits seit Mitte der 1950er-Jahre bekannt war. »Hein-

rich Böll habe ich«, so Walter Warnach rückblickend 1984, »auf eine seltsame Weise kennengelernt. Rolf Schroers [von 1955 bis 1957 Lektor bei Kiepenheuer & Witsch] kannte ich schon länger, [der] sagte, Böll wünsche mich kennenzulernen, um ein theologisches Problem mit mir zu erörtern, was die Erzählung ›Brot der frühen Jahre‹ betreffe. Nach einem ersten Gespräch in einem Café haben wir uns dann – wie sich das so ergibt – immer mehr genähert«[24].

Der Kontakt zwischen Heinrich Böll und HAP Grieshaber riss nach der Ein-

24 Wolfgang Matthias Schwiedrzik [Hrsg.]: *Konservativ und rebellisch. Die Zeitschrift ›labyrinth‹. Gespräche mit Heinrich Böll und Walter Warnach.* Neckargemünd: Edition Mnemosyne 2000, S. 81.

stellung des *labyrinth*-Projekts nicht ab. Im Gegenteil. Es entwickelte sich eine freundschaftlich-private Verbindung, die durch gegenseitige Besuche immer wieder bekräftigt und im brieflichen Kontakt kontinuierlich gepflegt wurde. Aber auch die publizistische Ebene der Bekanntschaft geriet nicht aus dem Blick. So gehörte Heinrich Böll des Öfteren zu den Autoren der von Grieshaber 1964 begründeten Zeitschrift *Engel der Geschichte*. Darüber hinaus widmete Böll eine seiner satirischen *Deutschen Utopien* Grieshaber im Rahmen einer zu dessen 70. Geburtstag 1979 veranstalteten Festschrift[25]. Eine letzte Widmung galt dem verstorbenen Freund. Heinrich Böll verfasste anlässlich von HAP Grieshabers erstem Todestag, dem 12. Mai 1982, die Verszeilen *Dem Freund zum Gedenken*, die in einem vom Freundeskreis Grieshabers initiierten Heft des *Engels der Geschichte* publiziert wurden.

Dass zwischen dem bildenden Künstler HAP Grieshaber und dem Schriftsteller Heinrich Böll Fragen der Kunst und Literatur einen zentralen Stellenwert hatten und einen festen Bezugspunkt des gemeinsamen Austauschs bildeten, dokumentiert ein Brief Heinrich Bölls an HAP Grieshaber, den er während einer Jugoslawienreise 1961 verfasste und der im fünften Heft der Zeitschrift *laby-*

rinth* veröffentlicht wurde. Heinrich Böll kam in seinem Schreiben auf ein auch für ›Heinrich Böll & Köln‹ charakteristisches Thema zu sprechen – der ›katholische Schriftsteller‹ und sein Verhältnis zur Kirche und Religion. Aus diesem Gund soll die Heinrich Bölls Ansicht skizzierende Aussage des Briefes im Folgenden abgedruckt werden:

Sie schreiben mir, lieber Grieshaber, Sie schämten sich fast, mir die Frage zu stellen, ich sei doch Katholik und müßte wissen, warum die Kunst am Leben vorbeigehe. Nun, ich schäme mich manchmal fast, daß ich Katholik bin, gleicher Hautfarbe mit diesen Linksverquerern und Rechtsverquerern, diesen Mittelstürmer-Optimisten, und was es da alles noch für Funktionen in diesem Verein gibt; als Künstler mag Sie die Tatsache, daß die katholische Kirche »ein so gutes Verhältnis zur modernen Kunst« hat, zu dieser Frage an mich bestimmt haben – aber mich interessiert das Verhältnis der Kirche zur Kunst (das mag Sie überraschen) gar nicht, mich interessiert viel mehr ihr Verhältnis zur Theologie und das Verhältnis der Theologie zur Politik. Die Kirche (unsere) ist meiner Meinung nach gar nicht kompetent in Fragen Kunst, alles, was sie darüber äußert, für oder dagegen tut, ist mehr oder weniger »Hobby«, und es ist höchst erfreulich, daß sie (im ganzen gesehen) diesem Hobby mit so viel Geschmack, so viel Instinkt, »Aufgeschlossenheit« und Freundlichkeit nach-

25 »Deutsche Utopien II. Für Grieshaber«, in: Heinrich Böll: *Werke*. Kölner Ausgabe. Bd. 20, S. 252–254.

kommt; das ist sehr hübsch (wie es sehr hübsch ist, daß sie sich hin und wieder ihres guten alten Index erinnert und ihm ein, zwei, drei Brocken Futter gibt, auf daß er nicht sterbe – im übrigen wuchern die indizierten Gedanken dann in abgewandelter Form in Millionen Exemplaren an den Taschenbuchkiosken, und jedes Kind kann sie sich um den Preis eines Kinobillets kaufen). Die Tatsache, daß eine Heilige Messe in einer Nissenhütte keineswegs geringer ist als eine in der Kathedrale von Chartres, das Gebet einer Frau vor einer Kitschmadonna nicht geringer als das der anderen vor Fra Angelico, macht das Verhältnis eines Körpers wie der Kirche zur Kunst doch zweitrangig – und so verstehe ich Ihre Frage nicht, wieso ich als Katholik doch wissen müßte, warum die Kunst am Leben vorbeigehe. Die katholische Kirche hat die Kunst gewiß »gefördert«, aber nicht erfunden; die Frage wäre, wieweit die katholische Theologie sich Gedanken über eine Art Moral des Ästhetischen gemacht hat; ich weiß nichts von Versuchen dieser Art, aber dieses Nichtwissen kann Ignoranz sein. Ich glaube an die Verantwortung des Künstlers, aber mein Gewissen allein ist mir ein zu schwaches Instrument.[26]

---

26 »Brief an HAP Grieshaber«, in: Heinrich Böll: *Werke*. Kölner Ausgabe. Bd. 12, S. 285–286. Zuerst in: *labyrinth* (Hommerich), 2. Jg., Heft 5, November 1961, S. 62–69, u.d.T. »Briefwechsel Heinrich Böll – HAP Grieshaber«

Abb. 23: Heinrich Böll, Schillerstraße 99, 1946

Aus: Stichworte
(1965)

5. Stichwort: 1945

[…] Manchmal werde ich gefragt: Wie kann man in Köln leben?! Diese peinliche, auf eine schlüpfrige Weise snobistische Frage beantworte ich hier nicht für die Frager, sondern für mich. Wie kann man in Gelsenkirchen-Rotthausen, in Berlin, Niederdollendorf, Frankfurt, Oberdreisbach oder München leben!? Ich vermute, indem man sein Brot ißt, seine Arbeit tut, hin und wieder schläft, trinkt und so weiter. (Die Frage: Wie kann man in Köln leben? ist übrigens typisch für eine bestimmte Art neudeutscher Chuzpe, die so ahnungslos ausverkauft, wie sie ahnungslos auf eine provinzlerische Art Modenschau abhält.)

Abb. 24: Lesley McNair Bridge / Amerikaner Brücke / Tausendfüßler, 1946

58

Als wir Köln wiedersahen, weinten wir. Wir kamen über die geländerlose, von Lehm glitschige Behelfsbrücke von Deutz herüber, ein englischer Panzer, der uns entgegenkam und ins Rutschen geriet, drängte uns fast in den Rhein. Wieder und noch einmal: Todesangst.

Das zerstörte Köln hatte, was das unzerstörte nie gehabt hatte: Größe und Ernst. Das Schicksal war in seiner Unbarmherzigkeit genau gewesen. Die Zerstörung war vollständig und kriegstechnisch vollkommen sinnlos: das war der angemessene Zustand für einen Ort, in dem wir leben wollten. Tränen, und von Allerheiligen noch die Kränze und Blumen auf den Trümmergrundstücken.

Das unzerstörte Köln war bis in die wilden Bacchanalien hinein, die in Luftschutzbunkern stattfanden, während die Bomben fielen – es war unernst gewesen, unordentlich auch und, obwohl fast ein Jahrhundert lang Festung und große Garnison, nie militaristisch. Der Härte, die sich unter rheinischem Humor verbirgt, einer Härte, die kriminell werden kann, waren die ordentlichen und korrekten Preußen nie gewachsen. Köln war nie so recht Großstadt, immer Stadt, seine Verdorbenheit saß tiefer als die pointierte Verdorbenheit der gängigen Großstadt, die sich so leicht verfilmen läßt. Köln war richtiger, es war heiler als jede unzerstörte ländliche oder kleinstädti-

Abb. 25: Köln 1946 mit Blick auf Groß St. Martin

Abb. 26: Kölner Opernhaus, Rudolfplatz nach der Zerstörung infolge eines Luftangriffs 1943. Das Opernhaus wurde 1958 abgerissen.

Abb. 27: Hochwasser, 1947/48

59

sche Idylle, in der einer friedlich hätte Kartoffeln stehlen, Tabak pflanzen, Heiles schreiben, sich ausruhen und hätte einschlafen können.

Es kam eine Zeit – deutscheste Form des Perfektions-Perversionsspiels »Wer ist der erste im ganzen Land?« –, in der es eine Art Wettstreit der deutschen Städte gab, welche die am meisten zerstörte sei. Uns war Köln zerstört genug. Als wir wieder dorthin zogen, hatte es, glaube ich, dreißigtausend Einwohner. Jahrelang noch blieben die Trümmerloren die einzigen Verkehrsmittel innerhalb der Stadt, jahrelang lagen am Allerheiligentag Kränze und Blumen auf den Trümmergrundstücken. (Wo wollte sie heute einer hinlegen?) Köln schlief länger als andere zerstörte Städte. Es mußte »Spritzen« bekommen, bekam sie. (»Spritzenland, Spritzenland, wer hat dir deinen Ernst und deine Würde genommen?«)

Ich weiß nicht, warum ich mich weigerte, zu tun, was als jeden heimkehrenden Bürgers erste Pflicht mit neudemokratischem Enthusiasmus propagiert wurde: mich mit Schaufel und Hacke an der Enttrümmerung zu beteiligen. Es war nicht nur das Gefühl, Besseres zu tun und genug getan zu haben, es war nicht nur Faulheit, nicht nur Gleichgültigkeit gegenüber einem »Aufbauwillen«, dessen Geist sich nicht artikulierte. Vielleicht erinnerte mich die Art, wie sie da zusammenstanden, auf Schaufel und Hacke gestützt, einander von Krieg, Gefangenschaft und politischen Irrtümern erzählten, zu sehr an Stammtisch und Kampfkommandanturen gleichzeitig. (Beide, Stammtisch und Kampfkommandantur, sind ja inzwischen beliebte Modelle geworden.)

Köln war eine große Stadt, und die einzige Möglichkeit, Hoffnung zu haben, war, in dieser zerstörten Stadt zu wohnen. Die Frage: Wie kann man in Köln leben?! ist inzwischen snobistischer und schlüpfriger, als sie je hat sein können. Ich erkenne in dieser Frage das alte (nicht unberechtigte) preußische Mißtrauen gegenüber jenem Rheinland, das 1815 an Preußen fiel. Wenn schon gestellt, dann müßte die Frage längst lauten: Wie kann man in Deutschland leben?, und daraus ergäbe sich die zweite Frage: Ist Köln deutsch? Die überraschende Antwort lautet: ja. Der Zweifel an diesem ja ist in der ersten Frage, mag sie stellen, wer will, immer enthalten. Die letzten Zweifel über dieses ja fielen von mir, als ich an einem regnerischen Novembertag 1945 über die geländerlose, von Lehm glitschige Brücke mit meiner Frau, meiner Schwester und meinem Bruder zum ersten Mal seit Kriegsende wieder von Deutz nach Köln hinüberging. In der Stadt wohnten nicht nur dreißigtausend Einwohner, außerdem noch: zwei Madonnen. Die eine schön, später Trümmermadonna genannt, die andere nicht schön, aber groß, sehr alt, erdhaft, unsymmetrisch, mit gläsernen Augen. Sie steht in Sankt Maria im Kapitol.

Abb. 28: Madonna, St. Maria im Kapitol

Stadt der alten Gesichter
(1959)

Köln ist für mich die Stadt der alten Gesichter, Gesichter von Menschen, die mir nie vorgestellt wurden und deren Namen ich auf dem Grabstein nicht wiedererkennen würde. Die Wirklichkeit dieser Gesichter schwände dahin, wenn sie für mich »Herr Schmitz« und »Fräulein Reinartz« würden. Die Heftigkeit meiner Erinnerung ist abhängig von ihrer Anonymität. Mit manchen von ihnen habe ich Worte gewechselt, aber nie mehr als »Umsteigen, bitte. Danke«, oder »Zwei Bananen, bitte. Danke«; mit den meisten habe ich nie ein Wort gewechselt, und gerade deshalb sind sie für mich Köln.

Bis heute weiß ich nicht, ob der gepflegte Herr, den ich noch als braunhaarig in Erinnerung habe, grauhaarig und weißhaarig werden sah, Gerichtsvollzieher oder Kassierer fürs E-Werk ist. Er trägt immer eine kleine, schwarze Ledertasche unterm Arm – sie ist halb so groß wie ein Schulranzen –, und ich werde nie erfahren, ob sie Pfändungsbefehle oder Stromrechnungen enthält, oder Schriftsätze und Briefabschriften, wie sie Leute mit sich herumtragen, die ein Leben lang gegen das Unrecht ankämpfen. In wechselnden Abständen, oft sind es vier oder fünf Jahre, sehe ich den Herrn zu verschiedenen Tageszeiten in verschiedenen Stadtvierteln, immer sieht er aus, als wäre er zu einem bestimmten Ziel unterwegs, und doch muß ich fürchten, daß er sein Ziel nie erreicht. Zweimal innerhalb von fünfundzwanzig Jahren sah ich ihn in einem Café, beide Male trank er Tee, aß einen Berliner, den er sorgfältig zerteilte. Wenn ich ihn wiedersehe, wird Köln für mich wirklich.

Meine Verwandten und Bekannten sind für mich nicht so sehr Köln wie diese alten Gesichter, die keinen Namen haben. Verwandte, Freunde und Bekannte haben Namen, man weiß, wohin sie in Urlaub fahren, womit sie ihr Geld verdienen, welche Bücher sie lesen, kennt ihre politi-

Abb. 29: Bundesgartenschau, 1957

sche Meinung, und doch machen nicht sie das »zu Hause« aus. Meine Frau ist auch in einem Eifeldorf meine Frau, und meine Kinder bleiben meine Kinder, wenn ich in einem Londoner Kino zwischen ihnen sitze. Man kann wegziehen und seine Familie mitnehmen, die Freunde würden Briefe schreiben, man würde neue Freunde finden, neue Bekannte, Fräulein H., Herr K. Angenehm – – aber »zu Hause«, da sind die Namenlosen, die man oft jahrzehntelang nicht sieht und doch immer wiedererkennt. An ihren Gesichtern lese ich den Ablauf der Zeit deutlicher ab als vom Kalender und von den Gesichtern derer, die mit mir älter werden.

Diese alten Gesichter gehören zu Straßenbahnern und Straßenhändlern, Zeitungsverkäufern und Polizisten und zu jenen müßigen Damen, wie man sie zwischen neun und halb ein Uhr morgens und nachmittags zwischen drei und sechs in den Cafés antreffen kann; es sind die Gesichter von Ladeninhabern, bei denen man, wie es sich gerade beim Bummel durch die Stadt ergibt, vielleicht alle drei Jahre einmal Zigaretten kauft oder alle fünf Jahre eine Uhr zur Reparatur abgibt; Kellner und Kellnerinnen zählen nicht: sie wissen zuviel von einem, und man weiß zuviel von ihnen; sie wissen schon, welche Zeitungen man liest, was man ißt

63

und trinkt, mit wem man sich trifft, wissen es schon nach vier oder fünf Besuchen im selben Lokal; sie sind fast schon Bekannte, bald weiß man, ob sie Wohnungssorgen haben oder nicht, Schulnöte werden offenbart, Lebensweisheiten ausgetauscht; zuviel, mit einem »alten Gesicht« spricht man überhaupt nicht oder nur in einem streng begrenzten Vokabular. »Umsteigen. Geradeaus. Danke. Bitte.« »Zwei Bananen. Danke. Bitte.« Kaum mehr als es Responsorien in den Litaneien gibt: »Erbarme dich unser, erhöre uns, höre uns.«

»Zwei Bananen, bitte«, sagte ich im Jahr 1929 zu einem fünfzehnjährigen Mädchen auf dem kleinen Platz vor St. Severin; die blühende Frische einer eben Schulentlassenen, die sorglos das Wechselgeld aus der grünen Stahlkassette nahm; dasselbe an derselben Stelle zur selben Person gesagt im Jahr 1959; erschreckend die raue, fast schon runzelige Hand der Frau mittleren Alters, die bekümmert in die grüne Stahlkassette blickte. Nirgendwo deutlicher werde ich lesen, wie lange dreißig Jahre währen.

Der Eismann am Perlengraben schrieb unsere Schulden mit dickem Zimmermannsbleistift an die getünchte Wand seiner Bude; ein Strich bedeutete fünf Pfennige, ein Dreieck einen Groschen, ein Viereck fünfzehn Pfennig; Kerbholz und Latte lebten in dieser Buchführung fort; wenn die Schulden beglichen wurden, wischte er mit feuchtem Daumen die geometrischen Figuren aus, und an anderer Stelle der beschmierten Wand wurde bald ein neues Konto eröffnet; zwanzig Jahre später: das Gesicht des Eismanns hinter der Theke eines großen Cafés; tadelloser Anzug, graue Krawatte mit silberner Perle, glattes Gesicht über Berge von Pralinen und Torten gebietend, und als hätte er die Pointe für mich reserviert, sagte er gerade zu seiner Verkäuferin: »Ich gehe rasch zum Maniküren.« Als hätte er nie andere Sorgen gehabt als die Politur seiner Fingernägel; und malte doch mit so bekümmertem Gesicht seine Kreditgeometrie an die blaugetünchte Wand, wischte nach Ostern die aus, die sitzengeblieben waren, die Schule gewechselt und ihn draufgesetzt hatten; »Tiebler«, drei Striche, zwei Dreiecke, ein Viereck. »Fünfzig Pfennig im Eimer«, sagte vor zwanzig Jahren die Stimme, die jetzt sagte: »Ich gehe rasch zum Maniküren.«

Nichts wäre verhängnisvoller, als in solchen Augenblicken »Erinnerungen austauschen« zu wollen. Per Distanz hütet man die Erinnerungen der anderen besser, als wenn man zuließe, daß sie ins Vokabularium der Sentimentalität gehoben und getötet würden: »Wissen Sie noch, damals am Perlengraben vor zwanzig Jahren«, der feuchte Daumen, Buchführung an der blaugetünchten Wand, Kindergewimmel am Perlengraben, wo nach dem Krieg fünfzehn Jahre lang eine fast pompejanische Stille herrschte. Alles wäre ausgelöscht, würde man sich auf das »Wissen Sie noch« einlassen; man muß auch die Erinnerungen der Städte und Stätten hüten; Fehltritte solcher Art machen die Treffen von Schulkameraden, die Saufabende jeglicher »Schicksalsgemeinschaft« zu so traurigen Veranstaltungen. Die

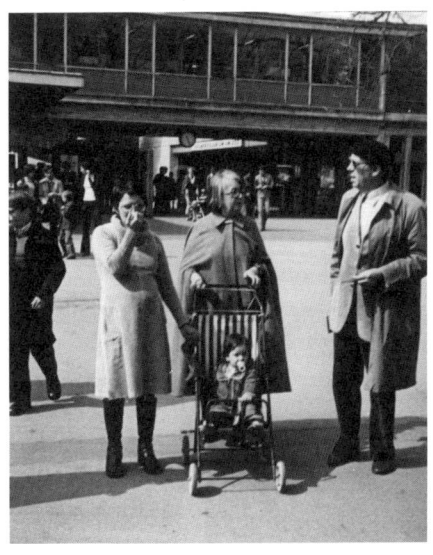

Abb. 30: Heinrich Böll mit Carmen Alicia Böll, Annemarie Böll und der Enkelin Samay Böll im Kölner Zoo, 1978

Erinnerung an eine Handbewegung, an einen Laut, einen Geruch enthält mehr als das stundenlange Bramarbasieren. Erinnerung an eine Stimme, die an einem kühlen Montagmorgen, als wir zur Turnhalle gingen, in die Spitzengasse hinunterrief: »Ich schlag dich kapott«, grüner Morgenrock, schwarzes Haar, weiße Haut, noch ungewaschen; die Frau war wohl fünfundzwanzig und hübsch, ist noch heute hübsch, noch mit siebenundvierzig, sitzt hinter der Kinokasse und sagt: »Macht einsachtzig, zwanzig Pfennige zurück. Macht zweifünfzig, fünfzig Pfennige zurück. Loge ausverkauft.« Und rief vor zweiundzwanzig Jahren nur den einen Satz: »Ich schlag dich kapott.«

Sehen und schweigen, hören und wissen: Er trug die rote Fahne, trug sie mit fanatischem Gesicht der marschierenden Kolonne voran, in den engen Gassen das Echo wilder Lieder; Eulengarten, Schnurgasse, Ankerstraße; mißtrauische Arbeitslose am Straßenrand köpften vorsichtig ihre Zigaretten, während er in den grauen Novemberhimmel hineinschrie: »Wir wählen Thälmann« – Asketenhände, die den Bannerstiel umklammerten, Asketengesicht, blickte gen Himmel, schrie: »Wir wählen Thälmann.« Gesicht, das sich vorgestern pedantisch über meinen Paß beugte, ihn prüfte, Hände, die den Paß zurückschoben, mir Geld auf die Banktheke zählten, gerechte Hände; mir unvergessen, was er vielleicht längst vergaß.

Ich könnte die alten Gesichter nicht zählen oder gar aufzählen, manche verschwinden, ohne daß ich es bemerke, andere reihen sich ein: Fünfundzwanzigjährige, die einmal sechs- oder zehnjährige Kinder waren, bummelten mit dem Schulranzen auf dem Rücken oder mit Einkaufstaschen in der Hand an irgendeinem Fenster irgendeiner unserer Wohnungen vorüber: am Karolingerring oder in der Maternusstraße; führen jetzt irgendwo in Parks oder in Ladenstraßen ihre eigenen sechs- oder zehnjährigen Kinder an der Hand spazieren; alte Gesichter und neue, die einmal alte sein werden.

Abb. 31: Karolingerring 17 (in heutiger Bebauung), Wohnung von 1942 bis 1944; die Wohnung wurde infolge eines Fliegerangriffs unbewohnbar. Daraufhin zogen Annemarie Böll, Heinrich Bölls Eltern, Maria und Viktor Böll, sowie Heinrich Bölls Schwester Mechthild nach Ahrweiler und bewohnten im dortigen Hotel ›Vier Winde‹ zwei Zimmer. Nach dem Tod der Mutter 1944 übersiedelten Annemarie, Viktor und Mechthild Böll auf die rechte Rheinseite in die Gemeinde Marienfeld bei Much.

Es gibt prominente darunter, Zeitungsverkäufer, aus deren Mund ich per Schlagzeile die ganze Geschichte der letzten dreißig Jahre hörte: Brüning zum Kanzler ernannt; Papen zum Kanzler ernannt, Schleicher zum Kanzler ernannt, Hitler zum Kanzler ernannt; Röhmputsch niedergeschlagen; Sieg im Westen; Absatzbewegungen im Osten; erster Großangriff auf Köln, die neueste Verordnung der Militärregierung; die Zuteilungen in der einhundertvierzigsten Zuteilungsperiode; Adenauer, der Sohn unserer Stadt, wird Bundeskanzler; gereizte Stimmung in Bonn; Adenauer und Erhard versöhnt.

Unmenschlich die immer gleiche Begeisterung dieser Stimme, die die *Kölnische Zeitung* und die *Vossische* anpries, den *Stürmer* und den *Völkischen Beobachter*, die *Welt* und die *Abendpost*, die neuen Karnevalsschlager, die den Sputnik verkündete und Chruschtschows Besuch in den USA – welche Zeitung wird dieses alte Gesicht wohl in zehn Jahren anpreisen? Unsterblich erscheint es mir, fast schon ein Denkmal, das der Zeit trotzt, wie die müßigen Damen in den Cafés, die in Mode und Kosmetik immer *up to date* sind, sich nur zögernd vom verführerischen zum mütterlichen Lächeln entschließen, plötzlich bereit sind, älter zu werden und sich mit der Ausbildung des Nachwuchses zu beschäftigen; Töchter und die Töchter von Freundinnen werden in die hohe Kunst eingeführt, müßig zu sein; ich weiß nichts von ihnen, weiß nicht, ob sie Söhne verloren oder Freunde verraten haben; sie sind nur »alte Gesichter« – nicht Freunde und Bekannte, auf deren Güte und Fehltritte man heftig reagiert.

Sie alle sind für mich Köln; zu Hause bin ich da, wo jeweils meine Familie sein mag, wo ich die Bekannten kenne; Köln liegt da, wo ich die Unbekannten kenne, liegt am Rhein, hat Kirchen und Brücken und viel Geschichte, römische Legionäre kratzten diese Geschichte in Ziegel, mittelalterliche Baumeister bauten die romanischen Kirchen, die viel kölnischer sind als der Dom, der ein wenig fremd, für Fremde, so nahe am Bahnhof und viel zu nahe an den großen Hotels liegt; zu leicht kann man sich einbilden, Köln zu kennen, wenn man aus einem Hotelfenster auf den Dom blickt, Köln liegt für mich am Perlengraben und auf dem Platz vor Sankt Severin, es ist die Stadt der Unbekannten, die ich kenne.

Straßen wie diese
Nachwort zu
»Unter Krahnenbäumen –
Bilder aus einer Straße«
(1958)

Durch Straßen wie diese führte mein Schulweg, sieben Jahre lang; viele
tausend Male bin ich durch solche Straßen gegangen, aber nie in sie ein-
gedrungen; erst viel später – in der Erinnerung begriff ich, was Straßen
wie diese bedeuten, ich begriff es, wie man plötzlich Träume begreift,
wenn ich in fremden Städten stundenlang durch Straßen ging und eine
wie diese suchte, aber nicht fand. Diese Straßen sind wie die Wohnzimmer kinderreicher Sippen, in denen nach dem geschriebenen Gesetz der
Vater das Oberhaupt ist, nach dem ungeschriebenen und wirksameren
aber die Mutter. Das Leben verläuft anarchisch, das heißt: nach strengen Regeln, die alle ungeschrieben sind; die Männer dürfen gelegentlich
ihre Streitereien ausfechten, denn Eifersuchtsdramen heben das Ansehen
der Frau, aber es darf nicht zu ernst werden: Blut ist ein kostbarer Saft,
den man nicht gerne opfert, am wenigsten gern auf Schlachtfeldern, denn
man weiß in diesen Straßen: das Leben ist kurz, es verläuft hier rascher
als anderswo und ist doch ewig unabänderlich; wie bei einem Bagger, der
den Flußlauf reinigt, weiß man nie: ist das Wasser, das die Schöpfräder
hochbringen, immer dasselbe oder nur das gleiche Wasser?

Mädchen kreuzten meinen Schulweg, balgten sich am Straßenrand,
heute – morgen, so schien es mir, waren sie schon junge Frauen, über-
morgen Mütter; in diesen Straßen wird man kein Backfisch; und ich ging
immer noch zur Schule, da brachten diese jungen Frauen schon ihre
Erstgeborenen mit frisch geschnittenem Haar, sauber gebürstet, mit na-
gelneuen Ranzen und der prallen Tüte ans Schultor; weinend taten sie es,

sie wußten, daß geschriebene Gesetze anfingen, wirksam zu werden, weinend taten sie es, denn die Träne ist der Preis für den Genuß und die Erkenntnis der Vergänglichkeit.

Streikende sah ich, rote Fahnen, Panzer fuhren auf, und die Polizisten leiteten unseren Schulweg auf sichere Pfade um, durch bürgerliche Straßen, mit strengen, abweisenden Fronten, leer waren diese Straßen, nur selten einmal spielte dort ein Kind, langweilig waren sie, und ich war froh, wenn der Streik vorüber war und der Schulweg wieder durch heitere Straßen wie diese verlief. Schmuggler sah ich, die der Polizei Tausende von leeren Zigarettenschachteln vor ihre Haustüren stapelten, ganze Türme von Leergut, aus dem die

Abb. 32: Umschlag des 1958 publizierten Bildbandes Unter Krahnenbäumen. Bilder aus einer Straße von Chargesheimer mit einem Text von Heinrich Böll. – Köln: Greven Verlag

gepaschte Ware längst verkauft war; aber eins blieb immer gleich, sieben Jahre lang, siebzig, siebenhundert Jahre: der Karneval, der einfach ausbrach, und im Rhythmus des Jahres, so wie die Patronatsfeste der Pfarreien fielen, Prozession und Kirmes: goldene Lämmer aus Gips wurden von weißgekleideten Mädchen getragen, rote Herzen Jesu, Lilien, barocke Laternen und auf roten Samtkissen die goldenen Symbole für Glaube, Hoffnung und Liebe: Kreuz, Anker und Herz.

Viel später, in der Erinnerung erst, begriff ich, was das ist: Volk. Volk ist der älteste Adel mit den strengsten Gesetzen, stolz und unnahbar. Jahrhundertelang oft wohnen ganze Sippen in Straßen wie dieser, verbergen ihren Reichtum, verbergen ihre Armut, pflegen ihre Kranken, ihre Krüppel in immer derselben Wohnung. Fremde werden aufgenommen, mögen sie Stanislaus, John oder Luigi heißen, Jan oder Sven; es gibt nur eine einzige Münze für Haben und für Soll: Treue und die Anerkennung der Gesetze, die niederzuschreiben unmöglich wäre, deren Größe und Härte in ihrer Ungeschriebenheit besteht. Das geschriebene Gesetz ist immer der Auslegung unterworfen, Ermessensstreit wird ausgefochten, Anwälte spitzen Zunge und Feder; das Gesetz dieser Straßen kennt nur zwei Antworten auf die Frage: »Schuldig?« – Ja – oder Nein. Schuldig, ein Mädchen sitzengelassen zu haben, schuldig, der Sippe nicht den gebührenden Tribut gezahlt zu haben, schuldig, Verrat geübt zu haben. Der Strafen gibt es viele, von der Ächtung bis zu denen, die mit Messern vollstreckt werden, wobei die Ächtung oft schmerzlicher den Schuldigen trifft als der Denkzettel mit dem Messer; es gibt Verweise, Mahnungen, dunkle, es gibt Bewährungsfrist; manchmal entzieht sich der Schuldige durch die Flucht, doch auch das geschieht selten, denn wer in solche Straßen einheiratet – nicht immer vor Gesetz und Kirche, und doch gibt es keine Scheidung – weiß den Preis und entrichtet ihn.

Vielleicht wird nur in Straßen, wie diese eine ist, richtig gelebt; heftig ist die Blüte der Frauen, Blumen im Haar, und der Troubadour hängt, wenn er zu Besuch kommt, seine Mandoline neben das Muttergottesbild, vor dem die rote Lampe brennt; heftig sind die Gefühle: Liebe und Haß, Mitleid und Härte, und man hat ein Gefühl für Unmenschlichkeit und für das Lächerliche: niemals ist die SA frohen Mutes durch solche Straßen marschiert; der Wurfgeschosse gibt es viele: Apfelsine, Blumentopf, Nachtgeschirr, und noch hat keiner den Panzer erfunden gegen die Verwundung, die so rasch tötet: das Gefühl, lächerlich zu sein. Man liebt Armeen nicht, denn man weiß, sie schleppen die Söhne fort, in die Wüste, in die Steppe, in Straßen, wo sie auf ihresgleichen schießen müssen und von ihresgleichen erschossen werden, und Armeen verderben die Töchter, suchen sie aus dem Bereich der ungeschriebenen in den geschriebener Gesetze zu ziehen.

Straßen wie diese bilden sich nicht mehr neu; wie alles, was heidnische Züge hat, sind sie an uralte Konventionen gebunden und an den Ort, an die Laren; sie sind nicht zu verpflanzen, ihr Geist geht unter mit dem Ort, an dem sie lagen; zum Glück haben einige von ihnen das Bombardement überdauert, die leeren Fensterhöhlen sind wieder mit Glas und Gardinen, mit Blumen gefüllt, Frauen mit Säuglingen auf dem Arm stehen wieder in den Türen, rote Samtpolster werden wieder durch die Straßen getragen, mit goldenen Symbolen für Glaube, Hoffnung und Liebe: Kreuz, Anker und Herz. Diese Straßen können nur als Ganzes leben, nicht in Partikeln, sie sind wie Pflanzenkolonien, die sich aus geheimen Wurzeln nähren; in ihnen lebt es noch, uralt, stolz, unnahbar und seinen Gesetzen treu: Volk.

Heimat und keine
(1965)

Abb. 33: Stollwerck-Automat, 1930; Schokoladenmuseum, Köln

Menschen sind wohl nur da halbwegs zu Hause, wo sie Wohnung und Arbeit finden, Freunde und Nachbarn gewinnen. Die Geschichte des Ortes, an dem einer wohnt, ist gegeben, die Geschichte der Person ergibt sich aus unzähligen Einzelheiten und Erlebnissen, die unbeschreiblich und unwiederbringlich sind. Ich werde wohl nie den bitteren Geruch von Rohkakao aus dem Mund bekommen, der den Häuserblock Alteburger Straße – Severinswall – Bottmühle – Ubierring frühmorgens schon umzingelte, wenn ich vom Ubierring aus zur Schule ging, und wenn ich irgendwo in der entferntesten Ecke Deutschlands einen Stollwerck-Automaten entdecke oder entdeckte, so ist und war das für mich »heimatlich« wie die Firmenbezeichnung Theodor Kotthoff, Lackfabrik, Köln-Raderthal, die ich auf nicht nur vielen, auf fast allen Güterwagen während des Krieges entdeckte; als Jungen hatten wir auf den »Hängen« des »Sausack« hinter Kotthofs Lackfabrik Indianer gespielt. Solche Heimat-Assoziationen sind unauslöschlich wie unzählige andere; ich brauchte nicht am Ort zu wohnen, um sie wiederzufinden; im Gegenteil: mit dem Quadrat der Entfernung wächst ihre Intensität; bei gegenseitiger Annäherung ergibt sich die peinliche Differenz zwischen Erinnerung und

Sentimentalität; nah besehen, wird das alles schal und peinlich; man stelle sich vor, ein Maler würde Apfel und Birne aufheben, konservieren, die ihm einmal Modell zu einem Stilleben gewesen ist. Natürlich verliert einer Kindheit und Jugend, wenn er auszieht, das Fürchten zu lernen, und damit hört alles auf, so zu sein, wie »es einmal war«.

Es gibt zwei Köln, die in diesem Sinn »heimatlich« waren: das Vorkriegsköln zwischen Raderthal und Chlodwigplatz, zwischen Vorgebirgsstraße und Rhein, dazu noch die Südbrücke und die Poller Wiesen; das zweite Köln, das in diesem Sinn »heimatlich« war, war schon ein anderes, das zerstörte Köln, in das wir 1945 zurückzogen. Diese beiden Köln sind Gegenstand der Erinnerung – und der Sentimentalität natürlich.

Es gibt sie beide nicht mehr, und es bleibt die Pein, die jedem Autor auferlegt ist, in diesem Gefälle zwischen Proust und dem (jeweiligen) Ostermann aufrecht zu stehen und gelegentlich auszurutschen. Die Tatsache, daß es sich in diesem Band hier um Fotografien handelt, wird das Buch davor bewahren, als Märchenbuch empfunden und empfangen zu werden; es ist wohltuend, daß der Fotograf sich aller »graphischen« Mätzchen enthalten hat. Die Kamera hat festgehalten, bringt wieder in Erinnerung, was das Auge der Zeitgenossen vergessen hat: dieses zweite Köln. Was nicht sichtbar gemacht werden kann, vielleicht aber spürbar wird: der Staub und die Stille. Staub, Puder der Zerstörung, drang durch alle Ritzen, setzte sich in Bücher, Manuskripte, auf Windeln, aufs Brot und in die Suppe; er war vermählt mit der Luft, sie waren ein Leib und eine Seele; jahrelang die tödliche Qual, gegen alle Vernunft, gegen alle

Abb. 34: Umschlag Hans Schmitt-Rost (Hrsg.): Zeit der Ruinen. Köln am Ende der Diktatur. Mit Bildern von Walter Dick, einem Vorwort von Heinrich Böll und einem Nachwort des Herausgebers. Köln: Kiepenheuer & Witsch, 1965

Hoffnung als Sisyphus und Herakles diese Unermeßlichkeit des Staubs zu bekämpfen, wie ihn eine zerstörte Stadt von den Ausmaßen Kölns hervorbringt; er klebte auf Wimpern und Brauen, zwischen den Zähnen, auf Gaumen und Schleimhäuten, in Wunden – jahrelang dieser Kampf gegen die Atomisierung unermeßlicher Mengen von Mörtel und Stein. Das andere war die Stille, sie war so unermeßlich wie der Staub; nur die Tatsache, daß sie nicht total war, machte sie glaubwürdig und erträglich; irgendwo in diesen unermeßlich stillen Nächten bröckelten lose Steine ab oder stürzte ein Giebel ein; die Zerstörung vollzog sich nach dem Gesetz umgekehrter Statik, mit der Dynamik im Kern getroffener Strukturen; offenbar kann man auch den statischen Kern eines Gebäudes spalten. Oft konnte einer es am hellen Tag beobachten, wie ein Giebel sich langsam, fast feierlich senkte, Mörtelfugen sich lösten, weiteten wie ein Netz – und es prasselte Steine. Die Zerstörung einer großen Stadt ist kein abgeschlossener Vorgang wie eine Operation, sie schreitet fort wie eine Paralyse, es bröckelt allenthalben, bricht dann zusammen. Der freiwillige, weder durch Sprengung noch sonstige akute Gewalt bewirkte Einsturz einer hohen Giebelmauer ist ein unvergeßlicher Anblick; in irgendeiner nicht voraussehbaren, schon gar nicht berechenbaren Sekunde gibt dieses schön geordnete, in Zuversicht und Lust zusammengefügte Gebilde nach; es zählt, fast hörbar tickend, knisternd, vom Datum seiner Entstehung auf Null zurück – auch beim Abschuß von Raketen wird auf Null und Nichts zurückgezählt – und gibt sich auf.

Es fällt auf, daß man immer nur an den Osten Deutschlands denkt, wenn das Wort heimatvertrieben fällt. Natürlich denkt man schon gar nicht an die allerersten, die aus der Heimat vertrieben wurden, die Emigranten. Daß die Zerstörung der großen Städte im Westen eine Vertreibung bewirkte, paßt wohl nicht ins politisch-propagandistische Vokabularium. Das Wort »alte Heimat« ist voll melancholischer, das Wort »neue Heimat« voll optimistischer Wehmut. Das Wort Völkerwanderung klingt mißverständlich, zweideutig, weil Wanderung und Wandern so friedliche Wörter sind. In Wahrheit war Völkerwanderung immer Völkerverdrängung; nie ging das ohne Gewalt, da wurde verschleppt, mitgeschleppt, zurückgelassen; mancher, der im Sinne des politischen Terminus technicus »heimatvertrieben« ist, hat sich hier besser zurechtgefunden als mancher, der seine Heimat im Sinne dieses Terminus technicus nie verlor. Das zerstörte Köln war nicht die alte, es war eine zweite Heimat, die schon wieder verloren ist. Köln erschien uns als der angemessene Wohnort. Mir brach der Angstschweiß aus, als ich die erste unzerstörte Stadt, Heidelberg, nach dem Krieg wiedersah[27]. Es erschien mir im doppelten Sinn, ästhetisch und moralisch, unangemessen, als eine besonders schlimme Art des Unheils, auf diese Weise heil geblieben zu sein; der Verdacht wollte nicht weichen, daß es verschont worden war, nicht weil es eine Lazarettstadt war – Dresden war auch eine Lazarettstadt – und nicht aus einem Grund, der jede menschliche Siedlung schonungswürdig macht: weil Menschen dort wohnen; der fürchterliche Verdacht,

Abb. 35: Auf dem Rothenberg, 1945

daß dieser deutsche Traum ein Touristentraum war, der seine Weltberühmtheit hauptsächlich einer Operette verdankt. Das Denkwürdige – was Theologen, Philosophen und Psychologen mehr beschäftigen müßte: In den Luftschutzkellern und -bunkern der großen Städte gab es kaum antiamerikanische oder antibritische Gefühlsausbrüche, und in den zerstörten Städten (mit der Ausnahme Dresdens vielleicht, dessen Schicksal durch die Plötzlichkeit, das Unerwartete der Zerstörung auf eine potenzierte Weise sinnlos erscheint) lebt kein Groll gegen die Bomber-Generalstäbe nach. Das ist eine ungeheure, bisher weder erfaßte noch erklärte

27 Reise im November 1956.

Tatsache, die weder natürliche noch rationale Ursachen haben kann. Die Deutschen haben dieses Geheimnis, warum sie sich vom Westen so ergeben bestrafen ließen und vom Osten keinen Streich hinnehmen wollen, noch nicht preisgegeben.

Es gab in den ersten Nachkriegsjahren außer Staub und Stille noch etwas, das, nicht durch Anführungszeichen gesichert, in dieser dritten Heimat, die Bundesrepublik heißt, als Provokation empfunden werden muß: Besitzlosigkeit. Jeder besaß das nackte Leben und außerdem, was ihm unter die Hände geriet: Kohlen, Holz, Bücher, Baumaterial. Jeder hätte jeden mit Recht des Diebstahls bezichtigen können. Wer in einer zerstörten Großstadt nicht erfror, mußte sein Holz oder seine Kohlen gestohlen haben, und wer nicht verhungerte, mußte auf irgendeine gesetzeswidrige Weise sich Nahrung verschafft haben oder haben beschaffen lassen. Wahrscheinlich ist diese ganze Kriminalität des Ausnahmezustandes, die in der zweiten Heimat dynamisch war, in der dritten wieder statisch geworden, übertritt nicht mehr geschriebene, nur noch ungeschriebene Gesetze, schreit wahrscheinlich heute bei der geringsten Gelegenheit: »Haltet den Dieb!«

Das jetzige Köln ist vom ersten und zweiten so weit entfernt wie Frankfurt oder Stuttgart; natürlich: es gibt noch ein paar Erkennungszeichen, Markierungspunkte, und Kölns Geschichte ist gegeben. Für viele, deren Geschichte als Person erst beginnt, ist es erste Heimat. Möglicherweise wird für sie eines Tages auch die Fotografie in den Bereich des Märchens rücken. Was auf diesen Fotos zu sehen, ist wahr, aber unglaublich. Vielleicht werden sie nicht gern wahrhaben wollen, was da weiß auf schwarz auf einer Schultafel geschrieben steht und schwarz auf weiß fotografiert ist: Köl-

Abb. 36: Schulspeisung, 1946

76

ner Kinderspeisung der Irischen Spende. Und ob der Vater, der diese Speisung empfing, ihnen gestehen wird, daß der Großvater zu Hause darauf lauerte, ob im Kochgeschirr noch ein Rest übriggeblieben war? In Irland weiß jedes Kind, was »The Great Famine« (Die große Hungersnot) war[28]. Sie fand aufs Jahr genau hundert Jahre vor der unseren statt. Forschungen haben bewiesen, daß alles, was darüber mündlich und schriftlich erzählt worden ist, nicht über-, sondern eher untertrieben war. Offenbar kommt die menschliche Phantasie und Fabulierlust gegen Dokumente nicht an. Unwiderlegbar beweisen diese Fotos, daß am Anfang der dritten Heimat Zerstörung und eine große Hungersnot waren.

---

28 Heinrich Böll hat 1963 unter dem Titel: *Kennedy, Irland und der große Hunger* das Buch von Cecil Woodham-Smith: *The Great Hunger* besprochen; siehe Heinrich Böll: *Werke*. Kölner Ausgabe. Bd. 14, S. 47–50.

Aus: »Eure Ruinen waren unsere Spielplätze« Gespräch mit Wolfgang Niedecken (1985)

BÖLL: […] Schlimm waren so Entwicklungen wie Nord-Süd-Fahrt, weil praktisch ganze Viertel zu Friedhöfen gemacht wurden. Und zwar Perlengraben und alles Drum und Dran. Kleine Spitzgasse, Große Spitzgasse.

NIEDECKEN: Daß Straßen einfach verschwunden sind …

BÖLL: Einfach weg, einfach weg. Und das ist natürlich eine interbundesrepublikanische Entwicklung gewesen, die einfach nur auf funktionierenden Verkehr aus war. Nicht mehr auf Leben. Die Städte sind ja tot. Ich konnte auch nicht mehr in Köln wohnen zuletzt – wegen dem Krach. Ich muß jeden Tag ein bißchen spazierengehen wegen meiner Beine, und ich konnte das einfach nicht mehr ertragen, in Köln spazierenzugehen, und deshalb bin ich da weggezogen – hauptsächlich. Mein Köln ist natürlich das unzerstörte Köln von vor dem Krieg. Das kann man nicht schildern, das ist nicht gefilmt worden. Auch das Severinsviertel nicht mit all den kleinen Gäßchen und Hinterhöfchen und die Kommunisten, die da wohnten …

NIEDECKEN: … katholischen Kommunisten? …

BÖLL: … ja, es war etwas sehr Italienisches …

NIEDECKEN: Es hat mal einer gesagt, Köln sei die nördlichste Stadt Italiens.

BÖLL: Ich habe Freunde gehabt, die aus ganz anderen Gegenden kamen, die ich durch Köln spazierenführte, die sagten, das ist ja wie in Neapel hier. Da ist schon was dran. Das hängt nicht mit der römischen Vergangenheit zusammen; also dieses Köln von vor dem Krieg ist eine – sagen wir, etwas schmuddelige, aber sehr gemütliche Stadt. Sehr niederländisch. Ich entdecke das wieder, wenn ich manchmal in Utrecht bin, in Antwerpen bin, Brügge, Gent. Es war was sehr Niederländisches. Leider nicht im politischen Sinne. Wir waren Deutsche und werden auch welche bleiben. Verstehen Sie, die Stimmung war niederländisch, und niederländisch war eben auch – wie ich empfand – der sogenannte Humor, der ja sehr bitter und ernst ist und mehr aus Bosch und Breughel raus. Die Architektur Kölns vor dem Krieg ist weg. Das ist für mich eine verschwundene, versunkene Stadt, in der ich einige Punkte noch erkenne, und das sind eben hauptsächlich die Kirchen, die romanischen Kirchen. Vielleicht zehn Häuser noch und im Übrigen ist das so wie Frankfurt, Stuttgart, was weiß ich … auch nicht rekonstruierbar. Es gibt ein paar Fotos, Fotobände auch, wo so ein bißchen rauskommt, und das zweite Köln, wo ich auch mich zu Hause gefühlt habe, war das zerstörte Köln. Weil diese Stadt endlich ernst war. Das ist ja ein ernster

Abb. 37: Heinrich Böll und Wolfgang Niedecken im Gespräch in Langenbroich, 1984 – »Eure Ruinen waren unsere Spielplätze« (gesendet WDR Mosaik 2.Programm, 6.1.1985)

Abb. 38: Datierung des Gesprächs in Heinrich Bölls Arbeitsbuch

Vorgang, die Zerstörung einer Stadt. Das war eine ernste Stadt. Und da habe ich mich auch noch wohl gefühlt, trotz der Trümmer, trotz der Schwierigkeiten, trotz all der Schwierigkeiten auch ökonomischer Art, Schwarzmarkt und kleine Kinder. Aber das wieder aufgebaute, dynamische Köln – nennen wir es dynamisch –, das paßt nun überhaupt nicht. Köln zu dynamisieren ist schrecklich. Es ist keine dynamische Stadt, und da kommt dieser internationale und auch nationale Dynamismus rein mit diesen Klamotten. Die Leute werden aus der Stadt vertrieben in diese elenden Vororte, und ich habe die Zerstörung der Zerstörung eben systematisch miterlebt. Der Wiederaufbau, der sogenannte. Aber für Sie muß das eine ganz andere Erinnerung sein. Das erste Köln ist wahrscheinlich das zerstörte …

Köln gibt's schon, aber es ist ein Traum
Gespräch mit Werner Koch
(1979)

KOCH: Das Thema dieses Gesprächs ist uns gestellt worden: Köln. Wir beide sind in Köln geboren, wir haben zeitweise in derselben Straße gewohnt, am Ubierring nämlich, die Straßen und Spielplätze unserer Kindheit müssen sich ähnlich gewesen sein. Wir haben in Köln unser Abitur gemacht, wurden Soldat, und gleich nach dem Krieg kamen wir nach Köln zurück und sind bis heute hier geblieben. Somit also, könnte man meinen, eine recht günstige Ausgangsposition für unser Gespräch. Aber, ich habe auch Bedenken. Vielleicht kennen wir Köln und die Kölner zu genau. »Böll und Köln«: Das sagt sich leicht daher; verdächtig leicht, wie ich meine, und ich traue dieser Assoziation nicht einmal. »Joyce und Dublin«: Das paßt, trifft. »Grass und Danzig«: vielleicht. Bei »Böll und Köln« zögere ich. Es macht mich stutzig. Trifft es dich?

BÖLL: Die Assoziation ist insofern schwierig, macht auch mich immer wieder stutzig, weil ich noch in Köln lebe, hier wohne, mehr oder weniger wohne, während die berühmten Assoziationen Joyce – Dublin, Grass – Danzig ja auf Autoren bezogen sind, die nicht mehr in ihrer Heimat leben und lebten. Ich glaube, da entsteht die Schwierigkeit und der Unterschied. Aus der Ferne, oder aus der Heimat vertrieben, hat natürlich ein Autor eine

Abb. 39: Ubierring 27. Die Familie wohnte hier von 1930 bis 1931. Der Ubierring war die erste innerstädtische Adresse nach dem Einzug in das Haus Kreuznacher Straße 49 in Köln-Raderberg 1922.

81

ganz andere Annäherungsmöglichkeit, die hauptsächlich in der Erinnerung besteht, während bei mir Erinnerung und Alltag, Alltäglichkeit des In-Köln-Lebens ineinander übergehen. Als Autor hat mich Köln nie so interessiert, wie Joyce sich für Dublin interessiert hat. Ich habe überhaupt nicht die geringste Veranlagung oder Begabung zum Lokalpatriotismus. Das ist ein mir völlig fremdes Gefühl, und ich empfinde natürlich auch nicht so etwas wie Dankbarkeit oder Nichtdankbarkeit gegenüber dem Boden, auf dem ich geboren bin.

KOCH: Trotzdem: Es gibt ja zahlreiche Aufsätze und Reden von dir zu dem Thema Rhein, Rheinland, Köln. Sie ziehen sich mit geradezu kontinuierlicher Beharrlichkeit durch dein Gesamtwerk. Würde man sie zusammenstellen, käme ein stattliches Buch dabei heraus. Auch von den wenigen Gedichten, die du veröffentlicht hast, sind drei mit »Köln« überschrieben[29]. – Darüber hinaus, sieht man einmal von den Kriegsbüchern ab, läßt sich dein gesamtes literarisches Werk erstaunlich einfach lokalisieren: Köln und nähere Umgebung. Manche deiner Kritiker haben daraus nun geschlossen, daß eben Böll und Köln gut zusammenpassen. Ich teile diese Ansicht nicht. Ich behaupte, daß dieses »kölsche« Milieu weder vaterstädtisches Bewußtsein noch Treue zur Heimat impliziert oder gar programmiert. Ich sehe in »Köln und näherer Umgebung« ganz einfach Schauplätze, Schauplätze, die du kennst, deren Geruch dir vertraut ist, deren Heimlichkeiten, deren Staub, verstehst du? Und einer deiner Interpreten, Theodore Ziolkowski, hat das als »geography of the soul«[30] definiert. Das finde ich sehr gut.

BÖLL: Ich glaube, um über Autoren und die Schauplätze ihrer, sagen wir: Romane oder auch die Gegenstände ihrer Essays zu sprechen, muß man sehr lange über den Begriff »Material« reden. Köln, Rhein, Rheinland sind natürlich mein Material, einfach Arbeitsmaterial, Ausdrucksmaterial, so wie ein Maler Farben braucht, ein Musiker

---

29 Siehe hier S. 40, 53 und 114.
30 In seinem Essay »The Inner Veracity of Form« (in: *Books Abroad*, 47 [1973], S. 17–25) sprach der amerikanische Germanist Theodore Ziolkowski von »a geography of the soul« im Blick auf die Topografie der Werke Heinrich Bölls.

82

Töne … im allerweitesten Sinne – braucht ein Schriftsteller natürlich Material. Er braucht sehr wenig Material, genausowenig wie ein Maler oder ein Komponist, der dann auf Leinwand oder auf Notenpapier seinen Ausdruck überträgt. Man sollte diesen Begriff »Material« etwas weniger materialistisch interpretieren – die übliche Interpretation ist ja eine materialistische, aber Material ist für mich kein materialistischer Begriff –; man kann auch sprechen vom Lebens-Material, Erfahrungs-Material, Einsichts-Material, sogar – da stimme ich Ziolkowski zu – Seelen-Material. Und ich bin nun mal hier geboren und hab' hier Material gefunden; aber viel mehr ist da nicht. Sehr wenig Material, und aus diesem wenigen Material habe ich offenbar mehr gemacht, als ich mir vorstellen kann.

KOCH: Ich sehe da Unterschiede. Nehmen wir irgendeinen Maler, und nehmen wir den Schriftsteller Heinrich Böll. Der Maler unterscheidet zwischen Farben, entscheidet sich für eine, probiert aus, ob ihm die Tönung dieser Farbe paßt oder nicht, und malt. Bei dir dagegen glaube ich, daß es weiter geht; wenn du gestattest: innerlicher. Ich glaube, daß du eine bestimmte Straße – Raderthal, Teutoburger Straße, Ubierring – brauchst, nicht im geographischen Sinne; vielmehr: Du hast die Aura dieser Straße in dir, du könntest da blind durchgehen und wüßtest doch …

BÖLL: Nein, nein, eben nicht. Der Vergleich Malerei – Musik – Literatur hinkt, wie alle Vergleiche; aber Hinken ist ja auch eine Fortbewegung und schafft Annäherung. Natürlich unterscheiden sich die Ausdrucks-

Abb. 40: Titelseite Merian (Hamburg). – 32. Jg. (1979), Nr. 12 (Dezember) »Köln«. Anlässlich des Köln gewidmeten Heftes wurde das vorliegende Gespräch von Werner Koch und Heinrich Böll geführt.

möglichkeiten von denen der Malerei. Nimm die Farben des Malers. Der nimmt ein bestimmtes Grün, um etwas auszudrücken. Material und das, was man ausdrücken will, gehören zusammen. Und was ich ausdrücken möchte, geht weit über Köln hinaus. So wie das Grün oder Orange des Malers in Sibirien oder Chile gesehen werden kann, kann dort auch das, was ich ausdrücken will, gelesen werden; oder das, was ein Komponist ausdrücken will, gehört werden. Also, Material und Ausdruckswunsch sind die entscheidenden Worte, glaube ich. Die Mißverständnisse entstehen, weil man Sprache für ein vertrautes Material hält. Ich kenne Köln fast gar nicht; das klingt jetzt sehr komisch, aber es trifft zu. Und in allem, was ich geschrieben habe – ich hab' das jetzt gar nicht so präsent –, ist doch wahrscheinlich auch die Fremdheit drin, die Fremdheit gegenüber der Welt in dem Falle Köln. Wenn ich in New York geboren wäre, wäre es die Fremdheit New Yorks, oder wenn ich in Bliesheim geboren wäre, wie mein verstorbener Freund Bernd Alois Zimmermann (der Komponist), mit dem ich mich merkwürdigerweise sehr verwandt fühle, dann wär' es Bliesheim. Wir müssen also feststellen, wo das spezifisch Kölnische in dieser Fremdheit drin ist. Das ist das Interessante. Natürlich bin ich hier geboren, das leugne ich ja gar nicht.

Ich bin aus dieser Erde gemacht hier, und wenn ich Dankbarkeit empfinde, dann betrifft sie ganz sicher andere Dinge, zum Beispiel wie wichtig für mich als Junge, als junger Mensch etwa so eine Institution wie das Wallraf-Richartz-Museum war. Die Möglichkeit, dies alles zu sehen, was da zu sehen war, von der mittelalterlichen Malerei bis zur modernen – soweit die noch vorhanden war … Das hat mich ungeheuer beeinflußt; möglicherweise sogar hat das mich zum Schriftsteller gemacht: die Bilder, die ich gesehen habe, nicht das, was ich gelesen habe. Ich glaube, der große Irrtum …

Wenn man so 'nen Autor fragt. Was hat Sie denn so beeinflußt, dann kommt er mit seiner Lektüre, die natürlich auch einen Einfluß hat … Aber Köln ist mir auch gleichzeitig immer fremd geblieben, wie mir die ganze Erde und die ganze Welt auch fremd geblieben sind. Ich könnte nicht, wie du meinst, blind durch eine Straße gehen. Und wenn ich Straßen betrete, in denen ich als Kind gespielt habe, oder wenn ich dann zufällig an dem Haus vorbeikomme, in dem ich geboren bin, das läßt mich vollkommen kalt. Merkwürdige Kälte kommt dann über mich … Oder Wohnungen, wo ich gewohnt habe: Manchmal fährt man ja zufällig irgendwo da vorbei, dann denkt man: Ach, da hast du ja mal gewohnt. Das bewegt in mir überhaupt nichts. Eine Kälte, die mich manchmal sogar erschreckt, empfinde ich diesen Gegenständen, diesem Material gegenüber, das ich dann wieder, wenn es kalt genug geworden ist, möglicherweise verarbeite.

KOCH: Gerade dazu hast du einmal geschrieben – und zwar in dem Vorwort zu dem Bildband von Chargesheimer »Köln, fünf Uhr dreißig«: »Ich wohne in dieser Stadt, ich bin in ihr geboren. Fragte man mich, ob sie meine Heimat sei, wüßte ich keine Antwort.«[31] Das war 1970. Wüßtest du die Antwort heute?

BÖLL: Nein, ich bin mir nicht klar über das, was Heimat bedeutet, was Heimat ist, eine der wärmsten und schönsten Vokabeln, die für mich immer wieder, sagen wir, metaphysisch überfremdet ist. Ich bin der Meinung, daß wir hier nicht zu Hause sind; ich glaube, ich drücke das auch aus in dem, was ich schreibe. Ich hab' oft mit meinen Kollegen, die ihre Heimat haben verlassen müssen – Grass etwa, Lenz, auch mit Reinhard Baumgart, der aus Schlesien vertrieben worden ist –, darüber gesprochen und gesagt: Wenn die Nazis nicht gekommen wären, der Krieg nicht gekommen wäre – eine Hypothese – und ich wäre Schriftsteller geworden, dann würde ich ja wahrscheinlich heute in Berlin leben, verstehst du? Damit ist, glaube ich, über Heimat alles gesagt. Diese Hypothese angenommen – wir würden wahrscheinlich alle in Berlin leben, ja, weil das die Hauptstadt geblieben wäre, auch die intellektuelle Hauptstadt geblieben wäre. Und im Zusammenhang mit Biermann hab' ich dann mal gesagt, daß der in seine Heimat vertrie-

---

31 Zu einem Fotoband von Chargesheimer. Den von Böll im Juli 1970 als Vorwort konzipierten Text mit dem Titel »Es geht immer weiter« lehnte Chargesheimer ab. Der Druck erfolgte 1979 nach dem Manuskript in Heinrich Böll: *Werke. Essayistische Schriften und Reden* 2. Köln: Kiepenheuer & Witsch [1979]. S. 412–413.

Abb. 41: Nord-Süd-Fahrt, Ecke Perlengraben, 1965

ben worden ist. Er wäre ja gern in Berlin geblieben und ist nach Hamburg vertrieben worden durch die Ausweisung aus der DDR. Also, ich kann Worte wie Heimat nicht anders als eben auch mit diesem metaphysischen Beiklang sehen.

KOCH: Trotzdem ist für dich, wie ich glaube, Köln mehr Heimat als, zum Beispiel, die Bundesrepublik Deutschland.

BÖLL: Das ist immer so gewesen. Ich glaube, das betrifft jeden Menschen. Heimat ist nicht identisch mit dem Ort, in dem man geboren ist und in dem man aufwächst. Zu einem Staat gehört man, man ist Staatsbürger, hat seinen Paß, man zahlt seine Steuern, verhält sich loyal. Aber Heimat ist ein tieferes Wort, das nichts mit Rechten oder Pflichten zu tun hat.

KOCH: Du selber hast einmal geschrieben, eigentlich gäbe es zwei Köln: das deiner Jugend und das zerstörte Köln. Seit fast 30 Jahren gibt es natürlich auch ein neues, wieder aufgebautes Köln. Zu diesem Köln hast du, scheint mir, ein eher distanziertes Verhältnis. Willst du mir darin recht geben? Du selber hast einmal zwischen alter und neuer Heimat unterschieden.

Abb. 42: Rheinpromenade Köln, 1976

BÖLL: Ich hab' zu allen Kölns ein distanziertes Verhältnis. Es gibt inzwischen ja noch ein viertes Köln, das ich das Auto-Köln nenne. Es gibt natürlich auch ein Auto-Frankfurt, ein Auto-München, ein Auto-Hamburg … mögen die Leute, die dort wohnen oder dort geboren sind, sich dazu stellen. Ich glaube, daß alle Städte von den Autos zerstört werden, und ich will mich jetzt gar nicht in lange Spekulationen einlassen, daß eine Art Heimatvertreibung durch die Autos auf die Dauer stattfinden wird. Also, nennen wir dieses vierte Köln das Auto-Köln. Eine Stadt wie jede andere, eine Großstadt mit ihren paar hunderttausend Autos, die auch den Rhein fast unzugänglich machen. Diese schöne Promenade, die die Stadt Köln gebaut hat, die ich wirklich herrlich finde, auf der ich sehr gerne spazierengehe oder spazierengehen würde, die fast von der Mülheimer Brücke bis Rodenkirchen durchgeht, sehr schön, bisher durch den Autoverkehr fast abgesperrt, auch durch den Krach. Die Ruhe des Rheins ist verloren, nennen wir das so; auch durch die Schiffe natürlich, durch neue Techniken, neue Transporttechniken. Und gerade das, die Ruhe des Rheins, die in meiner Erinnerung sehr tief ist – als Kind, als Junge, auch als junger Mensch –, die ist verloren

Abb. 43: Führerschein Heinrich Bölls

durch die Autos, durch den Verkehr; und der Rhein ist mir natürlich immer viel wichtiger gewesen und sitzt tiefer als Köln.

KOCH: Du hast immer einen melancholischen Rhein gesehen und niemals einen heiteren.

BÖLL: Nein, ich seh' den auch nicht heiter. Sehr schön, aber nicht heiter.

KOCH: Aber damals gab's keine Autos.

BÖLL: Die, sagen wir: melancholische Optik hängt nicht mit den Autos zusammen. Die ist gegeben. Wir leben nun mal hier am Niederrhein, und er hat seine Melancholie. Ich rede jetzt über den Lärm und über die Zerstörung der Städte durch die Autos, die Zerstörung der Ruhe des Rheins durch die Autos.

KOCH: Läßt sich das verhindern?

BÖLL: Ich weiß es nicht. Ich glaube, das hängt mit der Ideologie »Wachstum« zusammen, und wenn die sich ganz reduziert, wenn das Wachstum nur noch aus Autos besteht und Straßen für diese Autos, dann sehe ich da bedenkliche Dinge in der Zukunft. Ich habe keine Lösungsvorschläge. Ich sehe nur dieses Phänomen Wachsen und Wachsen und Wachsen und den Stolz auf die gesteigerte Produktion. Ich hab' selbst ein Auto ... also wir wollen hier keine Integritätsversuche vornehmen ... ich weiß gar nicht, ob ich das Auto überhaupt brauche. Aber ich sehe da eine große Gefahr für die Städte, nicht nur in der Bundesrepublik.

KOCH: Ich weiß. Du hast auch einmal, als du hier in diese Straße gezogen bist, in die Hülchrather Straße ... darüber hast du ein Essay geschrieben[32], bevor du hierhin zogst. Ich glaube, das war 1969. Vorher hast du 15 Jahre im Grünen gewohnt[33]. Du bist dann hierher gezogen, und wenn ich mich recht erinnere, hast du als Hauptmotiv angegeben, du wolltest wieder zum Rhein.

---

32 Siehe Seite 230.
33 Siehe zum Haus in Müngersdorf Seite 222 ff.

BÖLL: Auch das. Aber vor allen Dingen bin ich, was ich im Grünen so schlimm finde wie die Autos, vor den Rasenmähern geflohen, die sich da jetzt verbreiten, auch in den Dörfern. Der Traum vom englischen Rasen sitzt offenbar so tief wie der Traum von der englischen Kleidung oder vom englischen Aussehen, das wir natürlich nie erreichen. Und ich stelle mit Schrecken fest, daß auf den stillsten Dörfern, wo früher Bauernhöfe waren und so ein bißchen Mist und Hühner drum herum, daß da überall Rasen entsteht und die ganze Welt voller Rasenmäher ist. Also, damals aus Müngersdorf bin ich an den Rhein, in die Nähe des Rheins vor den Rasenmähern geflohen … (Böll lacht) … die ja ähnliche Geräusche produzieren wie Autos.

Abb. 44: Hülchrather Straße 7

KOCH: Du hast übrigens nie in deinem Leben, von Kindheit an, direkt am Rhein gewohnt.

BÖLL: Immer in der Nähe des Rheins. Ich bin in der Teutoburger Straße geboren, das war nicht weit vom Rhein.

KOCH: Und du gehst auch heute noch am Rhein spazieren?

BÖLL: Immer, ja – wenn's still ist.

KOCH: Zu Fuß?

BÖLL: Zu Fuß, natürlich, es ist ja nicht weit, es sind nur ein paar Minuten.

KOCH: Ich möchte wieder auf Köln zurückkommen.

BÖLL (lachend): Ja, ja – bitte.

Abb. 45: Bölls Geburtshaus, Teutoburger Straße 26

89

KOCH: Du hast sehr früh, 1953 nämlich, geschrieben, daß es etwas gebe, was dich zu Köln hinziehe. Es heißt da: »Etwas spricht für Köln, etwas sehr Bedeutsames. In keiner Stadt Deutschlands hat Hitler sich so wenig wohl gefühlt, hat er sich so selten blicken lassen. Und die Kölner haben etwas penetrant Unmilitärisches. Das spricht für Köln.«[34] Einverstanden. Nur: reicht das?

BÖLL: Es ist *eine* Komponente für mein relatives Wohlbefinden im Rheinland. Ich habe immer einen Zettel bei mir, in meiner Brieftasche; eine Statistik über die Wahlergebnisse bei der ersten Nazi-Wahl 1933, ich glaube, im März 1933. Die Wahl, die erfolgte, nachdem die politischen Gegner eingesperrt waren, nachdem die Sozialdemokraten, die Kommunisten im KZ waren, viele schon emigriert. Bei diesem Wahlergebnis hat der Gau … wie hieß das? Gau Köln-Aachen hieß das, glaube ich … nur 30 Prozent Nazi-Stimmen. Übrigens gleich mit Berlin – sehr interessant. Und diese Tatsache läßt mich hier lieber leben als anderswo. Das kann ich nicht leugnen.

KOCH: Immer noch?

BÖLL: Immer noch. Zwischen Köln und Aachen fühle ich mich verhältnismäßig sicher. Das ist sehr komisch. Aber ich hab' das eben erlebt, diesen Nazi-Terror, als Kind fast. Der geht mir nicht aus den Knochen. Und diese Tatsache, daß trotz massiver Propaganda, trotz massivem Terror immerhin nur – es sind ja genug – 30 Prozent der, sagen wir: klassischen Rheinländer die Nazis gewählt haben, flößt mir ein gewisses Vertrauen auf diese Landschaft ein und auf ihre Bewohner, die eine alte demokratische Tradition haben. Ich hab' das mal meinem Freund und Kollegen Günter Grass klarzumachen versucht, daß das sehr kompliziert ist mit Sozialdemokratie und Rheinland. Aus diesem Grunde auch. Es hat nicht viel gebracht. Es hat im Rheinland den Nazi-Terror gegeben. Es hat die Vertreibung und Ermordung unserer jüdischen

---

34 *Selbstvorstellung eines jungen Autors*, zuerst erschienen in: *Allemagne d'aujourd'hui. Réalités Allemandes* (Paris). – 2. Jg. (1953), Heft 7 (November), S. 833–835 u. d. T.: »Présentation d'un jeune Auteur par lui-même«, dann in: Heinrich Böll: *Werke. Essayistische Schriften und Reden* I. – Köln: Kiepenheuer & Witsch [1979], S. 113–116.

Stimmanteile der NSDAP bei den Reichstagswahlen
vom 5. März 1933

■ über 50 Prozent
■ 40 bis 50 Proz.
□ 30 bis 40 Proz.

Wahlkreis	NSDAP-Stimmanteil
1 Ostpreußen	56,5
2 Berlin	31,3
3 Potsdam II	38,2
4 Potsdam I	44,4
5 Frankfurt/Oder	55,2
6 Pommern	56,3
7 Breslau	50,2
8 Liegnitz	54,0
9 Oppeln	43,2
10 Magdeburg	47,3
11 Merseburg	46,4
12 Thüringen	47,2
13 Schleswig-Holstein	53,2
14 Weser-Ems	41,4
15 Ost-Hannover	54,3
16 Süd-Hannover-Braunschweig	48,7
17 Westfalen-Nord	34,9
18 Westfalen-Süd	33,8
19 Hessen-Nassau	49,4
20 Köln-Aachen	30,1
21 Koblenz-Trier	38,4
22 Düsseldorf-Ost	37,4
23 Düsseldorf-West	35,2
24 Oberbayern-Schwaben	40,9
25 Niederbayern	39,2
26 Franken	45,7
27 Pfalz	46,5
28 Dresden-Bautzen	43,6
29 Leipzig	40,0
30 Chemnitz-Zwickau	50,0
31 Württemberg	42,0
32 Baden	45,4
33 Hessen-Darmstadt	47,4
34 Hamburg	38,9
35 Mecklenburg	48,0

DER SPIEGEL

Abb. 46: Zeitungsausschnitt mit den NSDAP-Stimmanteilen bei den
Reichstagswahlen 5.3.1933. Der Wahlkreis 20 ›Köln-Aachen‹ mit 30,1%

Mitbürger auch hier gegeben. Trotzdem empfinde ich dieses Wahlergebnis … immer noch hat das für mich etwas Tröstliches. Die geringe Anfälligkeit für Demagogie, Mißtrauen gegenüber bombastischer Autorität, das steckt hier drin. Das steckt natürlich auch in Köln und ist ein großer Pluspunkt.

KOCH: Du hast einmal über den ersten großen Nazi-Aufmarsch Anfang 1933 …

BÖLL: 1. Mai, ja.

KOCH: Du weißt sogar das Datum?

BÖLL: Natürlich, es war der erste große Mai-Aufmarsch.

KOCH: Damals warst du 15, und du hast geschrieben, du hättest am Chlodwigplatz gestanden und dir das mitangesehen … Was hast du empfunden?

BÖLL: Mit meinem älteren Bruder, ja.

BÖLL: Ich habe ein Gemisch aus Schrecken und Lächerlichkeit emp-funden. Es war eine blutige Lächerlichkeit in diesem Aufmarsch. Ich kannte die Nazis aus Straßenkämpfen, und ihre Straßenbrutalität war mir vor '33 schon begegnet auf meinem Schulweg … öfter, und auch dort, wo wir wohnten. Aber dieser Aufmarsch, was da alles so zusam-mengetrommelt war an Straßenbahnern, an SA-Leuten, Arbeitsfront – ich weiß nicht mehr … Das kann ich nur als blutige Lächerlichkeit be-zeichnen. Schrecklich, aber gleichzeitig auch etwas Absurdes. Ich hab' mir das sehr genau angesehen. Ich weiß noch genau, wo ich am Chlod-wigplatz gestanden habe, mit meinem älteren Bruder: Wo später dann die Sparkasse war; da ist jetzt was anderes – so Ecke Karolingerring, auf der dem Severinstor zugewandten Seite. Ich weiß genau, ich erin-nere mich, wir haben uns das angeguckt.

KOCH: Nimm mal an, du müßtest mir Köln zeigen, dein Köln …Wohin würdest du mit mir gehen, und was erscheint dir bei einem solchen Stadtbummel nebensächlich oder gar überflüssig?

BÖLL: Ich zeige sehr oft Köln ausländischen Freunden, die mich besu-chen, die so eine vage Vorstellung haben von cathedral und so weiter. Und ich hab' da einen bestimmten Gang. Ich geh' zuerst nach St. Ma-ria im Kapitol, versuche denen klarzumachen, was das früher für ein herrliches, fünfschiffiges Gebilde war, zerstört, wieder aufgebaut, aber im Grunde ist die Stimmung nicht rekonstruierbar; und dann gibt's da eben eine Madonna, die mich sehr reizt, die ich sehr liebe. Es ist eine ganz alte, häßliche, fast noch Erdmutter. Dann geh' ich mit die-sen Freunden nach St. Georg … also du siehst, lauter romanische Kir-chen …

KOCH: Ja, und St. Georg ist, wie du geschrieben hast, für dich eine Meu-terer-Kirche.

BÖLL: Nein, St. Gereon.

KOCH: Ah, Entschuldigung.

BÖLL: Also, so weit sind wir noch nicht … Und ich versuche dann de-nen die St. Johann-Kirche in Reproduktion zu zeigen; das war eine sehr schöne, ebenfalls fünfschiffige Kirche an der Severinstraße, die total zerstört ist. Dann geh' ich die Severinstraße bis zur Severinskirche, die für mich persönlich sehr wichtig war. Wir haben da in der Nähe gewohnt, fast immer; und ich hab' da meinen Kirchgang absolviert, mehr oder weniger freiwillig. Dann fahren wir nach Gereon, und auch ins Praetorium fahren wir runter mit dem Fahrstuhl; ich zeige dieses römische Gestein und diesen römischen Staub, der da immer noch liegt … es riecht ja auch nach Staub da. Und dann gehen wir auch mal in den Dom. Ich meine, der gehört ja zu Köln, und innen ist er wunderbar. Ich liebe den Dom innen sehr, außen mag ich ihn nicht.

KOCH: Das überrascht mich. Du hast immer behauptet, der Dom sei ziemlich unwichtig …

BÖLL: Die Türme des Doms stören mich. Ich find' die überflüssig. Ich find' das viel schöner, dieses mittelalterliche Provisorium mit dem Kran. Die Preußen haben ja den Dom dann gebaut und diesen ganzen vaterländischen Scheiß drum gemacht. Das hängt für mich daran. Die Domtürme sind für mich ein Hohenzollerngebilde, und die mag ich nun mal nicht … Ich gehe aber auch ins Wallraf-Richartz-Museum mit meinen Freunden und ins Römisch-Germanische auch. Ich finde, das ist wirklich gut illustriert und zeigt also, was so alles an Vergangenheit und Vergänglichkeit im Boden dieser merkwürdigen Stadt verborgen war und ist … Dann geh' ich am Rhein spazieren mit ihnen, weil das für mich sehr wichtig ist, und zeige die Brücken. Köln ist ja eine Brückenstadt … Na ja, dann gehen wir auch essen; es kommt darauf an, wieviel Zeit ich habe, nicht? Pantaleon, wenn wir Zeit haben – ist ja meistens dann doch ein Tagesunternehmen. Aber das ist Köln, und ich weiß, daß das ein fast fiktives Köln ist, weil die Kirchen, die ich meinen Freunden zeige … da ist ja keine Gemeinde mehr darum. Kunibert muß ich noch erwähnen, was ich sehr liebe und wo ich oft hingehe … Nein, Köln gibt's schon, aber es ist ein Traum.

KOCH: Trotzdem: Es ist bei dir vor allem das Köln der Kirchen.

BÖLL: Ja, ja. Das andere ist ja nicht mehr da. Ich kann ja nicht meinen Freunden die Severinstraße zeigen, wie sie mal war; oder den Eigelstein oder die Viertel zwischen dem jetzigen Theodor-Heuss-Ring und dem Dom oder … Es ist ja alles durch die Autos zerstört und durch die Autobahnen. Außerdem ist Köln ja wirklich im Kern getroffen worden im Krieg. Die Altstadt ist zerstört, weil die Bevölkerung nicht mehr da ist, die Menschen nicht mehr sind; und vielleicht findet man noch Reste dieses Kölns in Ehrenfeld, in manchen Vierteln. Da hat sich das ja so etwas kolonisiert. Aber das, was Köln zu einer wirklich lebendigen und für mich immer wieder, ich muß das betonen, niederländischen Stadt gemacht hat (ich habe mich immerhin in Antwerpen zum Beispiel an Köln erinnert gefühlt, auch in Gent und diesen Städten: die engen Straßen und die Bevölkerung, die Menschen, die da wohnten): Dieses merkwürdige städtische Proletariat, das ist nicht mehr da … St. Peter muß ich noch erwähnen, ich möchte keiner Kölner Kirche unrecht tun; auch St. Cäcilien, obwohl ich das für eine blasphemische Einrichtung halte: eine Kirche als Museum für kirchliche Kunst einzurichten. Aber da bin ich als Junge, wenn ich die Schule schwänzte, spazierengegangen, durch Köln, durch diese Altstadt, hab’ die Leute gesehen, hab’ gerochen, wie du sagst. Das ist weg und auch nicht rekonstruierbar. Damit ist natürlich auch viel vom, sagen wir: Geist und Ungeist der Stadt weg. Denn die Kölner haben ja auch was Mies-Arrogantes, fühlen sich aus irgendeinem Grunde jedem überlegen. Ich weiß bis heute nicht, wieso eigentlich. Wenn man in Köln geboren ist, ist das ein Adelstitel? Oder was? Aber es gibt diese kölsche Arroganz, die mich immer gestört hat, die mir immer widerwärtig war.

KOCH: Du meinst aber jetzt nicht Adenauer?

BÖLL: Nein, nein, och wat! (Lachen) Nein, nein – da können wir noch drüber reden, nicht? Diese Arroganz ist völlig unabhängig vom sozialen Status. Die hat’s also immer im Kölner Proletariat genauso gegeben wie bei den Bürgern. Irgendwie fühlen die sich, was weiß ich, als was Besseres, weil sie hier geboren sind. Ich hab’ das nie kapiert.

KOCH: Das überrascht mich.

BÖLL: Es gibt eine große Kölner Arroganz …

KOCH: … ja, ja, das überrascht mich, und ich glaube es nicht, weil es ja nicht nur eine typisch kölsche Arroganz ist. Dieselbe Arroganz findest du auch in Berlin. Der Berliner ist stolz, für mich auch bis zur Unerträglichkeit stolz und hat auch diese Arroganz. Ich glaube nicht, daß das eine wirklich typisch Kölner …

BÖLL: … es gibt eine typisch westdeutsche Arroganz. Bei den Berlinern gibt's das auch, gut, oder Hamburgern … Aber hier hat die so eine merkwürdige Begründung, die mit dem Alter der Stadt zusammenhängt. Da bildet man sich Gott weiß was ein, weil Köln 2000 Jahre alt ist. Was bedeutet das eigentlich? Ich empfinde das als arrogant, auch immer arrogant gegenüber Menschen, die östlich des Rheins wohnen. Schon Deutz ist ja fast unerträglich …

KOCH: … die »schäl Sick« …

BÖLL: … das geht dann bis zu der krassen Formulierung, daß da schon Sibirien anfängt und so weiter. Diese Arroganz meine ich, die fast römisch ist. Die Römer haben ja auch diese Arroganz gehabt gegenüber den Germanen.

KOCH: Ja, nun sind die Römer nicht recht über den Rhein rübergekommen. Die hat man da verhauen. Und ich glaube dir noch immer nicht. Alle Ströme, überall auf der Welt, trennen Städte.

BÖLL: Ja, Warschau auch. In Warschau gibt es auch diese Trennung. Aber ich glaube, hier ist sie einfach begründet durch dieses ständige Sichberufen auf das Alter der Stadt und auf die römische Vergangenheit und was weiß ich. Und ich hab' das immer als Arroganz empfunden und gleichzeitig als Anbiederung. Wenn du also irgendwo rumliefst, beim Militär oder wie die Scheiß-Organisationen alle hießen, und da merkte einer, daß du aus Köln bist, kam sofort dieses Schulterklopfen und so. Und das hat mich angekotzt. Einer der Gründe, warum ich also bis heute eine wahrscheinlich unbegründete Abneigung gegen Platt habe. Ich kann sehr gut Kölsch in allen Variationen. Aber ich bringe es nicht über die Lippen, weil es für mich mit diesen Anbiederungsversuchen zu tun hat. Wenn man beim Militär und – ich wiederhole: anderen Scheiß-Organisationen ähnlicher Art so jemand traf, der war sofort, als wenn man einen Bruder träfe. Was verbindet mich mit denen? Nichts hat mich mit denen verbunden, verstehst du. Diese

Mischung aus Arroganz und Anbiederung … ich weiß nicht, ob das auf andere Städte zutrifft.

KOCH: Eines fällt mir auf, nämlich: Du hast niemals über die Kölner Mundart geschrieben. Auf den ersten Blick für einen Schriftsteller überraschend.

BÖLL: Das kann noch kommen. Das ist bei mir ein regelrechter Komplex, der entstanden ist durch diese Anbiederungsversuche, die immer mit Arroganz, so eine Art Vereinnahmung … ah, mer sin jo us Kölle, nit? … Was heißt das? Was interessiert mich das? Und ich lese sehr viel in dem Wrede[35]. Ich finde die kölsche Mundart hochinteressant, nicht nur philologisch.

Und vielleicht werde ich diesen Komplex überwinden. Ich werde nie kölsch schreiben können, das ist vorbei. Aber die Reize des kölschen Dialekts in seinen verschiedenen Variationen sind mir durchaus klar.

KOCH: Wenn du einmal über Köln schreibst, dann bin ich gespannt, wie du das Wort »jrieläcjer« einem Nicht-Kölner beizubringen versuchst.

BÖLL: Ich will's versuchen. Es ist fast unübersetzbar und sehr kölsch, definiert einen Menschentyp, der mir bis heute widerwärtig ist.

KOCH: Da sind wir wieder bei Adenauer.

BÖLL: Adenauer war nicht widerwärtig.

KOCH: Aber ein Jrieläcjer.

BÖLL: Nein, war er auch nicht. Ich habe über Adenauer geschrieben[36], ich leugne das nicht, ich nehme auch nichts zurück. Ich hab' das noch mal gelesen. Es ist hart, möglicherweise, aber es ist über ein Buch …

KOCH: … über seine Memoiren …

BÖLL: … über seine Memoiren. Ich habe ein Buch gelesen, das Adenauer geschrieben beziehungsweise publiziert hat, hab' das Buch analysiert und hab' das rausinterpretiert, was für mich darin war. Aber ich würde mich doch hüten, Adenauer unter die Jrieläcjer einzureihen. Es ist ei-

---

35 Adam Wrede: *Neuer kölnischer Sprachschatz*. 3 Bde. Köln: Greven 1956ff.

36 Die Besprechung von Konrad Adenauers *Erinnerungen 1945–1953*. Stuttgart: Deutsche Verlags-Anstalt, 1965 wurde zuerst im *Spiegel* (Hamburg), 19. Jahrgang, Nr. 49 vom 1.12.1965, S. 148–155, u. d. T.: »Keine so schlechte Quelle« publiziert.

gentlich eine Konfrontation von Generationen, von Schichten auch, man kann schon sagen: Klassen. Diese selbstsichere, selbstgefällige kölsche Bürgerlichkeit, wie sie sich in Adenauer auch ausdrückt, auch die Überheblichkeit, ist mir – auf eine andere Weise – so widerwärtig wie die Jrielächer auf einer anderen Ebene; nicht so sehr, was meinen Magen betrifft, sondern was mein Gehirn betrifft. Also nicht Widerwärtigkeit nur als Ekel, sondern auch als Bewußtseinsprozeß. Und wir können ruhig weiter über Adenauer reden. Daß er Größe hatte, würde ich nie bestreiten. Das hat ja gar nichts damit zu tun. Ich glaube einfach, daß er zu lange regiert hat, daß er sechs, sieben, acht Jahre wirklich wichtig war für die Bundesrepublik. Und da wir schon über ihn reden, und damit reden wir ja auch über Politik, auch über Köln und über die Wirkung eines großen Kölner Politikers, nämlich Konrad Adenauers … Die Zerstörung der CDU, wie wir sie jetzt erleben, und die ist ja fast schon vollendet, führe ich auch auf Adenauer zurück, der niemand neben sich dulden konnte. Und auch nicht, was jeder verantwortliche Politiker tun muß, einen Nachfolger dulden konnte. Wenn du das analysierst, was mit Erhard passiert ist – Kiesinger war ein Zwischenspiel … aber dann: Alle Kanzlerkandidaten bis zu den beiden, die wir jetzt haben, sind eigentlich sozusagen vom Adenauer-Gift infiziert. Ich seh' das so; und die CDU leidet unter diesem Adenauer, ich möchte sagen: unter der zerstörerischen Art, die er zuletzt ja hatte in seinem Alter. Darin war für mich was Kölsches.

KOCH: In einem deiner Köln-Gedichte heißt es: »Auch der Brief in meiner Tasche echt – vom Generalvikar / Alternative: zahl oder tritt aus / Warum Schwester / kann ich beides nicht? / Erklär's denen / die dir gleichen …«[37] Nun möchte ich nicht auf dein Verhältnis zum Katholizismus und zur Kirche zurückkommen …

BÖLL: Warum nicht? (Lachen)

KOCH: Darüber ist eher zuviel geredet worden. Deshalb nur eine Frage am Rande: Was eigentlich ist kölsch am Kölner Klerus?

---

37 Köln III, hier S. 118.

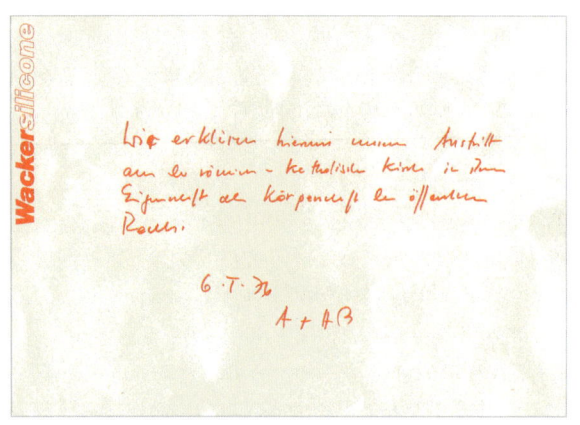

Abb. 47: Von Heinrich Böll verfasste Erklärung des Kirchenaustritts, 6. Januar 1976

BÖLL: Um Gottes willen! Zunächst möchte ich sagen … da du das Gedicht zitierst, möchte ich sagen, daß ich inzwischen doch ausgetreten bin.

KOCH: Aber das gehört nicht in unser Gespräch rein, oder?

BÖLL: Doch. Meine Frau und ich, nach langer Überlegung. Beide katholisch erzogen, in Köln groß geworden, sind dann doch letzten Endes aus der Körperschaft ausgetreten. Aber ich fühle mich dem Körper noch zugehörig. Das mag interpretieren, wer will. Das sollen sich die Theologen mal angukken, den Unterschied zwischen Körperschaft und Körper … Am Kölner Klerus bin ich viel weniger interessiert, als man das, wenn man meine Romane so liest, glauben soll, glauben könnte. Ich kenne sehr wenige, ich kenne fast überhaupt keinen Kölner Kleriker. Ja, ein paar Freunde, die auch mit der Schule zusammenhängen, ein paar Pfarrer, die ich kenne. Aber meine Kenntnis der Kircheninterna ist gleich Null. Alles, was ich darüber schreibe, entspringt meiner Phantasie und der Kenntnis einiger winziger Details. Ich brauche nicht viel sogenannte Wirklichkeit. Wenn ich weiß, daß ich fast mein Leben riskiert habe, wenn ich einem Juden oder einem russischen Kriegsgefangenen zwei Zigaretten zusteckte, brauche ich nicht mehr viel über die Nazi-Zeit zu lesen. Dann weiß ich, wo ich gelebt habe, verstehst du? Und so viel weiß ich über den Kölner Klerus oder die Kirche oder Kardinäle oder wie die Typen alle heißen, Erzbischöfe und Domkapitulare und was die so alles an Klamotten mit sich rumschleppen … recherchiert im Sinne des Kontrollierens von Wirklichkeit ist da nichts dran. Ich sehe eben manche Kleinigkeit und baue auf diese Kleinigkeit ein Gebäude auf, wie auf den zwei Zigaretten.

98

KOCH: Du hast vorhin zwischen Körperschaft und Körper unterschieden. Die Körperschaft also ist deine Sache nicht mehr?

BÖLL: Nein, die deutsche. Unser Austritt aus dieser Körperschaft, das müssen wir wirklich erwähnen, hat mit dem deutschen Katholizismus zu tun. Wenn ich Schwede wäre, Engländer, Italiener, Franzose, Pole, Ungar oder Norweger, katholisch, hätte ich das nie getan; wär' auch nicht nötig gewesen. Von dieser Körperschaft, von dieser Korporation mußten wir uns trennen. Das ist wichtig, der nationale Unterschied.

KOCH: Worin besteht der Unterschied zwischen der Körperschaft Kirche in Deutschland und der Körperschaft Kirche, sagen wir: in Irland?

BÖLL: Oh, das ist ein ganz gewaltiger Unterschied. Die Körperschaft Kirche in Deutschland in ihrer statistischen Masse und in ihrer öffentlich vertretenen Masse und in ihren Medien – ich meine jetzt nicht alle deutschen Katholiken, kann ich nicht – hat eine derart militante, unfriedfertige Rolle im Nachkriegsdeutschland gespielt, daß mir fast die groben und wirklich gefährlichen Fehltritte in der Nazi-Zeit harmlos vorkommen, weil sie unter Druck passierten. Das, was wir Restauration nennen, ist eigentlich von der Körperschaft Katholi-

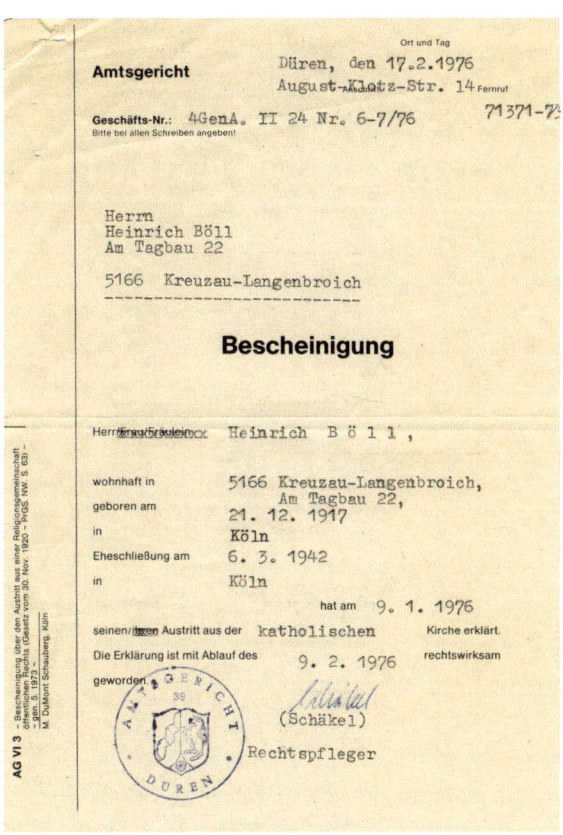

Abb. 48: Amtliche Bescheinigung des Kirchenaustritts von Annemarie und Heinrich Böll, 17. Februar 1976

Abb. 49: Oberbürgermeister Theo Burauen (3. von links), Bundeskanzler Konrad Adenauer (Mitte), Kardinal Josef Frings (2. von rechts)

zismus in Deutschland am intensivsten betrieben worden und auch die Fast-Identität mit der CDU. Und wenn ich sehe, daß also ein gewisser Herr von Habsburg – sagen wir korrekt: Dr. von Habsburg … wenn während dieser Auftritte auch irgendwelche Bischöfe oder Kardinäle rumschwirren, dann wird mir einfach kotzschlecht. Da wird mir zum Kotzen. Überall tauchen diese Typen auf, Bischöfe meine ich, wenn irgendwas Reaktionäres passiert. Und das unterscheidet allerdings den deutschen Katholizismus sogar vom spanischen. Ich glaub', daß Spanien und der spanische Katholizismus viel mehr freiheitlich-republikanische Elemente hat, als der deutsche je entwickeln wird. Das ist eigentlich eine abgestorbene Provinz, und in diesem Friedhof wollten wir nicht mehr leben. Deshalb der Unterschied zwischen deutscher Körperschaft und dem Körper Kirche. Gehört zu Köln dazu.

KOCH: Ja, und in den »Ansichten eines Clowns« ist mehrmals von einer Stadt die Rede, in der es »ausreichend katholische Luft« gebe[38]. Die Stadt, die hier gemeint ist, ist Rom. Wie katholisch ist denn die Luft in Köln?

BÖLL: Lange nicht mehr so. Ach Gott, man kann natürlich über den Roman da reden und suchen; und was dieser junge Mensch da sagt, ist aus seiner subjektiven Optik verständlich. Aber ich möchte Rom gerecht werden. Mir ist die katholische Luft in Rom dann fast lieber. Es gibt in Rom großartige Erscheinungen. Ich meine nicht den Vatikan. Schweigen wir über Herrn Wojtyla[39]. Das wäre ein Gespräch für sich. Weil ich kein Pole bin.

KOCH: Kommen wir über Adenauer zum sogenannten Kölner. Es ist mir klar, daß wir mit den gängigen Pauschalphrasen nicht weiterkommen. Du selber hast dich oft und unterschiedlich, immer aber, wenn ich das recht sehe, liebevoll über die Kölner geäußert. In deinen Romanen sind diese Stadt und die Menschen, die in ihr leben, nicht die Welt, natürlich nicht, aber: Du hast den Kosmos komprimiert und mit den Typen und Straßen dieser Stadt angefüllt. Du hast dich, wenn ich nicht irre, nie auf den Kölner festgelegt; wahrscheinlich, weil es ihn nicht gibt. Du hast gesagt, zu Hause seist du, »wo ich die Bekannten kenne«, die »alten Gesichter«[40]. – Sind diese »alten Gesichter« deshalb alt, weil du sie von früher kennst, von Kindheit an, oder weil sie bei aller Anonymität dein Vertrauen haben?

BÖLL: Das hat mit Vertrauen und Nicht-Vertrauen gar nichts zu tun. Es sind einfach Gesichter, die ich wiedererkenne. Sagen wir Leute, die ich – was weiß ich – 1935 oder früher auf der Straße gesehen habe: ein junges Mädchen. Und ich gehe spazieren und sehe plötzlich dieses junge Mädchen als alte Frau. Ich erkenne aber ihr Gesicht wieder. Ein merkwürdiger Vorgang. Leute, mit denen ich nie gesprochen habe, die ich auch nie ansprechen würde, die ich aber kenne. Das hat nichts mit Vertrauen zu tun, sondern das ist einfach die Bewegung der Menschen

---

38 Der Roman *Ansichten eines Clowns* wurde 1963 veröffentlicht.

39 Karol Józef Wojtyla (1920–2005), Papst ab 1978 (Johannes Paul II.).

40 Stadt der alten Gesichter, hier S. 67.

innerhalb einer Stadt. Man geht durch diese Stadt – ich bin früher viel spazierengegangen, heute weniger, weil sie mir zu laut ist –, und sehe ich ein Gesicht. Ich denke, das kennst du doch, ein junger Mann, älterer Mann und denke, mein Gott, den hast du schon mal gesehen. Vor 20 Jahren, vor 30 Jahren. Das sind die Unbekannten, die ich kenne.

KOCH: 1962 schreibst du: »In seinen besten Stunden ist Adenauer fast ein so guter Komiker wie Millowitsch«[41].

BÖLL: Hab' ich geschrieben? Wo denn?

KOCH: Als »Lohengrin«.

BÖLL: Ach so. Ach, der »Lohengrin«.

KOCH: Das war 1962, liegt 17 Jahre zurück. Ich glaube, heute würdest du dich so liebevoll nicht mehr äußern, oder?

BÖLL: Wahrscheinlich nicht. Aber, bleiben wir ein bißchen noch bei Millowitsch, den ich wirklich für einen guten Schauspieler und auch für einen sehr guten Komiker halte. Aber durch ihn wird ein falsches Bild von Köln verbreitet. Da wird etwas Kölsches in die ganze Welt transportiert, von Amerika bis in die Südschweiz. Es ist nicht Millowitschs Schuld. Er hat nicht die richtigen Stoffe, er hat keinen Gegenwartsstoff, er hat seine alten Klamotten. Da wird ein Image von Köln verbreitet, mit dem man dann immer konfrontiert wird; wenn man irgendwen mal trifft, und der merkt, du bist auch aus Köln – dann kommt plötzlich dieses Klamotten-Köln raus; und jeder Kölner wird in die Rolle der sogenannten Stimmungskanone gedrängt. Das ist eigentlich sehr schade. Die Verdienste des alten Millowitsch-Theaters waren die Parodien. Die Parodie auf etwa den Zigeunerbaron, sagen wir: Eine modische Operette wurde kölsch parodiert. Und da kam natürlich eine witzige Dimension rein, die auch ihre Bosheit hatte. Parodie muß ja auch boshaft sein. Wenn das Millowitsch-Theater aktuell geblieben wäre, hätte zum Beispiel ein Stück über Adenauer gemacht – Millowitsch hätte den Adenauer gespielt, eine Komödie, Klamotte vielleicht sogar … dann hätte das Leben behalten.

---

41 Brief aus dem Rheinland 1, in: *Die Zeit* vom 21.12.1962. – Heinrich Böll publizierte 1962/63 unter dem Pseudonym ›Lohengrin‹ in einer Folge von 19 Beiträgen satirische Zeitbetrachtungen unter der Serienüberschrift *Briefe aus dem Rheinland* in der Wochenzeitung *Die Zeit*.

KOCH: Vielleicht ist er zu bange? Da hätte die Stadt Köln ihm noch weniger Zuschuß gegeben.

BÖLL: Och, das kann ich nicht beurteilen, finde ich auch uninteressant. Man muß wissen, was man ausdrücken will. Auch als Volkstheater. Und Volkstheater hat eine große Bedeutung. Man könnte auch ein Stück über aktuelle Probleme in Köln machen. Ich kann es nicht schreiben, weil ich nicht kölsch schreiben will. Aber dadurch, daß dieses Klamotten-Köln ... wogegen nichts einzuwenden wäre; man kann auch Klamotte machen, aber sie muß eine gewisse Aktualität haben ... Millowitsch ist ja ein wichtiges kölsches Element, da muß man drüber sprechen. Ich finde das sehr schade, daß die Potenz eines Volkstheaters, was sehr wichtig ist, verspielt wird und auch auf billige Lacher und Tricks sich verläßt. Ein wirklich witziges, parodistisches Stück über Kölner Politiker, meinetwegen auch über den Kölner Klerus, warum eigentlich nicht?

KOCH: Ich wiederhole: Der ist zu bange.

BÖLL: Schade, schade. Nein, ich vermute gar nicht, daß Herr Millowitsch zu bange ist, das will ich ihm gar nicht unterstellen. Er hat die Stoffe nicht. Er muß ja die Stücke auch haben.

KOCH: Gibt's keine Kölner Autoren, die das könnten?

BÖLL: Ich weiß es nicht, ich hab' keine Ahnung. Aber es ist sehr schade, daß dieses verstaubte Klamotten-Köln immer wieder rauskommt. Ein Stück über Adenauer wär' doch doll. Wenn Millowitsch Adenauer spielt, wär' doch doll. Das könnt' der gut. Aber nicht so gemütlich.

KOCH: Wer spielt dann den Gegenpart von Adenauer?

BÖLL: Ja, den gibt's ja gar nicht, der hat ja nie einen Gegenpart gehabt.

KOCH: Also ein Einmannstück?

BÖLL: Ein Einmannstück mit einer devoten Umgebung.

KOCH: Nun: Heute gibt es den Millowitsch. Zu deiner und meiner Jugend gab's den Ostermann. Und natürlich hängen Millowitsch und Ostermann irgendwie mit Karneval zusammen.

BÖLL: Millowitsch nicht so sehr. Das ist ja ein Dauertheater, unabhängig von der Saison. Ostermann auch nicht ganz. Manche seiner Lieder

Abb. 50: Maria Böll (1877–1944)   Abb. 51: Viktor Böll (1860–1970)

oder Schlager, wie man das nennen will, sind ja unabhängig von der Karnevalssaison.

KOCH: Aber der Ostermann war doch, sagen wir: kölsch – wogegen der Millowitsch seine Zuschauer, seine Bewunderer, seine Lacher weit über das Rheinland hinaus sucht.

BÖLL: Ja, auf der ganzen Welt.

KOCH: Und das hängt mit der Entwicklung des Kölner Karnevals zusammen, den du übrigens mal die »drei pfäffischen Tage«[42] genannt hast. Dieser Karneval ist zum Kommerz geworden.

BÖLL: Exportartikel, ja, natürlich. Das war er immer. Also, dieser Karneval des Karnevalszuges ist ja noch nicht sehr alt. Wie alt ist das … 150 Jahre, glaube ich, diese Art von … mit den Kappen und Sitzungen und diesem ganzen bürgerlichen Scheiß, der ist nicht alt.

KOCH: 1823.

BÖLL: Den wollen wir mal streichen.

KOCH: »Karneval« aus dem Protokoll streichen?

---

42 Pfäffische Drei-Tage-Freiheit, hier S. 43

BÖLL: Nein, nur diese Art Karneval. Aber der Straßenkarneval, der ja viel ältere Wurzeln hat als Köln – über Köln hinaus, den wir in Mainz, auch in Nijmwegen und in Holland finden …

Aber, ich möchte doch betonen, daß nicht alle Leute sich kommerzialisieren lassen. Die Leute feiern ja auch immer noch auf der Straße oder in ihren Vierteln und sind eigentlich trotz der Kommerzialisierung, auch durchs Fernsehen, das spielt ja dabei eine große Rolle … hat das noch immer seine Reize.

KOCH: Nicht mehr für den Zuschauer.

BÖLL: Zuschauen hat überhaupt keinen Sinn im Karneval. Da muß man mitmachen. Das wie einen Film ablaufen lassen oder so angucken, halte ich für völlig sinnlos. Im exotischen Film kannst du dir auch Neger angucken, genau dasselbe.

KOCH: Wo eigentlich gibt's denn noch den guten, echten, bewußten Kölner. Dein Vater …

BÖLL: Der war kein Kölner, der kam aus Essen; die Familie stammt vom Niederrhein. Meine Mutter war auch keine Kölnerin. Sehr interessant: erste Generation Köln …

KOCH: Was war an deinem Vater kölnisch?

BÖLL: Mein Vater hat Köln geliebt. Er ist hierher gekommen als junger Mensch, das war für ihn der Traum seines Lebens, aus diesem Essen weg. Wie gesagt, also mitten im Kruppschen Getümmel, fast vor dem Fabriktor geboren. Sein Vater war selbständiger Schreinermeister, und mein Vater sehnte sich auch nach Freiheit und Selbständigkeit und hat sich dann in Köln niedergelassen als 25jähriger, glaub' ich, und hat dann mutig sich selbständig gemacht. Der hat Köln sehr geliebt, aber er war kein Kölner. Die schöne alte Stadt mit ihren Kirchen und ihrer Geschichte, auch ihrer Freiheit, hat ihn gelockt. Das war für ihn ungeheuer. Und ich vermute – wir haben da nur andeutungsweise darüber gesprochen –, er war antikruppisch erzogen von meinem Großvater, der ein großer Gegner Krupps war und auch des nach damaligen Begriffen definierten Liberalismus … antipreußisch, antimilitärisch und so weiter. Wahrscheinlich, oder ziemlich sicher, war das Kölner Milieu

Abb. 52: Visitenkarte von Viktor Böll und seinem Partner Wilhelm Polls, 1910

in seiner relativ demokratischen Gelassenheit und Freiheit eine ungeheure Verlockung und auch ein Gewinn für meinen Vater.

KOCH: Habt ihr zu Hause kölsch gesprochen?

BÖLL: Nein, Ich habe aber Kölsch gelernt, auf der Schule, auf der Straße. Mein Vater konnte kein Kölsch, meine Mutter auch nicht; sie war aus Düren; sie hatte so ihren rheinischen Dialekt, aber kein Kölsch.

KOCH: Hast du mit deinen Kindern je kölsch gesprochen?

BÖLL: Nein, haben wir auch nicht. Ich hab' ja einen Komplex, den ich eben definiert habe. Meine Kinder haben es auch leider nicht gelernt, weil damals, als die in die Schule gingen und groß wurden, ja kaum noch Kölner in Köln waren. Das war so die Zeit, als hier so fast 60 bis 70 Prozent Flüchtlinge wohnten.

KOCH: Aber jetzt sagst du »leider« …

BÖLL: Ja, ich finde das schade. Ich finde, jede Sprache, die ausstirbt, ist ein Grund zum Trauern – und auch ein Dialekt, der ausstirbt … Er stirbt ja nicht aus: Es gibt ja die Bläck Fööss. (Lachen) … Da ist für mich was sehr Kölsches drin bei denen und setzt sich auch etwas fort oder hat sich wieder etwas gebildet.

KOCH: Reden wir mal vom »Kölnischen an sich«. Was gehört dazu? Rhein, Dom, Karneval (der Wein sicher nicht; der Kölner ist gewöhnlich Schnaps- und Biertrinker), Kirchen, Madonnen, Römisches, was immer das sei, der »Kölner Klüngel«, Tünnes, Schäl, Jrielächer … alles kölnisch. Aber was ist es nun wirklich? Das zerstörte Köln, hast du einmal geschrieben, »hatte, was das unzerstörte nie gehabt hatte: Größe und Ernst«. Welche Größe, welchen Ernst?

BÖLL: Ich meine folgendes: Köln hat sich eigentlich immer unernst durch die Geschichte geschlängelt, was den Klerus betraf, was die Politik betraf, was das Kaiserreich betraf – das ja nicht sehr populär war … so durchgeschlängelt. Nichts dagegen zu sagen. Und der Ernst, der wirklich tödliche Ernst der Geschichte hat diese, sagen wir: leichtfertige Stadt im Zweiten Weltkrieg getroffen. Was ich eben gesagt habe: Köln ist im Kern zerstört. Das, was wirklich Größe und Vulgarität – und die Größe der Vulgarität – ausgemacht hat, diese Altstadtbevölkerung … ist nicht mehr da. Und plötzlich kam der Ernst der Geschichte durch die Bombenangriffe, durch das Verwickeltsein in eine wirklich mörderische Geschichte. Und da hab' ich eben, wie ich das damals geschrieben habe, in Köln Größe entdeckt. Das zerstörte Köln hatte diese Größe auch in seiner Stille, es war eine ungeheuer stille Stadt. Ich habe darüber mal geschrieben in irgend so einem Trümmer-Essay, wie still die Stadt war und wie man jeden Stein fallen hörte, der aus irgend so einer Mauer herausbröckelte.[43] Und die ersten Versuche – so '45, '46, '47 dann mit dem Knolly-Brandy, oder wie das Zeug heißt –, Karneval zu feiern und den Unernst wiederaufkommen zu lassen, sind ja kläglich gescheitert. Ich erinnere mich dieser merkwürdigen Festivitäten, die eigentlich sehr traurig waren. Damals, als ich aus dem Krieg nach Hause kam, hab' ich das so empfunden, wie du das eben zitiert hast, und das ist mir geblieben. Aber der Unernst der Kölner hat mich auch als Junge immer geärgert und gereizt.

Man meint ja immer, Humor und Ernst wären Widersprüche – im Gegenteil: Die gehören zusammen, und wenn man den Humor nicht verlieren kann, hat man keinen.

Abb. 53: Visitenkarte Viktor Böll, 1925, Vondelstraße 28

43 Heimat und keine, hier S. 37 f.

Man kann nicht immer Humor haben. Das ist das Schreckliche am kommerziellen Kölner Karneval, daß da permanent Humor produziert wird oder gezeigt oder demonstriert oder fabriziert wird. Thomas Liessem, der verstorbene, hat einmal gesagt: »Wir haben doch« – und er meinte sein Festkomitee – »in Köln den Humor wiederaufgebaut.« Damit ist nicht alles, aber viel über diese Art Humor gesagt. Sieh dir die todernsten Gesichter der Elferräte an. Du bekommst das Heulen. Also, über diesen Kölner Humor können wir nicht sprechen, der ist mir zu fremd … Manchmal wird ja das Rheinland mit Köln verwechselt, und die Kölner verwechseln sich selbst mit dem Rheinland. Das halte ich für einen gewaltigen Irrtum. Köln hat seine Größe immer noch, und zu dieser Größe gehört auch eine gewisse Vulgarität, die etwa eine sehr rheinische Stadt wie Aachen nicht hat. Schon Düren nicht … also westlich von Köln wird das Rheinische weniger vulgär. Das ist auch die Gefahr bei Millowitsch, daß das Köln, was er zeigt, immer mit Rheinland verwechselt wird. Das Rheinland ist größer als Köln und hat mehr Hintergrund und andere Hintergründe als Köln.

KOCH: »Rheinland« ist kaum definierbar.

BÖLL: Sehr schwer definierbar. Das, was so unter der üblichen Vorstellung Rheinländer, Rheinland durch die Lande getragen wird, ist eben nicht mit Köln definiert. Die Kölner bilden sich immer ein, sie wären die einzigen Rheinländer. Das stimmt nicht. In Bonn wohnen auch Rheinländer und in Aachen, glaube ich, auch …

KOCH: … obwohl Aachen nicht am Rhein liegt.

BÖLL: Nein, das hat mit der geographischen Lage nichts zu tun. Rheinland ist ja eine bestimmte Vorstellung, und die ist nicht mit Köln identisch.

KOCH: Wenn du eine Rheinfahrt machst von Godesberg bis Bingen und eine von Köln bis nach Holland: Das sind zwei Flüsse.

BÖLL: Die Verwechslung von kölsch und rheinisch ist für mich sehr wichtig.

KOCH: Ich möchte zuvor noch mal auf die Mundart zurückkommen. Tut mir leid. Mich hat deine Antwort wirklich erstaunt, und ich will es noch mal anders versuchen. Jedermann hat sein Zuhause in einer be-

wohnbaren Umwelt. Und in dieser Umwelt existiert natürlich eine be-
wohnbare Sprache.

BÖLL: Kölsch oder rheinisch?

KOCH: Kölsch.

BÖLL: Nicht das Adenauer-Kölsch; denn was der Adenauer gesprochen
hat, gilt ja auch als Kölsch.

KOCH: Nein, ich meine das richtige Kölsch, den Dialekt der Severinstraße zum Beispiel. Sobald ich diesen Dialekt höre, bin ich einfach zu
Hause, fühle ich mich geborgen. Geht dir das nicht ähnlich?

BÖLL: Nein. Ich habe den Dialekt auch nach dem Krieg als abweisend
empfunden, wie alle Dialekte übrigens, gegenüber den deutschen Op-
fern der deutschen Geschichte, nämlich den Flüchtlingen. Das ist für
mich sehr wichtig gewesen, überall, wo wir gewohnt haben; wir haben außerhalb Kölns bis Ende '45 noch in der Evakuierung gewohnt.
Im Grunde genommen sind Dialekte Fremdsprachen. Ich weiß, meine
Einstellung zum Dialekt ist widersprüchlich – und wird es bleiben.

KOCH: Ja, also mir geht es anders, ich fühle mich hier zu Hause, geborgen eben.

BÖLL: Tatsächlich? Ich nicht, im Gegenteil. Wenn ich irgendwie in eine
Gesellschaft oder ein Lokal gerate, wo Kölsch gesprochen wird und ich
das höre, fühle ich mich eher ausgeschlossen, wie ein Fremder oder
Flüchtling. Dialekte haben etwas von einem freiwilligen Getto, das andere ausschließt. Und dieses Ausschließen, ich wiederhole das, den Op-
fern der ernsten deutschen Geschichte, die ja alle in dialektbestreute Gegenden geraten sind, ob Schlesier nach Schleswig-Holstein kamen oder
Ostpreußen nach Köln, hat auch etwas Unoffenes. Diese manchmal
pseudo-folkloristische Ausdrucksweise schließt zu viele Menschen aus.

KOCH: Mir geht es nicht darum, daß ich Leute ausschließe. Mir geht
es nicht darum, daß ich einem Menschen, der seine Heimat verlassen mußte, auf die Schulter klopfe und sage: Na, Jung, wie jeit et? Das
meine ich nicht. Ich meine mit Zuhause meine Wohnung, meine häus-
lichen vier Wände. In diesen vier Wänden lebe ich. Genauso ist es mit
der Sprache. Ein Gefühl von Häuslichkeit …

BÖLL: Hab' ich nicht, werd' ich auch nie haben. Ich kann das gar nicht erklären. Ich finde einfach, man sollte deutsch miteinander reden; notfalls kölsch, notfalls. Für mich ist also, was heimatlich an Köln ist … das ist auch nicht mehr so, wie es war im Krieg, als ich, wenn ich mit dem Zug in Urlaub kam, über die Hohenzollernbrücke in den Hauptbahnhof einrollte, fühlte ich mich auf dieser Rheinseite sicherer … Ich möchte noch einen Unterschied machen: Kölschsprechende Frauen stoßen mich gar nicht ab. Überhaupt: daß die kölsche Weiblichkeit für mich viel liebenswürdiger ist als die kölsche Männlichkeit, wenn es die gibt … Es ist was anderes, wenn eine Frau kölsch oder rheinisch spricht, für mich, als wenn es ein Mann spricht. Ich spüre diese Arroganz bei rheinlandisierenden oder kölschsprechenden Männern stärker. Dieses Heimatgefühl hab' ich nicht. Mich interessiert das philologisch, musikalisch auch, der Tonfall, dieses merkwürdige Kölsch, das ja ungeheuer interessante Vokabeln entwickelt – aber nicht im Sinne von Heimat. Also der Dialekt ist nicht mein Zuhause, wird's auch nicht. Das kommt aber doch, glaube ich, von dem Unfreiwillig-aus-Köln-herausgeworfen-Werden und Feststellen, daß die Welt nicht nur aus Köln besteht, Köln nicht die Welt ist und daß andere Menschen weit, weit östlich von hier sowohl Menschen als auch Deutsche sind und daß ich mich mit ihnen verständigen möchte und nicht eingeschlossen sein in die Gemütlichkeit des Dialekts, die andere ausschließt. Man kann das mal machen, man kann mal Kölsch sprechen und auch mal zuhören; aber da entsteht auch eine Pseudogemütlichkeit, die mir Angst macht. So zu Hause möchte ich dann doch da nicht sein.

KOCH: Dadurch, daß ich eigene Gefühle habe, schließe ich nicht automatisch andere Menschen aus.

BÖLL: Ja, vielleicht, ohne es zu wissen – durch Sprache … also, ich weiß nicht, ich bin da vielleicht wahnsinnig empfindlich. Ich verstehe mich wahrscheinlich mit manchem Chinesen, dessen Sprache ich gar nicht begreife, besser als mit manchem Kölschen, der einen mir vertrauten Dialekt spricht. Keine Täuschung ist ja größer als die, zu glauben, man spräche die gleiche Sprache. Das ist ja eine ganz gewaltige Täuschung. Die ist beim Dialekt noch größer. Da entstehen Vertraulichkeiten und Gemütlichkeiten, die mir Angst machen.

KOCH: Du hast dir zu deinem 60. Geburtstag von der Stadt Köln das Standbild des preußischen Generals von Bülow-Dennewitz gewünscht. Das überlebensgroße Monument steht nun auf dem Schulhof der Grundschule in der Balthasarstraße. Du kannst von deiner Wohnung darauf hinabsehen.

BÖLL: Ja, ich sehe oft darauf.

KOCH: Dazu eine Anmerkung. Dein Vater, der Kaiser Wilhelm für einen Narren hielt, wie er gesagt hat[44], hat dir kurz nach dem Ersten Weltkrieg das Kaiser-Wilhelm-Denkmal gezeigt und dir gesagt: »Dort oben reitet er immer noch auf seinem Bronze-Gaul westwärts, während er doch schon so lange in Doorn Holz hackt.« Die Reaktion deines Vaters verstehe ich, und ich erkenne darin auch den Sohn wieder. Aber deine Sehnsucht nach einem preußischen General verstehe ich überhaupt nicht. Oder wolltest du diesem säbelrasselnden Herrn endlich das Ende seiner Dienstfahrt ermöglichen?

Böll *(Lachen)*: Die Tatsache, daß ich mir den Herrn Bülow von Dennewitz erbeten habe – als Leihgabe –, hat mit Preußen und Wilhelm überhaupt nichts zu tun. Erstens mal war er ein General aus der Zeit der Freiheitskriege, wo diese spätere hohenzollernsche Narretei noch nicht so sichtbar war; zweitens, und das ist entscheidend, ist das der Rest eines Denkmals, das auf dem Heumarkt stand, ein Riesenklotz; und dieses Denkmal hat eine sehr große Rolle gespielt in meiner Jugend.

Abb 54: Friedrich Wilhelm Bülow von Dennewitz (1755–1816), Sockelfigur am Reiterstandbild Wilhelms III. auf dem Heumarkt

---

44 Über mich selbst, hier S. 153.

Abb. 55: Heinrich Böll 1981

Es war der Treffpunkt bei Schulausflügen, es war der klassische Treffpunkt bei Rendezvous; und ich wohne hier in der Hülchrather Straße,
und am Ende der Straße ist das Fort, und in dem Hof dieses Forts,
wenn ich spazierenging, sah ich immer die Reste dieses Denkmals da
stehen; Reste, noch ein paar Pferdeleiber … und ich fand das eigentlich schade, daß die da so abgestellt waren … wollte ursprünglich mir
diesen Herrn in meinen Garten stellen …
KOCH: … was nicht erlaubt ist?
BÖLL: Doch, aber ich hab' keinen Garten; ich habe in Köln kein Grundstück, und dann ist er eben auf den Schulhof gelangt, auf Vorschlag
meiner Frau. Da können wir ihn sehen. Ich denke überhaupt nicht

an Preußen oder Anti-Preußen dabei; das ist einfach eine sentimentale Erinnerung an meine Kindheit und Jugend, an dieses Denkmal auf dem Heumarkt. Ich weiß nicht, ob ihr das noch so gekannt habt: ein Riesenklotz. Da fuhren die Straßenbahnen ab, nach Königsforst und Bensberg, die fuhren alle am Heumarkt ab. Man traf sich mit der Schulklasse oder mit einer jungen Dame an diesem Denkmal. Deshalb wollte ich ein Stück davon haben … Im übrigen möchte ich hinzufügen, daß Preußen ja nicht mehr existiert, ist ja aufgelöst worden aufgrund eines alliierten Beschlusses, glaube ich. Damit hat sich auch mein Verhältnis zu Preußen geändert.

KOCH: Aber beim Dom ist es geblieben?

BÖLL: Ja, der steht ja auch noch da. (Lachen). Die Türme Preußen gibt es nicht mehr … Im übrigen ist der General sehr schön, wenn du ihn dir anguckst; er hat eine Wunde am Kopf, er hat ein Loch im Bauch, das Schwert ist abgebrochen. Und ich habe ausdrücklich darauf bestanden, daß er nicht restauriert wird. Die Stadt Köln wollte ihn sozusagen wiederherstellen und blank putzen. Und ich find' das sehr schön, daß die Kinder diesen kaputten General da auf dem Schulhof haben mit seinem abgebrochenen Schwert, und ich glaube, der hat sogar einen Kopfschuß, der arme Kerl. Bombensplitter. Laß den mal.

KOCH: Wenn ich auf unser Gespräch jetzt zurückblicke und mich frage, was du an dieser Stadt Köln eigentlich magst, dann ist es, vor allem, das Historische, ein soziales Bewußtsein dieser Bürger …

BÖLL: Bürgersinn.

KOCH: Aber was du gern hast an Köln, ist fast ausschließlich das Vergangene, das Unwiederherstellbare, eine mumifizierte Mutter Colonia.

BÖLL: Ja. Und der Rhein, nicht? Der ist ja auch noch da. Der ist weder museal noch mumifiziert, nur schmutzig und immer schmutziger. Aber das nimmt ihm seine Größe nicht. Wir müssen uns auch daran gewöhnen, daß Größe und Schmutz keine Widersprüche sind. Wir sehen ja immer nur saubere Größen, frisch gebügelt und so weiter.

KOCH: Du möchtest mit dem Rhein enden? Nicht mit Köln?

BÖLL: Ja, der wird ja wohl bleiben, auch, wenn es Köln nicht mehr gibt.

Köln III.
Spaziergang am Nachmittag des Pfingstsonntags 30. Mai 1971 (1972)

die Stadt
in freudloser Sonne
verödet

wieder mal aufgewühlt
im dreißigjährigen Krieg
der Bauplaner
maschinen
firmen
ausschüsse
bagger
krane
unzählige Abschüsse
nach dreißigjährigem Einsatz der Preßlufthammerflak
Gefallene
Gefangene
Siege

in Aufriß und Abbau
unaufhaltsamer Vormarsch

die Sappen längst
bis Wladiwostok vorgetrieben
keinen Fußbreit hergegeben
an der grauen Front des Profits

in den Goldgruben der Schwerbewaffneten
(für humanistisch Gebildete: Hopliten)
stetig steigender Mietpreis

höhnische Stille
vertriebener Ruhe
Vollzugsmeldung
Ohrenbetäubung
durchgeführt
wunderbar den verwalteten Staub vermehrt
in Abriß und Aufbau
leukämische Fassaden
der Wucherer

o heiliger Geist
erbarme dich unser
nur noch zwanzig vom Hundert
beträgt unser Profit
erst in fünf Jahren
haben wir unser Kapital verdoppelt
heiliger Geist
bewahre uns vor der Kostenexplosion
oh heiligster aller heiligen Geiste
verleihe den Verkäuferinnen Einsicht

vierhundert Mark (netto!)
oh heiliges Brutto
allerheiligstes Konto
wohin soll das noch führen

wo doch allein Haarkünstler
und Haartracht
einer Freundin
der Ersatzreserve III

erheblich mehr kostet
oh heiliger Geist
die Kosten explodieren

irgendwo
eine öde Nachmittagspredigt
anderswo
verschlossene Kirchtür

erbarmungslos
schlaffes Studentenpingpong
hinter überquellenden Abfalleimern
verkotzte katholische Revolution
unfreundlich freudlos

du einzig wahre
schieläugig
großartig
graue
irdische Himmelskundige
auf dem Hügel am Kapitol
aus deiner wievielten Ehe
stammte die süße
die feine
mokante
Trümmerkokette
unnahbar
ständig von Kerzen geküßt
im Himmelblaugelb
eingelullt von mehr Zärtlichkeit
als ihr zusteht
hört sie
unnahbar
nicht taub

über Dschungelschwüle hinweg
Geflüster von gebrochenen Herzen
gebrochenen Ehen
in genußreicher Jungfräulichkeit

schieläugige
grau großartig
versteckt am Kapitol
dir die Krone Mutterkuchen
und eine Kerze der
kleinen da in St. Peter
vor drei Jahren
am Geburtstag
hatte sie Fuchsienblüten für mich
zwei Boschgestalten
vor verschlossener Kirchtür
werden sie
am Pfingstsonntag beten
oder sich schamverletzend entblößen
von links und rechts
aus der Mitte
von drinnen draußen
oben unten
ex-ego-konzentrisch
progress- und konservativ verhöhnt

der Bischofspalast
kein Bischofspalast
nicht Herr
Knecht
Bruder
Untertan
Fürst
Nichtssagend

fünffach unechtechtunecht
steht er da
wo die Wucherer hausen
verspätet
erkenn ich auf einem Lochnerplakat
das Lochnerhaar-Gesicht
meiner Schwester Grete
gestorben an Leukämie

in der Schatzkammer Schnödigkeit Schnütgen
alles echt
Schwester
Sammlerauge
Kennerblick
verblüffend die Ähnlichkeit
Haubrich-Schnütgen
unschätzbare Werte
unschätzbare Wertsteigerung
neugotischer Gips gegen Echtes
dissertationshabilitationsordinationsreif
das Abgetriebene
nicht geschützt durch
alles echt Schwester
der einzig echte Verrat
die einzig wahre Blasphemie

auch der Brief in meiner Tasche echt
vom Generalvikar
Alternative: zahl oder tritt aus
warum Schwester
kann ich beides nicht
erklärs denen
die dir gleichen

Sondermeldung: und ihr habt doch gesiegt
heil
der dreimal heiligen
Herrschaft
von Gerling und Breker
auf dem öden Reichsparteitagsgelände
vergoldet (echt)
ledergepolstert (echt)
pergamenttapeziert (echt)
echt echt alles
in der Kostenexplosion
keine falsche Bescheidenheit
Baukunst
Kunst am Bau
Zwei vom Hundert
für den ewigkeitssüchtigen Knaatschbüggel

zielstrebig Schwester
systematisch
erobert die alte Herrschaft
neue Provinzen
das Friesenviertel fällt
mit dem Segen
der Oberhirten und -häupter
ins Nichts der Leukämie
die Preßlufthammerflakregimenter
Ersatzreserve I
stehen einsatzbereit
für Baukunst
Kunst am Bau
und für Deine Obdachlosen
Schwester
die große Vertreibung

ungeduldig wartet der graue Dom
Teich der Gründlinge
auf die große Blasphemie

überall angepriesen
das harntreibende Lokalgebräu
ölige Pfützen
nächtlicher Schamverletzer
nach raschem Blasendurchgang
unhold verwandelt
zur Kinderspielpfütze
die Litanei
von Sester und Sion
Früh Gilde und Gaffel
Sünner Kess Küpper und Stern
o heiliges Kölsch
Hochheiliges Sion

Natürlich
gibt's da auch Nettes
die pausbackig süßen Dirnen
gar nicht unnahbar
in St. Kunibert
und natürlich
den Rhein und
die Brücken
gut
richtig gut
das Positive ist unverkennbar
springt direkt in die Augen
wer wollte das leugnen
gleich neben St. Gerling St. Gereon
Brunnen
und der WDR

unverkennbar
baut er ewig für ewig
das hat er vom Dom gelernt
die Baukräne des WDR
gehören zum Stadtbild
wie früher bevor
die Preußen kamen
die des Doms

St. WDR
der du für uns gebaut hast
heiliger Lärmkotzer
Vertreiber
Unruhestifter
ruhelos
himmelstrebig
auf St. Gerling hinschwenkend
wann werden eure Krane sich endlich umarmen
in unersättlicher Zärtlichkeit
und immer noch
und immer wieder
Schwester
das leichte
so völlig unbegründete Gruseln
in der Marzellenstraße

zahl oder tritt aus
hast du immer noch nicht begriffen
nur einen Steinwurf weit
der Rheinische Merkur
und erkennst du nicht
die kalthingekotzte
spanische Barockmasche und -mache
nebenan in Maria Himmelfahrt

was denkst du
was das alles kostet
wer soll das bezahlen
und wiederum nur einen Steinwurf weiter
St. Bachem
der du für uns gedruckt hast
schon für unsere Urgroßeltern
und deren Eltern
Schwester
hat er gedruckt

Machabäerstraße
wo du
die anderen
auch Annemarie
und so viele
herangebildet wurden

Abb. 56: Böll an der Rheinpromenade, 1976

dem gebildeten Katholiken Gattin zu sein
(welche Mesalliance, meine Liebste!)
und (Steinwürfe nur!)
das Marzellengymnasium
wo gebildete Katholiken erzogen wurden
zu allem
nur nicht dazu zärtlich zu sein
begattet wurden ihre Frauen
träumten von verbotenen Zärtlichkeiten
kannten sie nur aus dem Beichtspiegel
und der Pornographie des St. Ligouri
und tauchten Weiberfastnacht
auf und unter
Ihre Männer fanden verbotene Zärtlichkeiten
anderswo
ein paar Steinwürfe
südlich des Domes
nördlich des Domes
auf den Grundstücken
des erblichen Legaten
der Heiligen Römischen
die einträglichen Huren
waren gelehrige Schülerinnen
zahl oder geh
zahl oder tritt aus
doch hin und wieder übten sie gewiß Barmherzigkeit
mehr als der Obermeister der Gründlinge
er gab dem Rheinischen Merkur
zwei Millionen
zahl
Schwester
zahl
du hast gezahlt
viel zu viel
Schwester

vielzuviel
für die leukämischen Hostien
den vorenthaltenen Wein
von vereidigten Händlern geliefert –
nicht für dich
die Schurken
mit dem gebildeten Gaumen
küssen im Weinkeller Schnödigkeit
mit ordinierten Zungen
was dir verboten war
ich hoffe
du triffst sie nicht
dort wo du hinwolltest
ihr Hohn könnte schlimmer sein
als Leukämie
ihr Kuß obszöner
als all das
von dem Kinder nichts wissen

zu spät
zehn Jahre nach deinem Tod erkannt
auf einem vergilbten Lochnerplakat
am Pfingstsonntag
an einem Bauzaun
in der verödeten Stadt
in freudloser Sonne
zwischen St. Gereon
und St. Gerling

Gruseln
Schwester
ich hab's gelernt
bei den Gründlingen im grauen Teich
brauchte nicht auszuziehen
um Fürchten zu lernen

Schlüpfrigkeit
Schwester
ich hab sie kennengelernt
bei den Gründlingen
im grauen Teich
nie bei der einen
und nie bei den anderen
keine hat je gesagt: zahl oder geh

Heiliges Brutto
Heiliges Netto
Heiliges Konto
erbarmt euch unser
der Gymneten
(für nicht humanistisch Gebildete:
schutzlos Kämpfende)
im zweitausendjährigen Krieg
der Gründlinge

Segnet die Waffen
Fingerkuppen
Farbband
Papier
Bleistift
Radiergummi
Tippmaschine
und den
Briefträger
der's austrägt
um geringen Lohn.

Straße als Heimat

Aus: Drei Tage im März

BÖLL: … ach, ich habe vor dem Krieg schon ein heimatliches Gefühl gehabt gegenüber der Stadt Köln; die hatte damals etwas sehr Gemütliches, wie ein Wohnzimmer, nicht ganz so sauber, ein bißchen verkommen, aber man konnte drin spazierengehen. Diese Heimat habe ich eigentlich doch in Erinnerung. Sie ist dann allerdings zerstört worden durch die Nazis. Sie können sich gar nicht vorstellen, was das bedeutet: Sie gehen auf der Straße spazieren, plötzlich kommt eine Kolonne SA oder Hitler-Jugend, und Sie müssen die grüßen. Was haben wir getan? Wir sind in die nächste Haustür gegangen. Wir sind regelrecht geflohen … Es war die Zerstörung der Straße als Heimat, und Straßen sind Heimat. Weil man einfach 'rausgehen und spazierengehen kann, guckt sich etwas an, wenn man ein paar Groschen in der Tasche hat, trinkt man einen Kaffee oder geht ins Kino … Die Zerstörung, wird mir jetzt klar, wo wir über Heimat reden, ist die Konsequenz der Nazi-Aufmärsche gewesen, vor denen wir geflohen sind. Man war nicht mehr sicher auf der Straße, jetzt gar nicht im Sinne von: erschossen oder angerempelt werden, sondern: man mußte aufpassen, daß man nicht diesen Geßler-Hut grüßen mußte. Das ist eine sehr schneidende Zerstörung von Heimat gewesen. Gemischt mit dem visuellen und natürlich auch inneren Erlebnis von Straßen-Brutalität, wo Leute einfach zusammengeschlagen und verhaftet und weggeschleppt wurden, nicht nur Fremde, auch Freunde …

Aus: Wir müssen die Sitzredakteure wieder einführen
Rede auf dem »Kulturforum« der SPD am 16. 9. 1983 in Bonn

Ich möchte noch etwas zur Straße sagen. Wer so alt ist wie ich, älter oder ein bißchen jünger, ist natürlich auch traumatisiert durch die Straße, den Nazi-Terror auf der Straße, die, ich habe es so empfunden, Heimatvertreibung von der Straße durch die Nazis. Die Kölner Straßen, die ich als Heimat betrachtete, waren für mich nicht mehr betretbar, weil diese Horden da durchmarschierten, nicht nur zu dem Zwang, die Hand hochzuheben, sondern auch noch ihre blutrünstigen Lieder sangen. Verstehen Sie, wir sind auch traumatisiert durch die Straße. Natürlich auch durch den Marsch über die Straßen Europas, die wir im Krieg entlangmarschiert sind. Ich muß mich von diesem Trauma befreien, um auf die Straße zu gehen, aber ich gehe nicht so auf die Straße, ich setze mich auf die Straße. Ich setze mich der Regelverletzung, der Ordnungswidrigkeit, der Strafbarkeit aus und möchte darauf hinweisen, daß man sich vielleicht strafbar machen muß, um das Delikt, dessen man sich strafbar macht, aus dem Strafgesetzbuch zu eliminieren.

Abb. 57: Rhein mit Südbrücke

Die Preußen und wir am Rhein
(1938)

Unseren Urgroßvätern schon begann das öde Treiben säuberlicher Soldateska, und sie schwangen sich von mageren Königen zu Fassaden-Kaiserlingen auf. Ihr dumpfes, ekliges Guttun war uns von jeher scheußlich, und ihre Kolonistensünden und ihr farbloses Huren war uns so widerlich wie ihre dünne Kunst. Und sie versauten uns mit gräßlichen Kasernen und ekelhaften Potentaten-Denkmälern die lieblichen Gestade unseres Rheines. Wir schwiegen: teils war es Höflichkeit, teils fühlten wir uns mit Recht so überlegen, daß wir ihre langweiligen Plänkeleien der Zeit überlassen konnten. Aber wir verrotteten ganz unmerklich mit ihnen. Unsere Großväter dienten ihnen drei Jahre, unsere Väter zwei Jahre, wir ließen uns in vier Kriege ziehen und zogen gar mit ihrem dumpfen Wilhelm I. gegen Baden. Ihr Trieb und ihr grauenhaft kleiner Ehrgeiz verseuchten die so klugen Rheinländer, und ihre Uniformsucht (ein typisch koloniales Vergnügen) trieb Blüten und vermehrte sich wie Unkraut.

Sie durchseuchten uns systematisch mit ihren hölzernen Stammesgesetzen und verbreiteten ihre eisige Religion bei uns. Sie gingen an sich selbst zugrunde. An ihrer maßlosen Dummheit, und der letzte ihrer »Kaiser« bezieht heute noch fröhlich wie ein Bürger seine Pension. Wir wurden Republik und trieben es toll mit der Freiheit; und wir waren zu freiheitlich, um der »Rechten« die Flügel zu stutzen, und unter unseren Augen wuchs ein Preußen-Bastard heran, der um so gefährlicher war, als er sich »sozialistisch« nannte. Wir zögerten allzulange, dieser sogenannten NSDAP auf die Finger zu sehen. Wir waren so freiheitlich, daß wir unsere Freiheit um der Freiheit dieser NSDAP 30 willen aufs Spiel setzten. Als der Borusse Paul dem Vorsitzenden dieser NSDAP den vakanten Kanzlerstuhl anbot, nahm dieser Kanake Hitler an, gierig und lüstern nach Macht wie nur je ein Tyrann, und verteilte seine Horde als kleiner

Mäzen über unser ganzes Reich. Die folgenden Demütigungen aufzuzählen, will ich mir sparen; wir ließen uns so schlafend und lächelnd in eine regelrechte Polizistentyrannei hineinschleppen und fanden nicht einmal Zeit zu staunen, denn wir hatten »Dienst«. Wir schweigen nun schon ca. 130 Jahre und haben mittlerweile alle Spielarten borussischer Dummheit über uns ergehen lassen und haben sogar das erhebende Schauspiel erlebt, daß diese Kitsch-Brüder sich auf die Kunst stürzten wie eine Horde Marionetten über irgendein hochbrüstiges Mägdelein. Und aus ihren paradoxen Kultgefühlen beginnen sie nun sogar eine Theologie zu züchten. Und wir, wir begnügen uns damit zu lächeln.

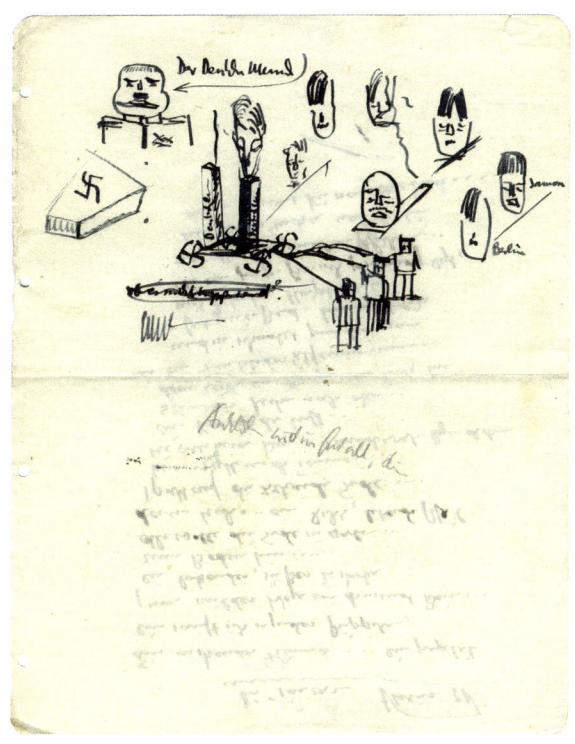

Abb. 58: Skizzen in Heinrich Bölls Schulheft, 1937

Undines gewaltiger Vater
(1957)

Ich bin bereit, dem Rhein alles zu glauben, nur seine sommerliche Heiterkeit habe ich ihm nie glauben können, ich habe diese Heiterkeit gesucht, aber nie gefunden; vielleicht ist es ein Augenfehler oder ein Gemütsfehler, der mich hinderte, diese Heiterkeit zu entdecken.

Mein Rhein ist dunkel und schwermütig, ist zu sehr Fluß händlerischer Schläue, als daß ich ihm sein sommerliches Jünglingsgesicht glauben könnte.

Ich bin mit den weißen Schiffen gefahren, über die Rheinhöhen gegangen, mit dem Fahrrad von Mainz bis Köln, von Rüdesheim bis Deutz, von Köln bis Xanten gefahren, im Herbst, im Frühjahr und im Sommer, ich habe während des Winters in kleinen Hotels gewohnt, die nahe am Fluß lagen, und mein Rhein war nie der Sommer-Rhein.

Mein Rhein ist der, den ich aus meiner frühesten Kindheit kenne: ein dunkler, schwermütiger Fluß, den ich immer gefürchtet und geliebt habe; drei Minuten nur von ihm entfernt bin ich geboren; ich konnte noch nicht sprechen, soeben laufen, da spielte ich schon an seinen Ufern: bis zu den Knien wateten wir im Laub der Alleebäume, suchten nach unseren Papierrädern, die wir dem Ostwind anvertraut hatten, der sie – zu schnell für unsere Kinderbeine – westwärts trieb, auf die alten Festungsgräben zu.

Es war Herbst, Sturm herrschte, Regenwolken und der bittere Rauch der Schiffsschornsteine hingen in der Luft; abends war Windstille, Nebel lag im Rheintal, dunkel tuteten die Nebelhörner, rote, grüne Signallichter an den Mastkörben schwebten wie auf Gespensterschiffen vorbei, und wir beugten uns über die Brückengeländer und hörten die hellen, nervösen Signalhörner der Flößer, die rheinabwärts fuhren.

Winter kam: Eisschollen, so groß wie Fußballplätze, weiß, mit einer hohen Schneeschicht bedeckt; still war der Rhein an diesen klaren Tagen; die einzigen Passagiere waren die Krähen, die sich von den Eisschollen in Richtung Holland treiben ließen, auf ihren riesigen, phantastisch eleganten Taxis ruhig dahinfahrend.

Viele Wochen lang blieb der Rhein still: schmale, graue Wasserrinnen nur zwischen den großen, weißen Schollen. Möwen segelten unter den Brückenbögen her, Schollen brachen sich splitternd an den Pfeilern, und im Februar oder März warteten wir atemlos auf die große Drift, die vom Oberrhein kam. Arktisch anmutende Eismassen kamen von dort oben, und man konnte nicht glauben, daß dies ein Fluß ist, an dem Wein wächst, guter Wein. Vielschichtig schob sich das krachende, splitternde Eis an Dörfern und Städten vorbei, riß Bäume um, drückte Häuser ein, kam gelöster, schon weniger gefährlich nach Köln. Zweifellos, es gibt zwei Rheine: den oberen, den Weintrinkerrhein, den unteren, den Schnapstrinkerrhein, den man weniger kennt, und für den ich plädiere; ein Rhein, der sich mit seinem Ostufer nie so recht ausgesöhnt hat, bis heute nicht; wo früher die Opferfeuer der Germanen rauchten, rauchen jetzt die Schornsteine, von Köln rheinabwärts bis weit nördlich von Duisburg: rote, gelbe, grüne Flammen, die gespenstische Kulisse großer Industrien, während das westliche, das linke Ufer mehr noch einem Hirtenufer gleicht: Kühe, Weidenbäume, Schilf und die Spuren römischer Winterlager; hier standen sie, die römischen Soldaten, starrten auf das unversöhnliche Ostufer; opferten der Venus, dem Dionys, feierten die Geburt der Agrippina: ein rheinisches Mädchen war die Tochter des Germanicus, Enkelin Caligulas, Mutter Neros, Frau und Mörderin des Claudius, später von ihrem Sohn Nero ermordet. Rheinisches Blut in den Adern Neros!

Geboren war sie inmitten von Kasernen: Reiterkasernen, Matrosenkasernen, Fußvolkkasernen, und im Westend auch damals schon die Villen der Händler, Verwaltungsbeamten, Offiziere, Warmwasserbäder, Schwimmhallen; noch hat die Neuzeit diesen Luxus nicht ganz eingeholt, der zehn Meter unter den Spielplätzen unserer Kinder im Schutt der Jahrhunderte begraben liegt.

Zu viele Heere hat dieser Fluß gesehen, der alte, grüne Rhein, Römer, Germanen, Hunnen, Kosaken, Raubritter – Sieger und Besiegte, und – als letzte Boten der sich vollziehenden Geschichte – die den weitesten Weg hatten: die Jungen aus Wisconsin, Cleveland oder Manila, die den Handel fortsetzten, den römische Söldner um das Jahr Null herum begonnen hatten. Zuviel Handel, zuviel Geschichte hat dieser breite, grünlichgrau dahinfließende Rhein gesehen, als daß ich ihm sein sommerliches Jünglingsgesicht glauben könnte. Glaubhafter ist seine Schwermut, seine Dunkelheit; auch die düsteren Ruinen der Raubritterburgen auf seinen Bergen sind nicht Relikte eines sehr fröhlichen Interregnums. Römischer Flitter wurde im Jahre Null hier gegen germanische Frauenehre getauscht und im Jahr 1947 Zeissgläser gegen Kaffee und Zigaretten, die kleinen weißen Räucherstäbchen der Vergänglichkeit. Nicht einmal die Nibelungen, die dort wohnten, wo der Wein wächst, waren ein sehr fröhliches Geschlecht, Blut war ihre Münze, deren eine Seite Treue, deren andere Verrat war. Der Weintrinkerrhein hört ungefähr bei Bonn auf, geht dann durch eine Art Quarantäne, die bis Köln reicht: hier fängt der Schnapstrinkerrhein an; das mag für viele bedeuten, daß der Rhein hier aufhört. Mein Rhein fängt hier an, er wechselt in Gelassenheit und Schwermut über, ohne das, was er oben gelernt und gesehen hat, zu vergessen, immer ernster wird er auf seine Mündung zu, bis er in der Nordsee stirbt, seine Wasser sich mit denen des großen Ozeans mischen; der Rhein der lieblichen mittelrheinischen Madonnen fließt auf Rembrandt zu und verliert sich in den Nebeln der Nordsee.

Mein Rhein ist der Winterrhein, der Rhein der Krähen, die auf Eisschollen nordwestwärts ziehen, den Niederlanden zu, ein Breughel-Rhein, dessen Farben Grüngrau sind, Schwarz und Weiß, viel Grau, und die bräunlichen Fassaden der Häuser, die sich erst wieder auftakeln, wenn der Sommer naht; der stille Rhein, der noch elementar genug ist, sich die Emsigkeit der Hermes-Anbeter für einige Wochen wenigstens vom Leibe zu halten, und souverän sich selbst beherrscht, nur Vögeln, Fischen und Eisschollen sein altes Bett überläßt. Und ich habe immer noch Angst vor dem Rhein, der im Frühjahr böse werden kann, wenn Hausrat im Fluß

dahintreibt, ertrunkenes Vieh, entwurzelte Bäume; wenn auf die Ufer-
bäume Plakate mit dem roten Wort Warnung geklebt werden, die lehmigen Fluten steigen, wenn die Ketten, an denen die mächtigen schwim-
menden Bootshäuser befestigt sind, zu reißen drohen, Angst vor dem
Rhein, der unheimlich und so sanft durch die Träume der Kinder mur-
melt, ein dunkler Gott, der bewiesen haben will, daß er noch Opfer fordert: heidnisch, Natur, nichts von Lieblichkeit, wird er breit wie ein Meer,
dringt in Wohnungen ein, steigt grünlich in den Kellern hoch, quillt aus
Kanälen, brüllt unter Brückenbogen dahin: Undines gewaltiger Vater.

Der Rhein
(1960)

Der Rhein ist männlichen Geschlechts, keltisch ist sein Name, römischen Ursprungs sind die Städte an seinen Ufern. Die Römer brachten den Stein, pflasterten Straßen, bauten Paläste, Lager, Tempel und Villen. In Steinen brachten sie den vergeblichen Traum von Dauer, Steine blieben als Zeichen ihrer vergangenen Herrschaft. Den deutschen Kaisern hinterließen sie die Erbschaft: Herrschen bedeutet bauen und Gesetze geben. Auf Flößen rheinabwärts, die Nebentäler hinauf, brachten die Römer Marmorblöcke, fertige Säulen, Kapitelle – und die Lex. Der Rhein war Straße und Grenze zugleich, nicht Grenze Deutschlands, nicht Sprachgrenze, er trennt anderes voneinander als Sprachen und Nationen. Der Rhein hat nichts von der fälschlicherweise sprichwörtlichen rheinischen Verbindlichkeit. Bis in die Neuzeit hinein, die ein sechshundert Meter breites Wasser als kein Hindernis erachtete, bewies er, daß er Grenze ist. Im Jahre des Heils 1945 war es kein geringeres Abenteuer, als es zur Römerzeit gewesen sein muß, von einem Ufer auf das andere zu gelangen.

Die Römer, erfahrene Eroberer, glaubten zu wissen, wodurch dieser breit dahinfließende, wilde Fluß zu zähmen sei: durch Brücken. Sie bauten sie, errichteten Brückenköpfe und faßten doch nördlich der Mainmündung nie so recht Fuß auf dem rechten Ufer. Brücken sind kostspielig und leicht zerstörbar; durch Äxte und Feuer, Bomben und Sprengladungen kann die Trennung der Ufer schnell wieder vollzogen werden. Die siegreiche Armee, die neue Brücken errichtet, erhebt einen unerbittlichen Zoll: Kontrolle. Ein Brückenkopf ist wie ein Nadelöhr; Tausende kann man täglich einzeln durchfädeln. Sechshundert Meter grauen, kraftvoll dahinfließenden Wassers trennen Familien, Liebende. Es waren zwei Königskinder. Die falsche Nonne nimmt im Lauf der Geschichte zahlreiche Verkleidungen an: römischer Söldner, merowingischer Räuber, kurkölnischer Hauptmann, napoleonischer Sergeant, Kettenhund der deutschen Wehrmacht, amerikanischer Leutnant. »Ausweis, Ausweis, Entlassungsschein.« DDT als gelbliches Pulver in die Kleider gestäubt. Keine Laus durfte lebend über den Rhein, mochte sie noch so zäh sein, den Weg bis zum Rhein überstanden haben.

Hier war die Grenze. Fähren, Pontons, technisch kaum denen überlegen, wie sie die Römer benutzt haben mögen, wurden zu Machtmitteln, Quellen des Reichtums. Sehnsüchtig blickte man hinüber und herüber. Das Wasser war viel zu tief.

Große Flüsse sind unerbittlich. Außer Basel ist es keiner Stadt gelungen, mit beiden Hälften so am Rhein zu liegen, wie eine Stadt an der Seine, am Tiber, an der Themse liegen kann. Praga ist nicht Warschau, Pest nicht Buda, und auch die modernste Administration hat die Grenze zwischen Köln und Deutz (dem römischen Brückenkopf Divitia) nie ganz aufgehoben. Abenteuerlich war der Marsch über die Pionierbrücke, die Deutz mit Köln genau an der Stelle verband, wo die Römer ihre erste Brücke bauten. Lehmig, ein Urstrom, floß der Rhein im Herbst 1945 am zerstörten Köln vorüber nordwestwärts, während wir, mit Ausweis und DDT versorgt, über die glitschige, geländerlose Brücke zwischen Panzerwagen und Jeeps auf das ersehnte linke Ufer zustrebten. Dumpf dröhnten die hölzernen Bohlen der Brücke, wie sie einst unter den Schritten der Chatten und Cherusker, der Brukterer und Sugambrer gedröhnt hatten.

Der Rhein fließt nicht durch die Städte hindurch, er fließt an ihnen vorbei; an Straßburg und Mainz, an Koblenz und Bonn, Köln und Düsseldorf; die Schwerpunkte der alten Städte römischen Ursprungs liegen auf dem linken Ufer, wo die Römer den erschrockenen und erstaunten Germanen den Anblick steinerner Gebäude, gepflasterter Straßen, ummauerter Lager boten – und die Lex, die den unter harte Strafe stellte, der sich an dem vergriff, was den Germanen so wenig bedeutete: Staat und Besitz, Eigentum. Auf dem rechten Ufer hatte als schwerstes Vergehen die Feigheit gegolten; sie wurde mit dem Tode bestraft. Moorleichen, Jahrtausende alt, zeugen bis heute von der germanischen Rechtsprechung. Im Jahr 1945, mit dem Rückzug über den Rhein, wurde die

Barbarei endgültig: auf dem rechten Ufer herrschte Wotan; längst waren die Sümpfe trockengelegt, der Fortschritt hatte sie besiegt, und doch herrschte Wotan: an Bäumen und Telegrafenmasten hingen die Deserteure und alle, die dafür gehalten wurden. Germani ignavos in paludem praecipitabant – so steht es im Lateinbuch der Sextaner. Am Rhein erst wurde der große Strom der aus Frankreich zurückflutenden deutschen Wehrmacht im Herbst 1944 aufgehalten; die wenigen Brücken waren leichter zu kontrollieren als Tausende von Dörfern, Nebenstraßen, Waldstücken. Und der Name des alliierten Vorstoßes über den Rhein ist trotz der Bomber der Name einer Brücke: Remagen.

Kosaken und Spanier, Schweden, Römer und Hunnen standen auf dem einen oder anderen Ufer, blickten über den majestätisch dahinfließenden Strom, der zunächst Halt gebot. Napoleon versuchte noch einmal, den Rhein zur Grenze zweier Nationen zu machen: scharf zog er die Grenzlinie am linken Rheinufer entlang von Basel bis Kleve hinauf. Napoleons Versuch mußte mißlingen. Nation ist ein zu schwacher Begriff, um voneinander zu trennen, was durch den Rhein voneinander getrennt wird. Es wird deutsch gesprochen in Köln und in Deutz, in Bonn und in Beuel, und doch, wenn man auf dem linken Ufer geboren ist, löst die Fahrt über eine der Brücken von Ost nach West Gefühle aus, die älter sind, als man je werden kann. Das so schwer zu Bestimmende des Rheins als Grenze machte Napoleons Versuch so töricht, machte auch den Separatismus im Rheinland so unpopulär. Von Süden nach Norden fließend, trennt der Rhein vieles, und doch verlaufen viele geheimnisvoll verbindende Linien west-östlich. Sprachgrenzen, Grenzen der Brotform, Konfessionsgrenzen, die oft sogar Grenzen innerhalb der einzelnen Konfessionen sind; Grenzen der alten Kurfürstentümer und Bistümer; hier trierisch, dort kölnisch; der eine Katholizismus ländlich, ergeben, fast barock, der andere städtischer, freiheitlicher. Sobald der Rhein zur Grenze von Nationen erklärt wird, leben uralte Gefühle auf, die nicht längs, sondern quer beheimatet sind. Eine ganze Literatur würde nicht ausreichen, wollte man das Geheimnis lösen, was nun quer und was längs begrenzt wird. Nördlich Bonns ist das Barock nur noch als Einzeltraum zu finden, fremd, weder als Baustil noch als Lebensgefühl je wirklich geworden.

Der Niederrhein, zwischen Bonn und Rotterdam, der am wenigsten bekannte Rhein, ist, auch nach Kilometern gemessen, keineswegs der geringere. Sprache, Lebensgefühl, Humor nehmen unmerklich niederländische Züge an; Bier und Schnaps, die Getränke der Völker, denen Nebel und Regen vertraut sind, beherrschen die Kneipen. Das klingt so wenig nach »rheinisch«, wie die stillen niederrheinischen Dörfer mit ihren Breughel-Kirchtürmen Aussicht hätten, als »rheinisch« anerkannt zu werden. Spielt die Basler Fastnacht sich nicht am Rhein ab wie der Kölner Karneval? Die eine ist bizarr, Tiere und Dämonen sind ihre Masken, starre Tänze ihr Rhythmus – der andere ist vulgär, seine Tänze sind à la Mode, sein Witz ist politisch und immer aktuell und doch uralt: der vulgus macht die Oberen lächerlich in einem Land, wo Lächerlichkeit tötet, und hält doch, mit untrüglichem Instinkt, die eine Obrigkeit, die Kirche, aus aller Lächerlichkeit heraus. Nichts hat der Kölner Karneval mit der Basler Fastnacht gemein, und sind doch beide rheinisch.

Gleiche Rechtsprechung gilt heute für das linke wie das rechte Ufer; durch stabile Brücken sind sie scheinbar auf ewig wieder miteinander verbunden; fröhlich, emsig, unermüdlich fahren die Lastkähne rheinaufwärts und zu Tal, von Basel bis Rotterdam. Keine Zollkanonen schießen ihm Warnschüsse vor den Bug, keine gierigen Stadtväter, keine bankrotten Kurfürsten üben mehr Stapelrecht aus; die Raubritterburgen sind Ruinen, die Nibelungen ein großartiger Traum; Besatzungen sind ein Dauerzustand, jede Armee, mag sie auch die eigene Sprache sprechen, wird als Besatzung empfunden; zu oft waren es drei, vier Armeen, sprachen alle die gleiche, die eigene Sprache, kämpften erst mit-, dann gegeneinander, wechselten die Fronten; wer wollte sich da noch auskennen?

Das neunzehnte Jahrhundert erst brachte den Erzfreund und Erzfeind: den Touristen. Der Rhein wurde Ware. Landschaft ließ sich in klingende Münze verwandeln, Landschaft, die eine unersetzliche Eigenschaft bewies: sie war unverschleißbar. Millionen Augenpaare haben den Blick vom Drachenfels ins Rheintal getan: unverändert blieb der Anblick. Mil-

lionen Augenpaare blickten von Dampfern aus auf die Ruinen der Raubritterburgen: sie blieben – mit einiger Nachhilfe – stehen. Ein unersetz-
liches Panorama, von jedem besungen, der je einen Vers zu schmieden
vermochte. Ich weiß nicht, was soll es bedeuten. Harte Herzen, kalte
Hirne, starke Männer wurden weich, warm und schwach, wenn sie per
Dampfer von Bonn bis Rüdesheim durch diese düstere, großartige Ur-
landschaft fuhren, die der Rhein geformt hat und immer noch beherrscht.
Er blieb die Majestät, läßt alles, was an seinen Ufern geschieht, als vorübergehend erscheinen. Wenn die lehmigen Fluten der Hochwasser über
Promenaden und Kais in Ausfluglokale steigen, wenn die Anlegebrücken
nicht mehr abwärts in freundliche Dampfer, sondern aufwärts in einen
dunkelgrauen Himmel führen, ist nur noch das drohende Gemurmel des
Wassers zu hören. Nördlich Bonns, wo der Rhein aus der Enge der Berge
in die Ebene tritt, lädt er weit aus, wälzt sich dunkel an ängstlichen Dörfern vorbei, bedroht sogar Köln, seine heimliche Königin. Alles, was sich
an seinen Ufern tut und getan hat, erscheint wie ein Witz, der erst zwei
Jahrtausende währt, wie ein zweiter, dritter, vierter Traum von Dauer,
auch die gewaltigen Industriekulissen, die sich in törichtem Optimismus immer dichter, immer aufdringlicher auftun. Nicht einmal der In-
dustriedreck, der den Rhein zum schmutzigsten Fluß Europas macht,
nimmt ihm seine Majestät; er kann sehr wohl schmutzig und majestätisch sein.

Was rheinisch ist, haben lange Zeit die Verseschmiede bestimmt; für
sie fing der Rhein bei Rüdesheim an und hörte bei Bonn auf. Die Strecke
zwischen Bonn und Rüdesheim macht kaum ein Zehntel der Länge des
Rheins aus. Ein strenger Geist wie Stefan George war rheinisch und eine
so weiche, schwermütige, auf der Basis eines tiefen Humors mit Engeln
und Dämonen vertraute Dichterin wie Elisabeth Langgässer. Rheinisch
sind die stillen Tabakbauerndörfer am Oberrhein, so sehr voneinander
verschiedene Städte wie Köln und Duisburg, Düsseldorf und Mainz; das
»Rheinisch« der Verseschmiede ist nicht einmal für die von ihnen be-
sungene Strecke typisch: Weinbau bedeutet harte Arbeit, und der Frem-
denverkehr hat nur eine kurze Saison; den größeren Teil des Jahres lebt

man abgeschminkt in den Dörfern, die eng und schattig sind, alle ehemalige Fronsiedlungen der Burgen. Wenn sie sich bacchantisch geben, weinlaubbekränzt, so schielt das rheinische Auge doch immer auf die Kasse, die Bilanz, und auch der Humor ist längst zur Ware geworden. Die schönen rheinischen Mädchen, die zu den Madonnen Modell gestanden haben, müssen alle einen kühlen Zug um den Mund, eine spöttische Härte in den Augen gehabt haben. Da blieb gewiß in Hingabe und Zärtlichkeit immer ein Rest jener Vernunft, die mit den Steinen und der Lex auf dem linken Rheinufer nordwärts getragen wurde. Weder Wein noch Tanz oder Gesang spülen die ganze Vernunft weg, und wie vernünftig die rheinischen Mädchen sind, haben die Soldaten aller Armeen erfahren, die je durchs Rheintal zogen: Ehe gebot die Vernunft, und sie siedelten sich an. Daß der Rhein auch eine Liebesgrenze sei, mag als kühne Theorie wirken; es müßte denn Zufall sein, daß die Grenze für die offiziellen Venusquartiere am Rhein entlangläuft (über den Main als Grenze, über den Ausnahmezustand der Hafenstädte wäre in diesem Zusammenhang besonders zu sprechen). Das Unvernünftige der Liebe wird am Rhein durch Vernunft gebändigt. Es gibt Grenzen, die auch der Karneval, der anderswo als Vakanz gilt, nicht auslöscht. Die erhabenste Eigenschaft der Madonna hat auch einen lateinischen Namen.

Der Rhein
Für HAP Grieshaber (1965)

Eine Möglichkeit, dem Rhein gerecht zu werden: sich ihn wegzudenken oder ausgetrocknet vorzustellen. Wegdenken: da wäre Köln ein öder Marktflecken für Rinder und Gemüse in einer dumpfen Ebene, und nie wäre die puritanische Emsigkeit von Ruhr und Wupper uns so nah auf den Pelz gerückt. Ausgetrocknet: von Main und Nahe, Lahn und Mosel, von Ahr, Agger, Ruhr und Sieg verlassen, verraten von den vielen kleineren Nebenflüssen, von Dhünn, Sauer, Niers und Erft – da träte hübsches Geröll zu Tage, die Rheinländer, die kein Volk sind, immer nur ein Völkchen waren (kein heiteres, wie man irrtümlich glaubt), könnten die Reste ihrer Geschichte im Strombett aufsammeln: manchen Rhenuskopf, den man opfernd ins grüne Gewässer warf, manche Hitlerbüste, der mancher geopfert: Nachbarn und Kinder; als Zugabe die Bijouterie der Irrtümer, denAnsteck-Kleinkram, mit dem Bürger sich so gern als »zugehörig« bezeichnen und einander erkenntlich machen; ich opfere, das Opfer bist du. Gewiß gab's doch auch Nirosta-Abzeichen, goldene auch, und dazu deutsches Allerlei aus Bronze, das nur abgewaschen und entrostet werden müßte, auf daß alle Peinlichkeit sich offenbare. Wo sind nur die Abermillionen Fetische von Max und Moritz geblieben? So ein breiter, dunkel fließender Flußvater ist ein gutes und geduldiges Grab für Fetische, die man verstecken, vergessen, loswerden möchte. Orden und Ehrenzeichen würde man wenige finden, sie waren der Besiegten letzte Münze: Zigaretten, Brot, ein Schluck Wein oder Whisky; billig war die Wacht am Rhein zu haben (nur der eine, der mußte es sich als erster wieder zum Hals heraushängen). Natürlich: manches hängt einem zum Hals heraus; wenn der Rhein nur kleines Hochwasser führt, spült er schon gegen die Mauern des Bundeshauses; vielleicht möchte er sich, was da zum Hals heraushängt, gern holen. Er hat so vieles geschluckt, auch die Panzer, die von der Remagener Brücke kippten; nur ein sehr erfahrener Phrenologe könnte wohl an den Schädeln noch erkennen, daß auch Neger unter denen waren, die »Deutschlands Strom, nicht Deutschlands Grenze« als erste hier überschritten; Freiheitsbringer (keine Anführungszeichen!).

Der deutsche Nationalismus (dessen Wiederbelebung ja jetzt offiziell und unwidersprochen verkündet worden ist) war bis auf Westen zu fast noch wilder als auf Osten zu; nun ist er gen Westen so zahm wie ein weiser Eunuch, gen Osten ist der neu verkündete Nationalismus wie der gestiefelte Plumpsack-Suppenkaspar; man hängt eben immer das Falsche zum Hals heraus: die Zunge, die nach verzehrter Suppe schreit, oder was ins Geröll des Rheins gehörte. Ich hab's gesehen, lieber Grieshaber: der Kölner Dom hat auf Ihrem Holzschnitt keine Türme; ohne Türme wäre er ja auch viel schöner; ein solches Bauwerk baut man doch nicht fertig. Der romantische Traum von der geeinten Nation und der Wacht am Rhein mußte diese peinliche Perfektgotik nicht nur planen, auch noch vollbringen; ordentlich fix und fertig, wo der Rhein doch der Fluß der Romantik ist und Köln eine Stadt der romanischen Kirchen. Und nicht einmal diese Zugabe an Barmherzigkeit hat der unbarmherzige Bombenkrieg gebracht: diesen geschichtlichen Irrtum der Domtürme wenigstens zu korrigieren, und den anderen waren die Türme der »Cathedral« natürlich ein Be-

Abb. 59: Holzschnitt aus der 1965 von der Kölner Galerie Der Spiegel herausgegebenen Mappe: HAP Grieshaber: Der Rhein. 5 Holzschnitte, 11 Reproduktionen nach den 11 Feldern der am 3. Mai 1965 der Öffentlichkeit übergebenen, 3 × 13 m messenden Holzwand, die Grieshaber für das Foyer der Städtischen Bühnen Bonn schnitt, und 5 Reproduktionen nach Photoparaphrasen alter Stiche (die letzteren von Herbert Schwöbel). Texte von Heinrich Böll und Albrecht Fabri. – Der Holzschnitt zeigt den Kölner Dom ohne die beiden Türme; die drei Frauenfiguren im Vordergrund rechts verweisen auf die Darstellung von drei Fruchtkörbe tragenden Frauengestalten (Matronen) auf einer 1929 unter dem Bonner Münster aufgefundenen Reliefplatte aus der 1. Hälfte des 3. Jahrhunderts.

Abb. 60: Titelblatt der Publikation:
HAP Grieshaber: Der Rhein

griff, ein Touristentraum, ein Fremdenführertabu, diese ganz und gar unrheinischen Gebilde – unbarmherzig wurden die romanischen Kirchen zerschlagen: der Weg vom Dom dorthin beträgt ja auch mindestens fünf oder zehn Minuten, zu Fuß. Wie schön, daß Sie statt der spitzen Domtürme die drei runden Monde der Bonner Matronen unter den Dom gegeben haben, eine weibliche Trinität.

Die Franzosen haben zwar hin und wieder den Rhein und das Rheinland als französisch proklamiert, aber nie dafür gehalten; dafür gehalten und als rückständig, verkommen, schlampig und katholisch trätiert haben es die Preußen. Die Freiheiten Berlins zur Zeit der Romantik, das waren Träume, die im Rheinland nicht geträumt werden durften. (Mein Großvater zog als neunzehnjähriger nach Baden, um auf Heckers und Struves Seite zu kämpfen.) Natürlich weiß jedes Kind: Wenn die Vorwärtsverteidigung wieder zur »elastischen« Front geworden ist, dann fallen die Bomben, von denen man nicht mehr spricht, dort, wo Europas Herz ist, am Rhein; da hilft kein Gürtel, nicht aus Kork noch aus Minen, wenn der Rhein, verseucht, in vielen Nebenarmen zu See, Tümpel, Weiher und Sumpf deformiert, die Fliehenden aufhält; und jedes Kind weiß, man muß – leider, leider alle Überlebenden rasch erschießen (sie könnten ja auf die verrückte Idee kommen, die Schweiz zu erreichen oder die Côte d'Azur); also: immer nur vorwärtsverteidigt, was zum Hals heraushängt; die Nase voll.

Als Junge habe ich eine Zeitlang geglaubt, der Rhein bestünde aus Drachenblut, das aus dem Odenwald abfließt; ich mochte Siegfried, der ja auch Rheinländer war, nahm seine Arglosigkeit nie für Dummheit, und daß er verwundbar, auf den Tod verwundbar gewesen war, machte

144

ihn groß. In Sklaven-, Soldaten und Drachenblut gestählt (und nicht einmal eine Erbsenblüte fiel vom Himmel deutscher Geschichte, um eine verletzliche Stelle zu schaffen – und kein Sternlein wird je vom Aufsichtsratshimmel fallen!) ist ja nur die Industrie; ja, *die*; offenbar ist sie weiblichen Geschlechts, und man küßt ihr sogar in Moskau, Warschau und Peking das unverletzliche Unschuldshändchen. Nicht daß sie Soldaten sind, ist an den Soldaten schlimm; schlimm ist, daß sie nicht wissen: Lorbeeren und Eichenlaub sind verwandelte Lindenblätter; wo sie hängen und stecken, ist einer auf den Tod verwundbar, wenn Handküsse honoriert werden müssen. Das Drachenblut ist im Safe, auf der Bank, natürlich nicht hier. Es liegt immer noch da, wo kein Wässerlein getrübt wird.

Hab' ich recht gesehen, lieber Grieshaber? Studenten auf dem Titelblatt? Ja, es zogen drei Burschen wohl über den Rhein, bei einer Frau Wirtin da kehrten sie ein, oder sollte es, da es ja deutsche Studenten sind, ein Wirt gewesen sein? Studenten des Todes. Ihre Rigorosa: Gebein und Geröll. Stud. mort.; cand. mort.; Dr. mort., und schließlich am Ziel aller Wünsche: Professor für Mortifikation. Sie wissen nicht, was soll es bedeuten und was sie tun, aber sie tun's; kennen den einen nicht, der so rheinisch war wie kein zweiter, Heinrich Heine, und den anderen nicht, der so rheinisch war wie kein anderer, Stefan George; zwischen den beiden fließt der Rhein, liegt die Lorelei; können die Ufer eines Flusses weiter voneinander entfernt liegen?

Aufzubringen sind sie nicht; vielleicht wird der Rhein aufzubringen sein, hochsteigen, höher, wegschwemmen, was nicht Niet und Nagel hat. Ist Honnef denn wirklich ein Modell? Es waren doch einmal zwei deutsche Zeitungen, die eine hieß *Rheinischer Merkur*, die andere *Rheinische Zeitung*. (Es gibt beide wieder, aber es gab andere mit diesen Namen.)

Masken
(1953)

Die allgemeine Maskerade hat ihren Höhepunkt erreicht und es mag nützlich sein, mitten im letzten Trubel, der auf den Ernst des Aschermittwochs zielt, etwas über Masken zu sagen, über das Bedürfnis des Menschen, sein Gesicht nicht nur zu verhüllen, sondern ein anderes Gesicht aufzusetzen: eins, das aus Pappe, aus Leder oder aus Seide gemacht ist: die, die sich schwach glauben, binden sich eine Maske vor, die sie stark erscheinen läßt; die, die sich häßlich glauben, geben sich ein, wenn auch künstliches, Gesicht, das sie schön erscheinen läßt, die Jungen machen sich alt, die Blassen legen sich künstliche Röte auf, und die Rotgesichtigen pudern sich mit Blässe, von der sie glauben, daß sie vornehm wirkt; die Mageren plustern sich mit Kissen auf, und die Dicken schnüren ihre Taille, weil sie einmal im Jahr wenigstens schlank erscheinen möchten. Aber was uns am meisten beschäftigt heute, ist die Verhüllung des Gesichts: sehen wir einmal von der Vielfalt der Kostüme ab, lassen wir die geschminkten, die mit Rouge belegten, die blaßgepuderten Gesichter beiseite, und blicken wir die an, die sich eine richtige Maske vorgebunden haben.

Wer einmal einer Demaskierung beigewohnt hat, sich selbst demaskieren mußte, weiß, welch ungeheure, fast schreckliche Überraschung hinter jeder Maske verborgen ist, etwas Ungeheuerliches, das plötzlich unser ganzes Interesse erweckt, uns zittern läßt mit einer Neugierde, die mehr als bloße Neugierde ist. Hinter jeder Maske ist es verborgen: das menschliche Gesicht, das Gesicht unseres Zeitgenossen, schutzlos preisgegeben. Es ist das Gesicht Adams, das Gesicht Evas, als sie erkannten, als ihnen verkündet wurde, daß sie sterben würden: In diesem Augenblick der Demaskierung entblößen wir etwas, was wir nur selten entblößen: unser Gesicht und das Gesicht unseres Partners wird zum Spiegel,

146

nur für einen Augenblick, für jenen Augenblick, den er nötig hat, sein altes Gesicht wieder aufzusetzen, die Maske, die er täglich trägt, ohne sich dessen bewußt zu sein: die Maske des Geschäftsmannes, die Maske des Verkäufers, die Maske der Dame, des Kavaliers.

Längst ist uns der kultische Sinn entschwunden, den die Maske gehabt hat, bevor wir sie in unsere Gesellschaftsspiele aufnahmen: aber das Spiel ist ernst – wie jedes Spiel, das wir als Erwachsene spielen, und in unsere Freude am Spiel hinein mischt sich der Ernst, der unser Leben – auch während des Karnevals – bestimmt: es ist auch unserer Betrachtung wert, daß nirgendwo, niemals im Jahr soviel ernste Gespräche geführt, soviel Bekenntnisse gemacht werden wie in der Karnevalszeit: die Frau, die niemals mit jemand reden würde über Dinge, die ihr Kummer bereiten, die sie bedrücken; die spröde Schöne, die das ganze Jahr über ihre Maske unversehrt auf dem Gesicht trägt, bekennt sich irgend jemand, einem Unbekannten, den sie nie wiedersehen wird, bekennt sich ihm, der sie zu einem Glas Wein eingeladen hat, den sie mit seinem Vornamen, den sie »du« nennt; für diese Nacht demaskiert sie sich.

Vielleicht wird sie ihn später wiedersehen, den Cowboy, den Türken, oder was immer er sein mag: sie wird enttäuscht sein, ihn völlig normal gekleidet, mit einem verlegenen Lächeln im Gesicht im Café wiederzutreffen: diesen fast belanglosen Zeitgenossen, dem sie Dinge erzählte, die sie noch niemand erzählt hat und von denen sie hoffte, daß er sie vergessen wird: aber gleichwohl, sie hat darüber gesprochen, hinter ihrer Maske verborgen, fühlte sie sich stark genug, von ihrem eigenen Gesicht, ihrer alltäglichen Maske befreit, wurde sie frei genug, mit jenem unbekannten Cowboy, mit diesem Türken zu reden, von dem sie nur den Vornamen wußte, und der sie später langweilen wird, wenn sie ihn wiedersieht, so wie die meisten Zeitgenossen sie langweilen: aber was er, der Türke oder Cowboy ihr erzählte, war noch gewichtiger: was er von seinen Geschäften erzählte, hätte er niemandem von seinen Geschäftspartnern erzählen können; dann fing er von seiner Frau an, zog die Fotos seiner Kinder aus der Tasche, und seine Bekenntnisse wurden penetrant, Tränen schienen in seinen Augen aufzutauchen, wurden unterdrückt, und er bestellte eine ganze Flasche Sekt, um seinen tiefen Weltschmerz hinunterzuspülen. Er war eben nicht Willi Mader, der Kaufmann, der munter mit seinem Wagen durch die Lande fuhr, war Willi, der Türke, der alles vergessen wollte, und dem alles um so heftiger aufstieß, der aus seinem Durchschnittsgesicht in die Maske hineinsprach, er, der kleine und so große Unverstandene, ihn lockte die starr grinsende Pappmaske einer Japanerin, hinter der sich das Gesicht einer Unbekannten verbarg, von der er nur wußte, daß sie ein Mensch, eine Frau war.

Die Künstler haben es gewußt: daß der Mensch göttlichen Ursprungs ist und daß das menschliche Antlitz das Schönste ist, was es auf dieser Erde gibt, und der Schrecken, den wir im Augenblick der Demaskierung empfinden, mag davon herrühren, daß wir plötzlich in ein solches Gesicht blicken, wissend, daß es keine häßlichen Gesichter gibt: häßlich wird unser Gesicht nicht durch die Maske, die wir ihm im Spiel vorbinden, auch nicht schöner können wir es machen durch eine solche Maske, häßlich machen wir es durch die Maske, die wir morgens aufsetzen, wenn wir uns ins Leben begeben: sehen wir unsere Kinder an, die es nicht zu dieser zweifelhaften Fähigkeit gebracht haben, sich täglich durch eine Maske zu schützen: es gibt kein häßliches Kindergesicht, wenn wir von denen absehen, die es schon zu dieser Fähigkeit gebracht haben.

Es ist gewiß kein Zufall, daß die großen Künstler der Maskerade, die großen Clowns, schwermütige und zugleich sehr kindliche Menschen gewesen sind, und die etwas sentimentale Fabel vom Bajazzo, der die Menschen zum Lachen bringt, während ihm selbst zum Weinen ist, ist eine im tiefsten wahre Fabel, die jeden Menschen trifft. Wer den Mut hat zur Maske, muß den Mut haben, sich zu demaskieren: einen einzigen, sehr kurzen Augenblick lang sein Gesicht wirklich zu zeigen. Wie viele Menschen mag es geben, die ihr wahres Gesicht nie gezeigt haben, die sich früh genug eine Maske zulegten, sie ihr ganzes Leben ihrer Frau, ihren Kindern gegenüber aufbehielten: die Maske des strengen, die Maske des langweiligen Vaters und Ehemannes; Menschen, die ihr eigentliches Gesicht mit ins Grab genommen haben.

Wir kennen den Ausdruck »sein wahres Gesicht zeigen«, sind zu sehr gewohnt, diese Phrase negativ zu deuten, uns einzureden, daß das wahre Gesicht, das jemand zeigen mag in plötzlicher Erregung, ein schlechtes, ein böses Gesicht ist. Aber wie viele Menschen mag es gegeben haben, mag es geben, die ihr wahres gutes Gesicht nie gezeigt haben, die sich niemals aus dem Schutz ihrer Maske hinausbegaben, indem sie, das Spiel spielend, das wir Karneval nennen – sich eine Maske aus Pappe, Leder oder Seide vorbanden, bereit, dieses künstliche Gesicht abzulegen und für jenen einen entscheidenden Augenblick der Demaskierung ihr wahres Gesicht zu zeigen, das möglicherweise besser war, als sie zugeben wollten?

Der Karneval ist eine günstige Gelegenheit, die Alltagsmaske, die sich auf unserem Gesicht festgefressen hat, abzulegen. Erschreckender als die Maskierten sind die Unmaskierten, wenn wir sie genau beobachten: ihr Gesicht hat die Fähigkeit verloren, sich zu bewegen, sich zu verändern, und wir möchten ihnen etwas wünschen von der Unbefangenheit der Kinder, von jener kindlichen Unbefangenheit, die auch die erwachsenen Narren besitzen. Indem sie ihr Gesicht bedecken, beweisen sie, daß sie eines haben, und die vielen unbekannten großartigen Narren, die in diesen Tagen unsere Straßen bevölkern, die Originale, die ihren Namen niemals preisgeben, beweisen, daß sie etwas besitzen, was selten zu werden beginnt: Individualität – sich für einige Tage zum Narren zu machen, sein eigenes verbrauchtes, abgenutztes Gesicht, diese verschlissene Maske des Alltags ablegen zu können – das beweist wirklich, daß die kindlichen Elemente im Menschen noch nicht ganz verbraucht, nicht ganz verdeckt sind. Es hat ein Philosoph unserer Zeit, ein frommer, gesagt, daß der Mensch noch nicht ganz verloren ist, durch dessen Gesicht noch der Junge, das Mädchen hindurchzusehen ist, das er einmal gewesen ist.

Es wäre einer besonderen Betrachtung wert, den Unterschied zwischen Maske und Kostüm darzulegen: das Kostüm bietet der Eitelkeit zahlreiche Möglichkeiten, dient der Verführung, aber die Maske setzt den Augenblick der Demaskierung voraus, in dem das wirkliche Gesicht enthüllt wird: wir wollen versuchen, zwischen Kostüm und Maske scharf zu trennen, obwohl im Sprachgebrauch diese Begriffe nahe verwandte

Zustände benennen mögen. Die Maske schließt das Einverständnis über eine vorübergehende Täuschung ein, während das Kostüm eine Täuschung ist, es mag eine liebenswürdige Täuschung sein, aber die Maske, aus alten, längst vergessenen Kulten in unser Gesellschaftsspiel übernommen, verbirgt den Schrecken, den nicht sie selbst, sondern das Gesicht auf uns ausüben wird, das sie verbirgt. Kostüme sehen wir viel, Masken aber weniger.

Vielleicht verhüllen wir unser Gesicht nicht mehr gern, weil wir es nicht zeigen möchten: weil wir zu sehr unsere Alltagsmaske lieben, unser bequemes Gesicht, das uns niemand nehmen kann. Wir haben sie wohl einstudiert, ohne es zu wissen, diese Maske, die unser wahres Gesicht verbirgt, dieses bewundernswürdige menschliche Gesicht, das wir vielleicht nicht einmal unserer Frau, nicht unseren Kindern, nicht unserer Geliebten zeigen: unser wahres Gesicht, das möglicherweise viel weniger böse ist, als wir selbst annehmen mögen.

Abb. 61: Heinrich Böll in Köln-Raderberg, Vorgebirgspark, 1926

Abb. 62: Dom

Über mich selbst
(1959)

Geboren bin ich in Köln, wo der Rhein, seiner mittelrheinischen Lieblichkeit überdrüssig, breit wird, in die totale Ebene hinein auf die Nebel der Nordsee zufließt; wo weltliche Macht nie so recht ernst genommen worden ist, geistliche Macht weniger ernst, als man gemeinhin in deutschen Landen glaubt; wo man Hitler mit Blumentöpfen bewarf, Göring öffentlich verlachte, den blutrünstigen Gecken, der es fertigbrachte, sich innerhalb einer Stunde in drei verschiedenen Uniformen zu präsentieren; ich stand, zusammen mit Tausenden Kölner Schulkindern, Spalier, als er in der dritten Uniform, einer weißen, durch die Stadt fuhr; ich ahnte, daß der bürgerliche Unernst der Stadt gegen die neu heraufziehende Mechanik des Unheils nichts ausrichten würde; geboren in Köln, das seines gotischen Domes wegen berühmt ist, es aber mehr seiner romanischen Kirchen wegen sein müßte; das die älteste Judengemeinde Deutschlands beherbergte und sie preisgab; Bürgersinn und Humor richteten gegen das Unheil nichts aus, jener Humor, so berühmt wie der Dom, in seiner offiziellen Erscheinungsform schreckenerregend, auf der Straße manchmal von Größe und Weisheit.

Geboren in Köln, am 21. Dezember 1917, während mein Vater als Landsturmmann Brückenwache schob; im schlimmsten Hungerjahr des Weltkrieges wurde ihm das achte Kind geboren; zwei hatte er schon früh beerdigen müssen; während mein Vater den Krieg verfluchte und den kaiserlichen Narren, den er mir später als Denkmal zeigte. »Dort oben«, sagte er, »reitet er immer noch auf seinem Bronzegaul westwärts, während er doch schon so lange in Doorn Holz hackt«; immer noch reitet er auf seinem Bronzegaul westwärts. Meine väterlichen Vorfahren kamen vor Jahrhunderten von den Britischen Inseln, Katholiken, die der Staatsreligion Heinrichs VIII. die Emigration vorzogen. Sie waren Schiffszimmerleute, zogen von Holland herauf rheinaufwärts, lebten immer lieber in Städten als auf dem Land, wurden, so weit von der See entfernt, Tischler. Die Vorfahren mütterlicherseits waren Bauern und Bierbrauer; eine Generation war wohlhabend und tüchtig, dann brachte die nächste den Verschwender hervor, war die übernächste arm, brachte wieder den Tüchtigen hervor, bis sich im letzten Zweig, aus dem meine Mutter stammte, alle Weltverachtung sammelte und der Name erlosch.

Meine erste Erinnerung: Hindenburgs heimkehrende Armee, grau, ordentlich, trostlos zog sie mit Pferden und Kanonen an unserem Fenster vorüber; vom Arm meiner Mutter aus blickte ich auf die Straße, wo die endlosen Kolonnen auf die Rheinbrücken zumarschierten; später: die Werkstatt meines Vaters: Holzgeruch, der Geruch von Leim, Schellack und Beize; der Anblick frisch gehobelter Bretter, das Hinterhaus einer Mietskaserne, in der die Werkstatt lag; mehr Menschen, als in manchem Dorf leben, lebten dort, sangen, schimpften, hängten ihre Wäsche auf die Recks; noch später: die klangvollen germanischen Namen der Straßen, in denen ich spielte: Teutoburger-, Eburonen-, Veledastraße, und die Erinnerung an Umzüge, wie mein Vater sie liebte, Möbelwagen, biertrinkende Packer, das Kopfschütteln meiner Mutter, die ihren Herd liebte, auf dem sie das Kaffeewasser immer kurz vor dem Siedepunkt zu

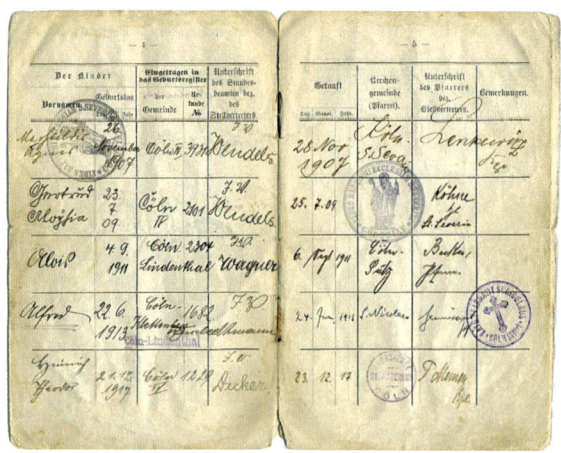

Abb. 63: Stammbuch der Familie Böll mit Heinrich Bölls Geburts- (21.12.1917) und Taufeintrag (23.12.1917)

halten verstand. Nie wohnten wir weit vom Rhein entfernt, spielten auf Flößen, in alten Festungsgräben, in Parks, deren Gärtner streikten; Erinnerung an das erste Geld, das ich in die Hand bekam, es war ein Schein, der eine Ziffer trug, die Rockefellers Konto Ehre gemacht hätte: 1 Billion Mark; ich bekam eine Zuckerstange dafür; mein Vater holte die Lohngelder für seine Gehilfen in einem Leiterwagen von der Bank; wenige Jahre später waren die Pfennige der stabilisierten Mark schon knapp, Schulkameraden bettelten mich in der Pause um ein Stück Brot an; ihre Väter waren arbeitslos; Unruhen, Streiks, rote Fahnen, wenn ich durch die am dichtesten besiedelten Viertel Kölns mit dem Fahrrad in die Schule fuhr; wieder einige Jahre später waren die Arbeitslosen untergebracht, sie wurden Polizisten, Soldaten, Henker, Rüstungsarbeiter – der Rest zog in die Konzentrationslager; die Statistik stimmte, die Reichsmark floß in Strömen; bezahlt wurden die Rechnungen später, von uns, als wir, inzwischen unversehens Männer geworden, das Unheil zu entziffern versuchten und die Formel nicht fanden; die Summe des Leidens war zu groß für die wenigen, die eindeutig als schuldig zu erkennen waren; es blieb ein Rest, der bis heute nicht verteilt ist.

Schreiben wollte ich immer, versuchte es schon früh, fand aber die Worte erst später.

154

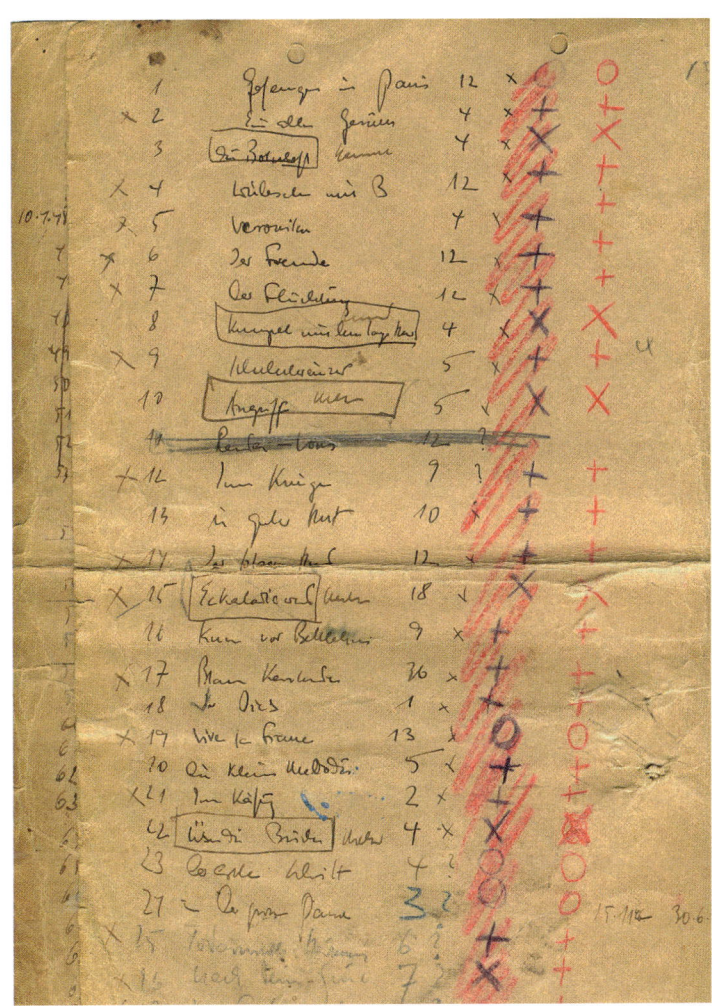

Abb. 64: Aktendeckel (innen) mit Heinrich Bölls Auflistung
der im Zeitraum vom 15.11.1946 bis 30.6.1947 entstandenen Arbeiten
mit Angabe des Typoskriptumfangs sowie evtl. Veröffentlichungs-
vermerke. Die auf der Außen- und Innenseite des Aktendeckels
festgehaltene Liste führt für den Zeitraum vom 15.11.1946 bis 1.7.1950
insgesamt 96 Texte auf.

Raderberg, Raderthal
(1965)

Als ich vier Jahre alt war, zogen wir aus der Vorstadt in einen noch halb ländlichen Vorort. Ich legte den Weg dorthin – er schien unendlich weit und ins Unendliche zu führen – auf der ersten Umzugsfuhre zurück, saß eingekeilt zwischen Stühlen, Kochtöpfen, Kissen auf dem Handwagen, den ein Gehilfe meines Vaters zog; der Gehilfe hieß Köhler, war dunkelhaarig, Schlesier, katholisch, und – ich erfuhr das alles viel später – sehr, sehr links; als Jackett trug er einen umgearbeiteten feldgrauen Rock, und wenn ich an ihn denke, weiß ich, aus wessen Mund ich zum ersten Mal das Wort Verdun hörte.

Im spitzen Winkel von der Bonner Straße ab führte die Raderberger Straße; ich weiß nicht mehr zu unterscheiden, ob mich spätere Spaziergänge in den Vorstädten von Odessa an die Raderberger Straße erinnerten oder die Erinnerung an die Raderberger Straße mir jetzt wie die an Odessa vorkommt. Links am Anfang der Straße ein vernachlässigtes, zweistöckiges Bauernhaus; in dessen Hof Zigeunerwagen, ein bellender Hund, ein Tanzbär, den eine junge Zigeunerin vergeblich mit einem Tamburin in Schwung zu setzen versuchte: müde, schmutzig, braun, wohl hungrig, verweigerte der Bär Aktivität und Optimismus. Rechts der große, schon geräumte Judenfriedhof, noch Grabsteine darauf, doch schon der Planierung anheimgegeben (mein älterer Bruder brachte später manchmal Gebeine mit, die er auf dem Heimweg dort fand; ich erinnere mich eines wohlerhaltenen, mir sehr groß erscheinenden Kieferknochens, der dunkle Märchenmorde und Mordmärchen wirklich machte). Wieder links, zwischen alten Obstbäumen, schon aufgegeben und halb verfallen, das große Tanzlokal, ein seinerzeit beliebtes und bekanntes Arbeiter- und Soldatenbums. Das alte, dunkelblaue Kopfsteinpflaster der Raderberger Straße brachte Stühle, Kisten, Geschirr zwar ein

156

bißchen in Bewegung, doch nichts ins Rutschen. (Nie wieder habe ich einen Menschen getroffen, der wie mein Vater eine abenteuerlich beladene Handwagenfuhre mit Rolladengurten festzurren und sichern konnte; wir erfuhren, erlebten, erlitten es später oft am eigenen Leib, wenn wir, nicht nur bei so manchem noch bevorstehenden Umzug, die Handwagen beladen und ziehen mußten; es erforderte viel Mut, auch Vertrauen in die von Vaterhand festgezurrte Ladung – Flüche unsererseits, Zurechtweisungen seinerseits gehörten zu den Spielregeln – quer durch die enge Kölner Altstadt zwischen Straßenbahnen, Autos, Pferdefuhrwerken hindurch, über die Kreuzungen am Platz der Republik, am Opernhaus, über Neumarkt und Heumarkt über die Deutzer Brücke zu steuern.)

Im Frühjahr 1922 war ich noch nicht Kapitän oder erster Steuermann eines abenteuerlich beladenen, fluchend gezogenen Handwagens; ich war nur beigeladen, ließ mich neugierig nach Raderberg schaukeln. Köhler warf mir hin und wieder, keuchend, wahr-
scheinlich der Ladung wegen den »Alten« ver-
fluchend, ein ermunterndes Wort zu, dessen
ich nicht bedurfte. Er war sonst von der Art,
die man wortkarg nennt, ernst, zuverlässig,
auf eine Weise treu, die nichts Devotes hatte.

Es war mein erster Umzug; das Versprechen
meiner Mutter, »dort draußen« könnte ich viel
besser spielen, war noch nicht eingelöst. In der
Teutoburger Straße hatten wir schön gespielt:
im Römerpark, im Hindenburgpark, meistens
auf der Straße, auf dem Bordstein sitzend, mit

Abb. 65: Kreuznacherstraße 49, Raderberg.
Die Familie bezog den in der Siedlung Rosengarten
errichteten Neubau 1922 und wohnte hier bis
1929. Das Haus musste aufgrund einer fälligen
Bürgschaft, die Viktor Böll für die Rheinische Bau-
und Bodenbank gezeichnet hatte, veräußert werden.

den Füßen in der Gosse, noch zu klein, um Hüpfen zu spielen, doch groß genug, um Ball zu spielen, zum Ärger jenes Herrn, der Kinder so wenig mochte wie Bälle und schlicht »Ballabnehmer« genannt wurde. Manchmal »stivvelten« uns die größeren Kinder an, Sand in die Fahrerhäuser vorüberfahrender Besatzungsautos zu werfen; wenn dann die Bremsen quietschten, zornige Fahrer auf die Straße sprangen, liefen sie, die größeren weg; wir blieben ahnungslos stehen, hörten englische Schimpfwörter, demonstrierten, unser selbst nicht ganz so sicher, das Sand-ins-Fahrzeug-Werfen als eine Art Warnschuß vor dem Bug, etablierten uns als Zöllner und Wegelagerer zugleich und riefen in das wütende Schimpfwortgesprudel hinein, was uns eingetrichtert worden war: »Tschokelät pliehs – Tschokelät pliehs«, bekamen manchmal sogar welche, bekamen sie von den größeren wieder abgenommen. Es herrschte Inflation. Knappe Zeiten.

Schöner an der Teutoburger Straße: sie lag nicht weit vom Rhein; im Herbst lag auf der Uferpromenade das Laub kniehoch, im Frühjahr stand

dort Hochwasser, das auch die tiefer gelegenen Gräben der alten Kasematte füllte, aus der der Hindenburgpark entstanden war, eine durch Rosenrabatten und Laubengänge geschmückte und getarnte ehemalige Festung. Schöner noch, wenn meine älteren Brüder es wagten, mich weit (realistisch betrachtet: knapp einen Kilometer weit) mitzunehmen, unter der dunklen und düsteren, bis auf den heutigen Tag dunklen und düsteren Südbrücke hindurch, bis zu Boisserées Holzplatz und Sägewerk. Dort schwenkten die großen Flöße, vom Oberrhein kommend, vor der Südbrücke ein, wurden ans Ufer manövriert, die Stämme an Ketten durch einen Tunnel un-

Abb. 66: Vondelstraße 28 (1985), im Hinterhaus befand sich die Werkstatt von Viktor Böll

ter der Uferstraße hindurch ins Sägewerk hineingezogen. Sie kamen weit her, aus dem Schwarzwald, dem Spessart, dem Steigerwald. Der Rhein roch gut, nicht salzig, doch bitter genug, nach Algen auch; nun, so wie der Rhein riecht (roch). Das Tempo des Rheins, seine Gewalt waren atemberaubend: er riß an den Flößen, wenn sie schwenkten, in den Rufen und Kommandos der Flößer klang Angst mit; und wie rasch war eine Büchse, ein Karton, ein Stück Holz auf die Brücke zu, in die Strudel an den Pfeilern, um die Pfeiler herum geschwommen, dann stolz mitten im Strom, an der Stadt vorbei, auf den Dom zu verschwunden.

Mir schien, als führe ich mit Köhler weit, immer weiter vom Rhein weg, und ich würde nie mehr auf der abschüssigen Basaltmauer sitzen und zusehen dürfen, wie die Flöße aus der Biegung bei Rodenkirchen kamen, mit telegrafenstangenlangen Masten gebremst, geschwenkt, ans Ufer manövriert wurden. Mein Vater kaufte auch bei Boisserée Holz. Alles, was er aus Holz machte oder was in seiner Werkstatt gemacht wurde, hatte mit dem Rhein zu tun; der Rhein brachte das Holz, und auch frischgesägtes Holz roch gut; säuerlich und harzig, streng und milde zugleich. (Meine Brüder nahmen mich weiterhin mit: über die Mansfelder, die Schönhauser Straße, am Bayenthaler Schützenfestplatz vorbei erreichten wir zu meinem Erstaunen auch von der neuen Wohnung aus Boisserées Holzplatz.)

Ich war nicht untröstlich; die Neugierde siegte. Noch nie hatte ich Bauplätze gesehen, jetzt sah ich welche: Berge von Schwemm- und Ziegelsteinen, große Kalkwannen (verlockende schneeweiße Puddingberge, Versuchungen, Steine hineinzuwerfen), Bauarbeiterbuden, Kästen mit Bierflaschen davor; Steine wurden auf die hölzernen Tragen gestapelt, Leiter um Leiter, Stockwerk um Stockwerk hochgetragen, Mörtelwannen gefüllt, Leiter um Leiter hochgetragen; in der Mansfelder Straße links und rechts Bauplätze, in der Kreuznacher Straße nur links. Rechts, wovon meine Mutter geschwärmt, womit sie mich getröstet hatte: der Park. Noch dünn das Gebüsch am Rand; Flieder, Statuen zwischen Laubengängen, große Fischbecken, hölzerne Pergolen; der Name der Siedlung, in die wir zogen, hieß »Am Rosengarten«; der Name war zutreffend, die Zuversicht, mit der da »im Grünen« gebaut wurde, nicht ganz so angemessen.

Das neue Haus, unser Haus, gefiel mir, wenn ich auch acht Jahre später, als wir in die Stadt zurück und noch tiefer in sie hineinzogen, die dunklen Flure und die vielen Namensschilder als heimatlich wieder begrüßte. Köhler wartete vor dem neuen Haus, ob jemand herauskäme, ihm den Stützbalken unter die lange Karre zu postieren; es kam niemand, und er schwenkte die Karre so, daß er sie unter der Vorgartenmauer aufsetzen, die Holmen loslassen konnte. (Später, wenn wir manchmal allein mit der beladenen Karre losziehen mußten, lernten wir das riskante Manöver, die Karre so lange zu schütteln, bis der Stützbalken aus der Eisenschlaufe fiel, und, hin und her balanciert, in jene Position gebracht werden konnte, die es erlaubte, die Holmen los, die Karre hinten aufsitzen zu lassen; das konnte schiefgehen, ging manchmal schief, wenn der Stützbalken nicht richtig Halt fand; dann hing einer baumelnd an den Holmen hoch in der Luft, versuchte – vergebens – sie herunterzudrücken, Passanten mußten zu Hilfe gerufen werden, denn sogar auf so schiefer Ebene hielt die festgezurrte Ladung; die lange Karre auf eine Mauer oder Fensterbank zu schwenken, das konnte nur bei entsprechender architektonischer Gegebenheit praktiziert werden.)

Abb. 67: Heinrich Böll (links sitzend) mit Nachbarskindern in Raderberg

Ich kletterte zwischen Töpfen, Stühlen, Kissen hindurch hinaus und über die Radnaben in den Vorgarten. Drinnen im Haus roch es schon, wonach es bei späteren Umzügen immer riechen sollte: nach Kakao.

Acht Jahre lang wohnten wir in dieser Straße, die von zwei »Lagern« bestimmt war, dem bürgerlichen und dem sozialistischen (das waren damals noch wirkliche Gegensätze!), oder von den »Roten« und den »besseren Leuten«. Ich habe nie, bis heute nicht begriffen, was an den besseren Leuten besser gewesen wäre oder hätte sein können. Mich zog's immer in die Siedlung, die wie unsere neu erbaut war, in der Arbeiter, Partei und Gewerkschaftssekretäre wohnten; dort gab es die meisten Kinder und die besten Spielgenossen, immer genug Kinder, um Fußball, Räuber und Gendarm, später Schlagball zu spielen. Meine Eltern störte es nicht, daß ich die meiste Zeit bei den »Roten« verbrachte, sie wären nie auf den Gedanken gekommen, zu tun, was die Professoren, Prokuristen, Architekten, Bankdirektoren taten: die verboten ihren Kindern, mit den »Roten« zu spielen. Der bürgerliche Teil war so offensichtlich der langweiligere, die Spiele dort in Gärten und Stuben ganz à la Trotzköpfchen: Teeparties, Pfänderspiele, die merkwürdig schwüle Früherotik, aus der man sich sentimentale Erinnerungen strickt. Auf der Straße, von den »roten« Kindern lernte ich, was ich bei den »besseren« nie gelernt hätte: Reifenschlagen als Wettlauf, rund um den Park, rund um den Block, barfuß, mit einem Stock die kahle, rostige, aus dem Abfallhaufen herausgesuchte Fahrradfelge vor mir herzutreiben, sie, ohne viel Tempo zu verlieren, in die Kurve zu lenken, ihr vorne links, vorne rechts eins zu versetzen, dann mit dem Stock schleifend zu bremsen, rund um den Park, rund um den Block. Oder Reifenweitwurf oder weitrollen: den Reifen im Vorgebirgspark den Wiesenhang hinunterzuschleudern, auf Kommando, zuzusehen dann, wie die Reifen, erst nebeneinander, dann Tempo gewinnend, verlierend, auf die Nußbaumgruppe am Querweg zurollten, O-beinig eiernd schließlich ermatteten, ausschlugen, umfielen, während des Siegers Reifen sich stolz dem Querweg näherte.

Abb. 68: Heinrich Böll, Vorgebirgspark, 1926

Die Straße wurde erst gepflastert, während wir dort wohnten; monatelang die Dampfwalze, viel Sand, viel Steine, monatelang der Rhythmus der Pflasterhämmer: der kleinen, der mittleren, der schweren Stampfer und Stößer; abends und nachts schafften wir Pflastersteine beiseite (kleine, mit quadratischer Oberfläche, 10 mal 10 Zentimeter). Wir brauchten sie zum »Pöhlen« (bedeutet »pfählen«, auch »aufspießen« – das Ö wird offen wie in Mönch, aber lang gesprochen). Beim »Pöhlen« legt jeder Mitspieler einen »Ömmer« (bedeutet Murmel – Ö wird wie oben, aber kurz gesprochen) in eine senkrechte Reihe vor eine Mauer, mit einem Pflasterstein muß dann aus der ausgelegten Reihe im Steilwurf ein Klicker »herausgepöhlt« werden, möglichst der unterste; er darf nicht voll getroffen, nicht zerstampft werden, sondern gerade so, daß er heil herunterspringt, alle, die oberhalb des getroffenen liegen, gehören dem Werfer als Tribut. Und natürlich Kuhle und »in der Sot« (kommt von Sode, bedeutet Gosse); in die Kuhle mußte man werfend hineinzielen, dann mit dem Finger »schibbeln«: wer den letzten Ömmer hineinschibbelte, bekam den Inhalt der Kuhle; »in der Sot« wird auf lange Distanz geöchelt (öchele ist das Verb zu Ömmer), im Rinnstein; einer wirft seinen Ömmer aus, der nächste versucht ihn zu treffen; hat er dazu wenig Chancen, darf er den Ömmer nicht zu nah an den des ersten heranrollen lassen, denn der erste Werfer – das Spiel kann nur zu zweien gespielt werden – hat beim nächsten Wurf als Ausgangsposition die Distanz der beiden Ömmer, also in jedem Fall eine bessere; man kann natürlich – das ist, wie wenn einer beim Fußball in brenzligen Situationen den Ball absichtlich ins »Aus« schießt, also unfair – in entgegengesetzte Richtung werfen, um die Distanz zu vergrößern; das Spiel wurde auch

162

»rund um den Block« gespielt; in Zwischen-
stücken, wo an Bauplätzen, Gärten keine Gossen und Bordsteine waren, wurde eine Art
Boule oder Bocciataktik improvisiert, bis der
Anschluß an die nächste Gosse gefunden war.
»In der Sot zu öchele« zwingt zur Alternative zwischen Kühnheit und Vorsicht, Taktik
und Strategie. Natürlich gab's auch »Gewerbs-
mäßige«, auf Besitz erpichte Ömmerspieler,
die sich aus Schuhkartons einen »Tunnel«
machten, Fensterchen einschnitten, von 1 bis
6 immer kleiner werdend, und zum Glücks-
spiel aufforderten: traf man in Fensterchen 1,
bekam man einen, traf man in Fensterchen 6,
bekam man sechs Ömmer; was daneben, gegen die »Latte« ging, bekam der Herr Unternehmer, meist »Haifisch« genannt, da er immer auf Unerfahrene aus war, mit seinem
Riesenömmerbeutel, den »Tunnel« unter dem
Arm nach Ahnungslosen Ausschau hielt; das
waren keine Mitspieler, sondern bloße Kassierer, eine frühe Variation des Glücksspielauto-
maten: »Pöhler« ließen sie nie ran.

Abb. 69: Heinrich Böll, Vorgebirgspark 1926

   Ein Ritus, an dem ich zwei-, dreimal teilnahm, blieb immer geheimnisvoll und anziehend, eine Art selbstvollzogener Mannbarkeitsritus. Manche, wenn sie aus der Schule entlassen waren und in die Lehre gingen,
kamen an einem Tag in den Osterferien, wenn die Ömmersaison anfing,
auf die Straße, riefen die kleineren Kinder zusammen und verteilten ihren ganzen, in vielen Jahren angesammelten Reichtum an Ömmern und
»Bomsen«, indem sie sie mit vollen Händen in die Menge der kreischen-
den, grapschenden Kleinen hineinrollten. Ein fremdes, poetisches Pathos
lag in diesem Ritus, Ernst im Gesicht des Jungen, auch Schmerz und eine
unfreiwillige Ironie, die merkwürdige Gleichgültigkcit und Fcicrlichkcit,

Abb. 70: Klassenfoto der 7. Klasse der Volksschule in Raderberg, 1924
(Heinrich Böll obere Reihe, 6. von links)

mit der er etwas, das ihm kostbar, Zeichen seines Ranges und Könnens gewesen war, ohne Sentimentalität, doch pathetisch weggab. Er schied aus, trat aus, erschien nie mehr am frühen Nachmittag, stand abends in der Gruppe der Älteren, manchmal noch im blauen Arbeitsanzug, *offen* Zigaretten rauchend, blieb noch draußen, wenn es dämmerte und die Mütter riefen.

Ich war noch lange nicht vierzehn, kaum mehr als zwölf, als wir wieder in die Stadt zurückzogen, diesmal an den Rand der Altstadt, zum Ubierring. Mein Vater hatte wohl dem kleinen »Wirtschaftswunder« von 1928/29 zu sehr vertraut: ich weiß nicht, ob der »schwarze Freitag« ein paar Monate später mit seinen letzten Ausläufern die Straße am Park erreichte; es hing mit dem Zusammenbruch einer Bank zusammen, das Haus mußte verkauft werden, die Bank oder deren Gläubiger schluckten die ganze Kaufsumme. Es kam ganz plötzlich, über Nacht, diesmal brauchte ich noch nicht den Handwagen zu beladen und zu ziehen, wurde auch nicht auf ihm transportiert: mein Bruder und ich bekamen nur gesagt, wir sollten nach der Schule nicht in die »Straße am Park« zurück, sondern zu Fuß über Severin- und Silvanstraße in die neue Wohnung am Ubierring kommen. Das war 1930, im Frühjahr, glaube ich, und die zwanziger Jahre waren damit zu Ende; die dreißiger fingen an.

Es hatte vorher schon, wenn auch nicht endgültige, so doch schmerzliche Trennungen zwischen mir und den »roten« Kindern gegeben; ich kam, als ich sechs war, in die katholische, die meisten von ihnen in die »freie« Schule; wir hatten nicht einmal den Schulweg gemeinsam, und gemeinsam zu spielen war nicht mehr die Regel, sondern die Ausnahme; ich zog zum Spielen mit wenn auch nicht »besseren«, so doch mehr oder weniger »katholischen« Kindern öfter zum Raderberg hinüber (dort wurden im Mittelalter die zum Tode Verurteilten den Berg hinuntergerädert), mehr zur Brühler Straße, zum »Sausack« (hat nichts mit Säuen zu tun, vielmehr mit sausen, Saus-Acker), wo wir in den Hängen hinter Kotthoffs Lackfabrik Höhlen gruben, in denen wir mit Tomahawk, Federschmuck und Friedenspfeife hausten, ein erfundenes Indianeridiom murmelnd und schreiend (ich erinnere mich des Wortes »Wöhne«, das Rache, Blut, Kampf bedeutete); mit Schleudern köpften wir in den Schrebergärten unterhalb des Hanges die Blumen oder schossen auf die Schrotthaufen, die Blechbüchsen im umzäunten Hof des Altwarenhändlers dort unten.

Zweite, fast endgültige Trennung von den »roten« wie von den »nicht besseren katholischen« Kindern: eine achtwöchige Quarantäne, die über mich verhängt wurde, weil mein älterer Bruder an Scharlach erkrankte und ich, da ich ihn schon gehabt hatte, als ansteckungspotentiell weder in die Schule gehen noch mit Kindern spielen durfte. Das Langweilige daran: ich war gar nicht krank, durfte auch nicht mit meinem erkrankten Bruder zusammen sein (der – was mir so romantisch wie lasterhaft vorkam – auf dem Balkon heimlich Zigaretten mit violettem Mundstück rauchte). Mit Stubenspielzeug konnte ich nicht spielen: Märklin und Holzbaukästen, Eisenbahnzüge und das von geschickter Schwesterhand aus Papier ausgeschnittene, auf ein Brett aufgeklebte Rothenburg ob der Tauber interessierten mich nicht. Ich war an den Park, an die Straße gewöhnt: Schlagball, Treibball, Völkerball, Bückball, Hockey mit Milchbüchsen, Fußball und »Wöhne«-Gemurmel in den Hängen am »Sausack«, hinter Kotthoffs Lackfabrik.

Dritte, schlimmste Trennung: Ich kam nach der Quarantäne gar nicht mehr in die Volksschule zurück, sondern sofort ins Gymnasium. Ich ging gern hin, sah aber nicht ein, warum die anderen, die »Roten« und die »nicht besseren katholischen« nicht mit dorthin gingen. Ich sehe es bis heute nicht ein.

Vierte, allerletzte und endgültigste Trennung: der plötzliche Umzug in die Stadt zurück. Der Beginn der dreißiger Jahre: es war nicht ganz, aber fast ganz aus mit dem Spielen. Es wurde ernster. Schwierigkeiten. Wechsel- und Pfandhaus- und Gerichtsvollzieherjahre, auch mancher notwendige abenteuerliche Wechselritt. Schießereien auf der Straße. Nur selten noch spielten wir Fußball auf der Straße oder in der Allee, zum Schlagballspielen mußten wir rübergehen auf die Poller Wiesen: so wurde die dunkle und düstere Südbrücke vertraut. Seltener kamen die Flöße, zu denen ich nun selbständig, nicht mehr an der Hand der Brüder, gehen konnte. Später lasen wir in der Zeitung, daß einer, mit dem wir draußen oft »gepöhlt« hatten, von seinem Vater erschlagen worden war: er war Kommunist, radikal, bitter, intelligent – sein Vater Sozialist.

Morgens mehr bitter als süß der Geruch von Kakaobutter, Rohschokolade, der aus der Stollwerckenklave drang, den Häuserblock zwischen Alteburger Straße und Bottmühle umklammerte, sich unter den Ulmen am Ubierring vereinte.

Es kommt zuviel auf mit den dreißigern – ich springe in die vierziger vor. Sehe es tausendmal vor mir, was ich als Acht-, als Neunjähriger beim »Wöhne«-Gemurmel an den Sausack-Hängen so oft gesehen und gelesen hatte; ich sah und sehe es auf allen Waggons, den ochsenblutfarbenen, in denen im Krieg 8 Pferde, 40 Menschen oder 120 Gefangene oder Verschleppte transportiert wurden, in Amiens und in Winniza, in Kertsch und in Berlin, Bitsch und Odessa, Namur, Antwerpen, Sinzig, Calais –

das unvergeßliche, mit der sauberen, exakten Schablone schneeweiß auf Ochsenblutrot gemalt; Todgeweihte, Soldaten und Verwundete, Mensch, Vieh, Untermensch und Übermensch zu Sieg und Niederlage, in Tod, Gefangenschaft, aus dieser heraus, es stand und steht zu lesen, was mir überall Kindheit in Erinnerung rief: *Theodor Kotthoff, Lackfabrik, Köln-Raderthal, Hitzeler Straße.*

Preußentum
(1938)

Ra Ta,
Tra Ra
Ra Ta Ta!
Schti – Schta!
Romm, Bomm
Tomm, Tomm
Romm, Bomm, Bomm …

Was soll aus dem Jungen bloß werden?
Oder: irgendwas mit Büchern
(Auszüge) (1981)

Der Fünfzehnjährige liegt am 30. Januar 1933, an einer schweren Grippe erkrankt, zu Bett, Opfer einer Epidemie, die meines Erachtens bei Analysen der Machtergreifung zu wenig berücksichtigt wird. Immerhin war das öffentliche Leben partiell gelähmt, waren viele Schulen und Behörden geschlossen, jedenfalls lokal und regional. Ein Mitschüler brachte mir die Nachricht ans Krankenbett. Radio hatten wir noch nicht, und das Detektorgebastel fing bei uns erst später an. Die Mini-Ausgabe des Volksempfängers schafften wir mehr widerwillig als notgedrungen erst kurz vor Kriegsausbruch an. Wir wohnten nach einem weiteren Umzug innerhalb von zwei Jahren in der Maternusstraße Nr. 32, hatten uns gegenüber die triste Rückfront der damaligen Maschinenbauschule, waren immerhin nicht sehr weit vom Rhein entfernt, und vom Erkerfenster aus konnten wir das gotisierte dreigiebelige Lagerhaus der »Rhenus« sehen, das ich immer und immer wieder aquarellierte.

Gleich um die Ecke den Römer-, nicht weit davon den Hindenburgpark, wo meine Mutter an schönen Tagen zwischen Arbeitslosen und Frührentnern sitzen konnte.

Ich lag im Bett und las – wahrscheinlich Jack London, den wir von einem Freund in der Büchergildenausgabe entliehen, es kann aber auch sein, daß ich – oh, ihr gesträubten Haare der Literaturkenner, wie gern würde ich euch glätten! – daß ich gleichzeitig Trakl las. Der riesige Kachelofen im sogenannten Erkerzimmer brannte ausnahmsweise, und ich entnahm ihm mit sehr langen Fidibussen Feuer für die (verbotene) Zigarette.

Der Kommentar meiner Mutter zu Hitlers Ernennung: »Das ist der Krieg«, er mag auch gelautet haben: »Hitler, das bedeutet Krieg«.

Die Nachricht von Hitlers Ernennung kam nicht überraschend. Nach dem schnöden Verrat Hindenburgs an Brüning (so nannte es mein Vater), nach Papen und Schleicher war Hindenburg alles zuzutrauen, und jene merkwürdige (bis heute nicht so recht geklärte) Geschichte, die man einmal »Osthilfeskandal« nannte, über die sogar unsere höchst zurückhaltende »Kölnische Volkszeitung« berichtete, hatte dem »ehrwürdigen, greisen Marschall« den letzten ohnehin minimalen Kredit genommen, keinen politischen, nur eben den Rest eines moralischen Kredits, den man seiner preußischen Korrektheit zuzusprechen bereit gewesen war.

Meine Mutter haßte Hitler von Anfang an (sein Ende hat sie leider nicht mehr erlebt), sie nannte ihn »Rövekopp«, was »Rübenkopf« bedeutet, eine Anspielung auf die aus Zuckerrüben grob herausgeschnittenen Martinsfackeln, denen man möglichst einen »Bart« stehen ließ. Hitler – der war undiskutabel, und sein langjähriger Statthalter in Köln, ein gewisser Dr. Robert Ley (man muß sich das vorstellen: eine Type wie Ley herrschte später über die gesamte Arbeitswelt!) – Ley hatte wenig dazu beigetragen, Hitler und seine Nazis diskutabel zu machen – die waren nichts weiter als das »grölende Nichts«, ohne die menschliche Dimension, der man »Gesindel« noch hätte zubilligen können. Die Nazis waren »nicht einmal Gesindel«. Meiner Mutter mit ihrer Kriegsthese wurde heftig widersprochen: so lange würde »der« gar nicht bleiben, um einen Krieg anfangen zu können. (Er blieb, wie die Welt inzwischen eindringlich erfuhr, lange genug.)

Ich weiß nicht, wie lange ich noch bettlägerig war. Die Grippeepidemie brachte den Schnapsläden einen bescheidenen Auftrieb, Rum-Verschnitt war gefragt, als Grog versprach er angeblich Heilung oder Vorbeugung. Wir kauften bescheidene Mengen davon in einem Geschäft Ecke Bonner und Darmstädter Straße: der Besitzer hieß, glaube ich, Volk, und sein flammend rothaariger Sohn war auf unserer Schule. Ich weiß nicht mehr, ob der Reichstagsbrand, dessen »Promptheit« durchaus bemerkt wurde, noch in die Zeit der Krankheit, in die Schulzeit oder gar in die Ferien fiel (irgendwann muß da auch Karneval gewesen sein!). Vor den Märzwahlen jedenfalls war ich wieder auf dem Schulweg, und erst nach diesen Wahlen – man vergißt so leicht, daß sie knapp zu einer Koalition zwi-

170

Abb. 71: Staatliches Kaiser-Wilhelm-Gymnasium, Heinrichstraße 9

schen Nazis und Deutschnationalen reichten –, im April, Mai, tauchten die ersten Jungvolk- und HJ-Blusen auf, in den oberen Klassen die eine oder andere SA-Uniform. Es fand – wann, weiß ich nicht mehr genau – eine Bücherverbrennung statt, ein nicht nur peinliches, auch ein klägliches Unternehmen; die Naziflagge wurde gehißt, aber ich erinnere mich nicht, daß da einer eine Rede gehalten, Titel für Titel, Autor für Autor verfluchend, Bücher ins Feuer geworfen hätte; sie müssen – ein kleines Häufchen – vorher dorthin gelegt worden sein, und seit dieser Bücherverbrennung weiß ich: Bücher brennen schlecht. Es hatte wohl einer vergessen, Benzin darüber zu gießen. Ich kann mir auch nur schwer vorstellen, daß in der Bibliothek dieses Gymnasiums, das zwar staatliches Kaiser-Wilhelm-Gymnasium hieß, aber extrem katholisch war – daß in der bescheidenen Schulbibliothek viel »dekadente« Literatur enthalten gewesen sein könnte. Das Milieu, aus dem die Schüler kamen, war

Abb. 72: Schulweg von der Maternusstraße (bis 1936) (1) zum Staatlichen Kaiser-Wilhelm-Gymnasium, Heinrichstraße 9 (2) mit den im Text erwähnten Alteburger-straße (3), Silvanstraße (4), Severinstraße (5) und dem Perlengraben (6)

durchgehend kleinbürgerlich, mit wenigen »Auswüchsen« nach unten oder oben – möglich, daß der eine oder andere Lehrer privat seinen Remarque oder Tucholsky geopfert hat, um den Scheiterhaufen zu füttern. Im Unterricht waren alle diese Autoren jedenfalls nicht vorhanden, und nach den handgreiflichen, nach den sicht- und hörbaren Barbareien zwischen dem 30. Januar und dem Reichstagsbrand, verstärkt zwischen Reichstagsbrand und Märzwahlen, war dieser Akt *symbolischer* Barbarei vielleicht nicht so eindrucksvoll.

Die nichtsymbolischen Säuberungen waren sichtbar und hörbar, waren spürbar: Sozialdemokraten verschwanden (Sollmann, Görlinger und andere), Zentrumspolitiker, Kommunisten ohnehin, und es war kein Geheimnis, daß in den Kasematten rings um den Kölner Militärring von der SA Konzentrationslager eingerichtet wurden: die Wörter »Schutzhaft« und »auf der Flucht erschossen« waren geläufig, es traf auch Freunde von uns, die später *stumm* und *steinern* wiederkamen; Bekannte meines Vaters; Lähmung breitete sich aus, Angst ringsum, und die Nazihorden, brutal und blutrünstig, sorgten dafür, daß der Terror nicht nur Gerücht blieb. Die Straßen links und rechts der Severinstraße, über die mein Schulweg führte (Alteburger-, Silvan-, Severinstraße, Perlengraben) – das war durchaus kein »national zuverlässiges« Gelände. Es gab Tage, nach dem Reichstagsbrand, vor den Märzwahlen, in denen das Viertel ganz oder teilweise abgesperrt war; die am wenigsten zuverlässigen Straßen lagen rechts von der Severinstraße: welche Frau schrie da im Achtergäßchen, welcher Mann in der Landsberg-, wer in der Rosenstraße? Vielleicht lernen wir nicht in der Schule, aber auf dem Schulweg fürs Leben? *Da* wurde offenbar geprügelt, aus Hausfluren gezerrt. Nach Reichstagsbrand und Märzwahlen wurde es stiller, still noch lange nicht. Immerhin war die KPD nach den Wahlen im November 1932 in dem so katholischen Köln zweitstärkste Partei geworden (Zentrum 27,3 Prozent, KPD 24,5 Prozent, Nazis 20,4 Prozent, SPD 17,4 Prozent). Das waren fast Verhältnisse, wie sie heute in Italien herrschen (Köln war eben immer und ist trotz seines schwarzen Rufes und der ganzen Dunkelmännerei eine progressive Stadt). Im März hatten die Nazis dann 33,1 Prozent, das Zentrum immer noch 25,6 Prozent und KPD und SPD trotz Terror und Säuberungen noch 18,1 und 14,9 Prozent – das »unzuverlässige Gelände« war noch keineswegs »normalisiert«, es gab für die SA noch Arbeit genug. (Da wäre noch viel über Köln zu sagen, aber ich finde, Köln hat nach Domjubiläum, Papstbesuch und Museum-Ludwig-Publicity genug – außerdem fließt der Rhein ja weiter.) Um diese Zeit wohl quittierte der Vater einer Schulfreundin meiner älteren Schwester, ein ruhiger und solider Polizeibeamter mit Zentrumshintergrund, vorzeitig seinen Dienst, weil er den Anblick der »blutigen Handtücher« auf seinem Revier nicht mehr ertragen konnte. Auch das waren keine symbolischen Zeichen, die »blutigen Handtücher« wiesen auf die Schreie hin, die ich im Achtergäßchen, in der Rosen- und in der Landsbergstraße gehört hatte.

173

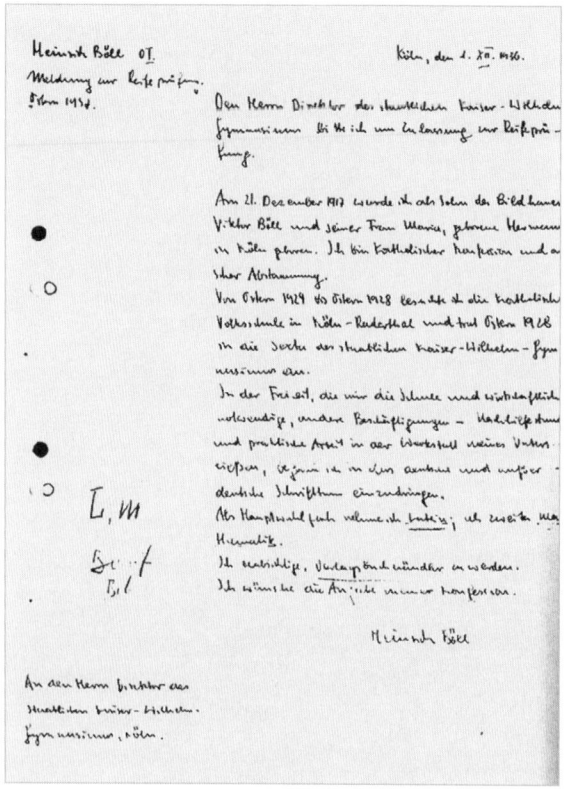

Abb. 73: Anmeldung zum Abitur, 1.12.1936

Eine Säuberung ganz anderer Art veränderte meinen Schulweg erheblich: die energische Bekämpfung der Zigarettenschmuggler, die an Straßenecken oder aus Hauseingängen »holländische Ware« anflüsterten; die billigste legal erworbene Zigarette kostete immerhin 2,5 Pfennige: schwächliche Gebilde, halb so prall wie eine Juno oder Eckstein, die 3,3 Pfennige kostete; die holländische Ware war blond, fest, um ein Drittel ansehnlicher als eine Eckstein und wurde zu 1 bis 1,5 Pfennigen angeboten. Das war schon verlockend zu einer Zeit, da die Brüningsche Sparsamkeit, diese Pfennigfuchserei, noch nachwirkte, und so gab mir mein Bruder Alois manchmal Geld mit, auf daß ich für ihn illegal holländische Ware erwerbe. Zwischen Rosenstraße und Perlengraben, Schwerpunkt etwa Landsbergstraße, mit ausgedünnter Postenkette bis zum Eulengarten, dem Hauptquartier der Schmuggler, das sehr nah an unserer Schule (Heinrichstraße) lag, mußte ich mich sorgfältig und aufmerksam verhalten, mußte sowohl vertrauenerweckend wie kauflustig wirken; das gelang mir offenbar, und diese frühe Übung bzw. Schulung (wie man sie eben nicht in der Schule, nur auf dem Schulweg erwerben kann), diese Bildung oder Ausbildung ist mir später auf vielen Schwarzmärkten Europas nützlich gewesen.

(Über die Tatsache, daß es nicht zum Kölner Lebensgefühl gehört, ein inniges Verhältnis zur Legalität zu haben, habe ich mich anderswo aus-

174

gelassen.) Ich brachte also die holländische Ware wohlbehalten nach Hause und erhielt meine Provision in Gestalt wohlduftender Zigaretten; einmal allerdings wurde ich hereingelegt: Die saubere, holländisch banderolierte Packung enthielt anstelle von fünfundzwanzig Zigaretten etwa fünfundzwanzig Gramm (ausgerechnet) Kartoffelschalen – bis heute ist mir nicht klar, wieso ausgerechnet Kartoffelschalen und nicht etwa Sägemehl oder Sägespäne; sie waren sorgfältig abgewogen, gleichgewichtsgerecht verteilt, in Silberpapier verpackt. (Die Mißachtung von Siegeln, Plomben, Kuckucken, Banderolen, die ja auch Siegel sind, wurde mir, von meiner Mutter anerzogen, nach dem Krieg zum Verhängnis, als ich einen Stromzähler »entplombte« und – leider nachweislich! – manipulierte. Kuckucke wurden ohnehin möglichst frisch entfernt.) Ich wurde von meinem Bruder aufgefordert, die Ware künftig zu kontrollieren, grübelte noch über das »WIE« – das mußte ja alles rasch gehen –, da flog der ganze Schmuggelring auf. Es fand eine regelrechte Belagerung der Straßen »Im Eulengarten« und »Schnurgasse« statt, an mindestens *ein* gepanzertes Auto erinnere ich mich; Polizei und Zoll hoben – letztlich ohne Schießerei – die ganze Schmuggelkolonie aus. Gerüchte sprachen von Abermillionen beschlagnahmter Zigaretten und zahlreichen Verhaftungen.

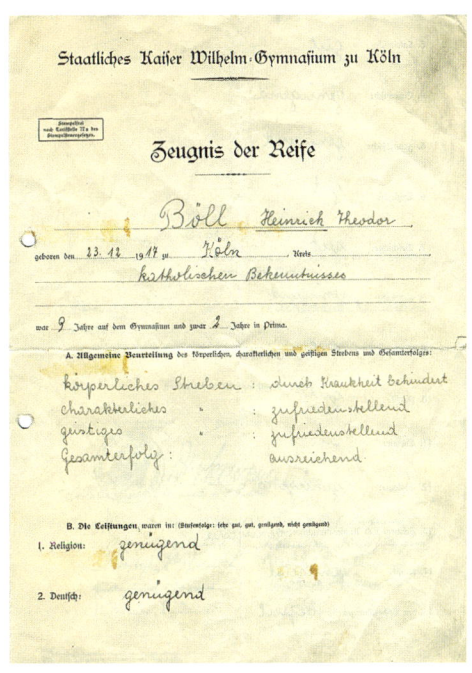

Abb. 74: Abiturzeugnis des Staatlichen Kaiser-Wilhelm-Gymnasiums, Februar 1937

Abb. 75: Skizzen Heinrich Bölls im Schulheft von 1936

175

Abb. 76: Tacitus-Ausgabe Heinrich Bölls. »Der N.S. Wahn setzt sich durch, 1.2.1937«

Ja, auch Schule, zunächst aber, im Schrekkensjahr 1933, nach Machtergreifung, Reichstagsbrand, Terror, den Märzwahlen und dem Tiefschlag des Reichskonkordats, geschah etwas, das sogar die Bürgerlichen in Köln erzittern ließ: im Juli – das Konkordat war unter Dach, wenn auch noch nicht unterzeichnet –, fand in Köln ein Prozeß gegen siebzehn Mitglieder des Rotfrontkämperbundes statt, wegen Mordes in zwei Fällen, versuchten Mordes in einem Fall; die Morde an den soeben von der KPD zu den Nazis konvertierten SA-Leuten Winterberg und Spangenberg waren geschehen. Aber siebzehn Mörder? Das glaubte keiner; es wurde auch nie geklärt, wer nun die beiden wirklich erschossen hatte; der Prozeß begann im Juli, im September wurden sechs der siebzehn Angeklagten zum Tode verurteilt und am 30. November im Klingelpütz mit dem Handbeil hingerichtet.[45] Alle Gnadengesuche

---

45 Am 30. Juli 1933 begann in Köln der Schauprozess gegen 17 Kommunisten, die angeklagt wurden, am 24. Februar 1933 an der Tötung zweier SA-Mitglieder, Walter Spangenberg und Winand Winterberg, beteiligt gewesen zu sein. Im Juli wurde das Urteil verkündet: »›Dem Gesetz ist genüge getan‹ – Letzter Tag des Kölner Rotmord Prozesses. – Außer den 7 Todesurteilen wurde auf 120 Jahre Zuchthaus und 25 Jahre 10 Monate Gefängnis erkannt« (*Westdeutscher Beobachter* vom 24.7.1933). Zum Tode verurteilt wurden: Josef Engel, Hermann Hamacher, Heinrich Horsch, Matthias Josef Moritz, Otto Wäser und Bernhard Willms; gegen die anderen wurden Gefängnisstrafen bis zu 18 Jahren verhängt. Das Urteil wurde am 30.11.1933 im Gefängnis Klingelpütz vollstreckt. »Der Mord an Spangenberg und Winterberg gesühnt – Die sechs verurteilten Kommunisten hingerichtet«, (*Westdeutscher Beobachter* vom 1.12.1933). (Die unterschiedlichen Angaben – sieben Todesurteile / sechs Vollstreckungen – gehen darauf zurück, daß gegen einen der Angeklagten, Josef Engel, zweimal auf Todesstrafe erkannt wurde und die Gesamtzahl von sieben Todesurteilen in der Überschriftzeile des Zeitungsberichts aufgenommen wurde.) – Heinrich Böll hat dieses Ereignis in seinem 1959 erschienenen Roman *Billard um halb zehn* literarisch verarbeitet.

waren abgelehnt worden. Es gab kein Pardon. Göring, Ministerpräsident von Preußen, gab eine Erklärung dazu ab: »Auf Grund dieser Vorfälle habe ich mich entschlossen, keinen Tag länger zu warten und mit eiserner Faust zuzufassen. Wer sich in Zukunft gegen einen Träger der nationalsozialistischen Bewegung oder einen Träger des Staates vergreift, muß wissen, daß er binnen kurzer Frist sein Leben verliert.« Wenn ich in meiner Erinnerung dieses Ereignis ein Jahr später, in den Herbst 1934, plaziert hatte, so mag das mit dem 30. Juni 1934 zusammenhängen, diesem allerletzten brutalen Ruck zur endgültigen Machtergreifung; dieser Tag ist mir als entscheidendes Signal in Erinnerung geblieben – es mag damit zusammenhängen, daß mir die Zeit bis zum 30. Juni als relativ still erschienen ist. Ich denke jetzt oft an diese sechs jungen Kommunisten, anläßlich des peinlich-elenden Palavers um die Anerkennung der Edelweißpiraten.

Eins weiß ich, wenn sich auch das Datum in meiner Erinnerung verschoben hatte: Am Tag der Hinrichtung hing Schrecken über Köln, Angst und Schrecken von der Art, die Vögel vor einem Gewitter auffliegen und Schutz suchen läßt – es wurde still, stiller; ich machte keine frivolen Bemerkungen über Hitler mehr, nur noch zu Hause und auch dort nicht in jedermanns Gegenwart. Einer der Hingerichteten, der jüngste, neunzehn Jahre alt, schrieb in der Todeszelle Gedichte; der Ort

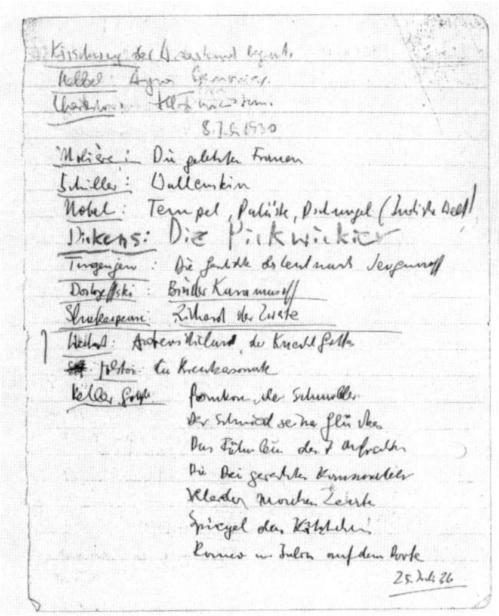

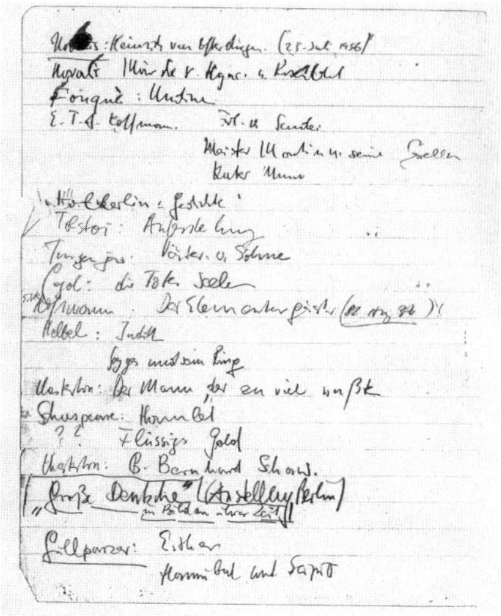

Abb. 77 und 78: Leseliste, 1936

177

Abb. 79: Westdeutscher Beobachter, Nr. 177
vom 24.7.1933

der Niederschrift, das Schicksal des Verfassers heben die Verse weit über das hinaus, das man herablassend »rührend« nennen könnte, und ich zitiere sie deshalb nicht, weil der tödliche Ernst vermindert werden könnte: die Gedichte, von einem Rotfrontkämpfer geschrieben, geben Auskunft über das »Italienische« am (damaligen) Kölner Kommunismus; er dankt in einem Gedicht für die Kerzen, die man in der Kirche für ihn geopfert hat; gibt zu, daß er bei der Tat dabei war, bekennt, daß er nicht 15 gemordet hat, und am Schluß des Gedichts dankt er seinem Freund, einem Rotfrontkämpfer, daß er nachts mit ihm gebetet hat – und bittet um ein Vaterunser an seinem Grab. Für Göring, dessen Soldatenkaisermarotten in den Betrachtungen mancher Zeitgenossen als komisch bis fast liebenswürdig erscheinen, für diesen Räuber, Mörder, diesen blutrünstigen Narren, stand ich wenig später mit vielen anderen Kölner Schülern Spalier – er wechselte während der wenigen Stunden in Köln drei-, wenn nicht viermal die Uniform –, mich wundert's, daß noch kein lustiger Verfilmer *diese* Figur entdeckt hat: dieses Maskengesicht mit den Morphiumglitzeraugen, dieser große Jäger vor dem Herrn, dieser aufgeblasene Nimrod, der spätere Herr Meyer: *der* wäre doch was fürs lustige Kino! Immerhin trugen seine Auftritte mit Dimitroff vor dem Reichsgericht zu unserer nicht geringen politischen Belustigung bei. Damals, als die Hinrichtung bekannt wurde, zitterte die ganze Stadt unter dieser blutigen Faust – möglich, daß ich meinen Schrecken auf die Stadt übertrug.

Aus: Briefe aus dem Krieg

Köln, den 6. März 1941

[…]

Ich habe eben meine ersten zwei Stunden abgestanden, diesmal draußen, immer an der nackten, kahlen Mauer vorbei und immer das große, moderne Gebäude der Ford-Werke vor Augen; ich sah die Arbeiter aus den Hallen strömen und sah die neue Schicht ankommen; dichtgedrängt wie eine Herde standen sie an der rötlich-braunen Mauer, und ich sah von weitem ihre Gesichter nur wie bleiche, matte Scheiben zwischen dem Dunkel ihrer Mützen und Mäntel; so werde ich sie morgen wiedersehen, kommen und gehen, und wenn ich jeden Tag hier stünde, könnte ich sie jeden Tag so sehen, diese Herde, und die Omnibusse des Werks fahren hin und her zur Straßenbahn, damit nur ja keine Zeit verlorengeht. Denn je pünktlicher der Arbeiter Feierabend hat und je eher er zu Hause ist, um so ausgeruhter ist er morgen, und um so besser kann er morgen arbeiten … Es ist eine wunderbare Anlage, dieses Ford-Werk, ganz herrliche Klinkermauern und viel, viel Glas; und es wird schnell darin gearbeitet, sehr schnell. Ist es nicht alles namenlos grauenhaft; manchmal, früher, wenn ich halb irrsinnig war vor Schmerz und Qual – nur dann, nicht wenn ich bei mir selbst war –, habe ich oft gemeint, es gäbe gar keine Hölle, sondern die Hölle sei das Leben hier auf unserer Erde; ich weiß, daß es nicht wahr ist, habe es vielleicht noch nie so gut gewußt, aber ist es nicht begreiflich, daß man manchmal auf solche Gedanken kommen kann. […]

Köln, den 17. Juni 41

[...]

Alle Eintönigkeit, wenn sie nicht liturgisch oder sakramental ist, ist mordend – sie tötet die Phantasie; weil man so viel Kraft braucht, sich ihrer zu erwehren, bleibt der Phantasie gar keine Kraft mehr, sich zu betätigen; man kann sie nur hüten und hoffen, daß sie nicht ganz stirbt ... Manchmal bin ich ganz hoffnungslos vor diesem ewigen Einerlei; immer dasselbe, ich fahre immer mit der gleichen Straßenbahn hin und mit der gleichen zurück; immer habe ich in der und der Ecke meiner Tasche die Butterdose und in dieser Ecke die Wurst; in der Mitte habe ich immer ein Buch und soundso viel Zigaretten. Morgens, wenn ich aufstehe, weiß ich schon, daß ich Viertel vor zehn an einem gewissen Punkt im Grüngürtel stehen werde und genau dasselbe üben werde, was ich immer schon an dieser Stelle geübt habe; ich weiß genau, daß wir um zehn Minuten nach zehn auf dem Rückmarsch an der Ecke Belvederestraße und Herrigergasse in Müngersdorf sind, nur daß dann das schöne Lied angestimmt wird: »Ich bin ein freier Wildbretschütz und hab' mein Waidrevier«, und genau um Viertel nach zehn – ach ganz genau kommandiert der Alte auf dem Schulhof: »Kompanie halt« und »nach vorne weggetreten«. Abends, wenn ich von 21.57 bis 22.05 am Schlageterplatz an der Wartehalle stehe, dann weiß ich ganz genau, was bis zu dem Augenblick, wo ich Dich um sechs Uhr nachmittags (oder sechs ein Viertel Uhr) des übernächsten Tages sehen werde, geschehen wird. Um 22.30 Uhr bin ich in Müngersdorf, um 22.35 Uhr passiere ich die Wache; wenn ich auf dem zweiten Treppenabsatz stehe, pfeift der UvD, und um Punkt halb elf liege ich im Bett; von halb acht bis Viertel nach acht sitze ich im Unterricht auf der und der Bank und kann trotz der Müdigkeit nicht einschlafen, weil mich diese ewig gleichmäßige Stimme des Oberleutnants, der vom »politischen Tagesgeschehen« spricht, immer irgendwie in Bann hält; und um zwanzig nach acht – genau! – hänge ich meine Gasmaske um und schnalle mein Koppel um, und um halb neun stehe ich unten auf dem Schulhof, der Spieß richtet die Kompanie aus und sagt – fast jeden Morgen – : »Der drittletzte Mann im zweiten Glied – Lommersburg – den Bauch zurück – so.« Und dann kommt der Alte und sagt: »Heil Landesschützen«, und wir sagen: »Heil, Herr Hauptmann.« Dann »Augen geradeaus, das Gewehr über, ohne Tritt marsch, Marschordnung rührt Euch ein Lied«! Ein Lied … er sagt »ein Lied«, und er könnte ruhig sagen »das Lied«, denn das Lied heißt: »Die dunkle Nacht ist nun vorbei und herrlich beginnt es zu tagen«. Dann folgt die Grüngürtelaffäre am Fort 5, und nach der Rückkehr, zwischen halb elf und elf, packe ich meinen Brotbeutel und putze meine Stiefel, um elf esse ich meine Butterbrote und trinke diesen kalten, entsetzlichen Kaffee dazu, und um 11.45 Uhr ist dann die Vergatterung. […]

Es ist zehn Uhr geworden; wenn ich am Opernhaus stehe und meine »Gedanken schweifen lasse« – ich weiß dann schon, welche Wache ich habe, ich weiß schon, welchen Posten ich ungefähr bekomme, und weil ich alle diese Wachen schon unzählige Male »frequentiert« habe, weiß ich auch genau, um welche Stunde am Nachmittag ich an welchem Ort da und da stehen werde … Gewiß bin ich oft sehr glücklich, wenn ich allein irgendwo stehen kann und denken darf, was ich will, nicht nur oft, sogar meistens – wenn ich nicht gerade vor Müdigkeit umfalle. Heute wird es sehr schön sein, wenn ich ausgeschlafen und ohne Kopfschmerzen an einem schattigen Fleck stehen werde …

Manchmal bin ich ganz trostlos und hoffnungslos vor diesem unübersehbaren Berg von Einerlei, ewigem, entsetzlichem Einerlei. Immer die gleichen Kolonnen, mit denen du auf den Buden herumhockst, immer dasselbe Geschwätz über Biestereien, über das Fressen oder über Urlaub, immer derselbe Dreck …

[…]

Abb. 80: Kölner Opernhaus, Rudolfplatz, um 1925

Köln, den 9. Juli 41

[...]

Nun sitze ich hier wieder hinter der Himmelfahrtskirche, hinter diesem ausgehöhlten Leichnam; vor meinen Augen die Schutt- und Steinhalden; in einer wahnsinnigen Hitze. Ich klebe vor Schweiß, und sooft ich mich auch wasche und wieder abwische, es nützt doch alles nichts ...Wie trostlos sieht doch dieser verkohlte Steinhaufen aus, und wie prachtvoll phantastisch elementar war dieser Brand in der vorletzten Nacht; ich vergesse es nicht, wie ich hier auf dem Vorplatz gestanden habe, der Dom war hellrot erleuchtet, die Funken stoben wild durch die Luft, und das Krachen der Balken und das Heulen der Flammen erfüllte die Nacht. Ich bin zu müde, zu sehr von dieser lähmenden Hitze geschlagen, um Dir zu beschreiben, wie unglaublich dieser Brand war; am phantastischsten war es aber, dem Pöbel mitten ins Gesicht zu sehen; sich einfach abzuwenden von dem Brand und hineinzuschauen »in die andere Seite«. Diese wollüstig erregten, roten, mitleidslosen Gesichter der Gaffenden, die genauso gestanden und geheult haben vor Lust, wie Christus durch die Straßen Jerusalems geführt wurde. Hast Du schon

Abb. 81: Himmelfahrtskirche

einmal versucht, einer Masse so mitten in die Visage zu schauen, weißt Du, daß es wirklich eine Art von Kreuzigung ist, so die Blicke dieses vielköpfigen Tieres auf dem Gesicht brennen zu fühlen. Ach, in dieser Nacht, die erfüllt war von Rauch und Feuer, als ich da unter der Menge stand, mich manchmal umwendend und hineinstarrend in dieses Gesicht, wie unter einem Zwang, wo man das Zischen und Knistern des Feuers eindringlich und ständig, aber nicht lärmend hörte, bahnte sich ein Auto – es war schon gegen Morgen – durch die Menge den Weg, und als es knirschend mit seinem blechernen, billigen Getöse vor dem Bahnhof hielt, da war es das hellrote, gräßliche Auto des W. B. Auch das vergesse ich nicht … diese von flackerndem Feuer erhellte Dunkelheit, dieses elementare Rasen des Brandes und zwischen den hohen, düsteren Gebäuden des Domes, des Bahnhofs und des Deichmannhauses dieses quälend grellrote, billige Auto des W. B. …; man soll die Symbole auch erkennen und deuten, wenn sie allzu deutlich erscheinen …

Der Himmel ist noch immer so wunderbar blau und so weiß verschleiert, es ist etwas kühler geworden; die Leute sitzen auf der Hotelterrasse hinter den grünen Blumenkästen und unter Sonnenschirmen – wer sollte da nicht neidisch werden, in diesem Gefängnis der Wachstube und dem Kerker dieses dicken, grauen Rocks; in der dumpfen Bude hockend mit schweißnassem Körper und Kopfschmerzen von der Sonne …

Oft habe ich auch Pläne für die schönsten Geschichten im Kopf, die auch so sind, daß ich selbst ein wenig Freude daran habe, aber ein einziges Wort, ein einziger, häßlicher Mund oder ein kaltes Auge können mich umlegen wie einen morschen Baum – und wer weiß … vielleicht bin ich auch nicht viel mehr …

Köln, den 8. August 1941

[…]

Ich bin dann in die Sidol-Werke arbeiten gegangen, das ist mir immer noch lieber, als wenn ich den ganzen, schönen Nachmittag bei uns im dumpfen Keller sitzen und Kartoffeln schälen muß; außerdem brauche ich dann auch keinen Appell mitzumachen. Ach, und dann ist es auch sehr qualvoll, dem Schreibpapier und der Tinte so nahe zu sein und nicht schreiben zu können …

Als die Sirene ertönte, bin ich dann schnell zur Kaserne gelaufen, nachdem ich erst drei Mark einheimste, auch ein Vorteil. Ich habe mich umgezogen, meinen Urlaubsschein empfangen und bin schnell, schnell abgehauen …

Wie wunderbar ist es immer, wenn ich endlich am Opernhaus stehe, einige Stunden Freiheit vor mir; dann träume ich oft von einer zukünfti-

Abb. 82: Hochzeitsfoto Annemarie und Heinrich Bölls bei der standesamtlichen Trauung vor dem Kölner Rathaus 6. März 1942

gen Zeit, in der ich mit Dir an solchen schönen Abenden zusammensein werde, ohne den Druck des Zapfenstreichs, ohne die Last des immer wiederkehrenden, endlosen Stumpfsinns auf der Seele …

Vielleicht wunderst Du Dich, daß ich in der Fabrik arbeiten gehe, wo ich es doch wirklich nicht nötig habe. Ach, ich tue es nur deshalb, weil ich dann der Atmosphäre der Kaserne entrückt bin; dieses dauernde Ausgeliefertsein irgendeiner Litze, das kann einen nervösen und empfindsamen Menschen wirklich schnell und leicht zum Psychopathen machen. Es ist ganz gräßlich und ihr werdet es vielleicht nicht glauben, daß Männer von fast vierzig Jahren anfangen zu zittern und zu stottern, wenn sie einem Unteroffizier gegenüberstehen; ganz vernünftige und sehr männliche Männer. Nein, nicht allein das ist es, das absolute Elend und dieser Schmutz und Staub, irgendwie zieht mich das an; es ist eine Welt, die uns ganz fremd ist, die Welt der Fabriken, der Arbeiter und der Arbeiterinnen, und ich möchte alle Möglichkeiten der Erniedrigung und Qual einer christlichen Seele erschöpfend kennenlernen. Ich gehe nicht studienhalber dahin, um die Seelen der Leute zu analysieren, um zu wissen, wie schlecht sie sind, nein, ich will nur wissen, wie gut sie sind und wie viel besser sie noch sein könnten. Und ich möchte herausfinden, wer die unglaublich hohe Schuld auf dem Herzen hat, daß sie alle, alle ausnahmslos und endgültig von Gott abgefallen sind …

Aus: An einen Bischof, einen General und einen Minister des Jahrgangs 1917 (1966)

[…] Die beiden Kriegswohnungen[46], die ich nie so recht bewohnt habe, lagen beide Parks gegenüber; die erste, am Volksgarten, hatte hohe Räume, altmodische Stuckdecken, schöne Möbel und – das war das wichtigste – ein Telefon; ich habe dort einmal, *einmal* Kaffee getrunken, mir im Badezimmer die Hände gewaschen, befand mich wenige Stunden später schon in einem Transportzug, der zögernd Köln umkreiste, dann, wie ich erleichtert feststellte, nicht ostwärts, sondern westwärts schwenkte, auf Düren zu. Ich habe also nie in der Wohnung gewohnt, aber oft dort angerufen, um wenigstens die Stimme zu hören, über verbotene Leitungen, die ich durch Überredung oder Bestechung öffnete. Sechs Wochen nachdem ich versucht hatte sie zu bewohnen, brachte die Wohnung mir eine Woche

---

46 Gemeint ist die Wohnung in der Kleingedankstraße 20 bzw. in der Neuenhöfer Allee 38. – Nachdem Annemarie Böll infolge des frühen Todes ihrer Eltern gemeinsam mit ihrem Bruder Paul Čech zunächst bei den Großeltern mütterlicherseits in Köln-Nippes, Bülowstraße 26, aufwuchs, bezog sie nach dem Tod der Großmutter 1934 zunächst zwei Mansardenzimmer in Vor den Siebenburgen 22, wechselte dann, 1940, in die Kleingedankstraße 20. Nachdem diese Wohnung infolge der Zerstörungen durch den Luftangriff vom 31. Mai 1942 unbewohnbar geworden war, lebte sie – nach kurzzeitiger Unterkunft bei den Schwiegereltern am Karolingerring 17 – ab dem 1. Juli 1942 in der in Köln-Sülz gelegenen Neuenhöfer Allee 38. Diese im Erdgeschoss des Hauses gelegene Wohnung wiederum wurde infolge eines Luftangriffs auf Köln am 26. Februar 1943 beschädigt, konnte nach Instandsetzungsarbeiten allerdings weiterhin bewohnt werden. Bei diesem Luftangriff wurden nach Aufzeichnungen des örtlichen Luftschutzleiters zwischen 21.08 Uhr und 21.53 Uhr 25 Minenbomben, 111 Sprengbomben, 16 122 Stabbrandbomben, 812 Phosphorbrandbomben und 66 Phosphorkanister hauptsächlich auf das westliche und südwestliche Stadtgebiet Kölns abgeworfen. Eine nach dem Angriff erstellte Schadensliste hält für die Gebäude der Neuenhöfer Allee 36–53 und 41–50 »erhebliche Gebäude-, Dach- und Glasschäden« fest (Nordrhein-westfälisches Hauptstaatsarchiv Düsseldorf, BR 1131/6).

186

Urlaub ein[47], und ich denke mit einer gewissen Rührung an sie, wie an ein Hotel, in dem einer gern mal ein Zimmer gemietet hätte, das aber abbrannte, bevor er den Wunsch verwirklichen konnte. Was die Wohnung mir außerdem einbrachte, General, ist vielleicht für Sie als Beitrag zu den Irrtümern der psychologischen Kriegsführung wichtig. Das Telegramm »Wohnung total zerstört, bin unverletzt Annemarie«[48] brachte mir also jenen Urlaubsschein ein, den mir mein Kompanieführer, ein allerdings außergewöhnlich dümmlicher Mensch, überreichte; er ließ sich peinlicherweise zu einem Händedruck von der männlichen und zu einem Schulterklopfen von der jovialen Seite hinreißen (ich wischte bzw. schüttelte mir beides wie Dreck von Schultern und Hand), und dann sprach er die Hoffnung aus, daß von nun

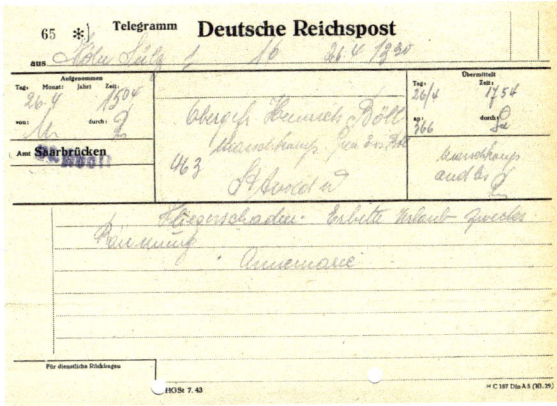

Abb. 83: Telegramm vom 26. April [1944] nach St. Avold (über Saarbrücken). Heinrich Böll war hier ab dem 1. März 1943 stationiert. – Nach bereits vier vorangegangenen, kleineren Luftangriffen (am 4., 6., 9. und 17. April 1944) erfolgte in der Nacht des 21. April 1944 in der Zeit von 1.46 Uhr bis 3.43 Uhr ein weiterer Großangriff auf Köln, bei dem von den ca. 400 beteiligten Maschinen 158 Minen, 1363 Sprengbomben, 130 000 Stab- und 20 000 Phosphorbrandbomben auf die Innenstadt und die westlich und nördlich gelegenen Stadtteile abgeworfen wurden. Die Neuenhöfer Allee war zwar wiederum betroffen, jedoch nur geringfügig. Gemäß den damaligen Bestimmungen, die einen Sonderurlaub für Bombengeschädigte vorsahen, wurde Heinrich Böll aufgrund des Telegramms am folgenden Tag nach Köln in einen Sonderurlaub bis zum 2. Mai 1944 entlassen.

an mein Kampfgeist gegen die Engländer stärker sein werde, ich mit mehr Zorn erfüllt meinen Pflichten nachgehen würde, und ich glaube, General – dies meine Zusatzinformation für Sie –, selten hat sich ein Mensch so sehr in mir getäuscht wie dieser Oberleutnant. Mir schien eine Wo-

---

47 Aus Heinrich Bölls Feldpostbriefen geht hervor, dass ihm, seinerzeit an der französischen Kanalküste in Le Tréport stationiert, ein Sonderurlaub ab dem 1./2. März gewährt wurde, aus dem er am 10. März 1943 nach Frankreich zurückkehrte.

48 Das Telegramm ist nicht überliefert.

Abb.84: Heinrich und Annemarie Böll in der Wohnung Neuenhöfer Allee 38, 1942

Abb. 85: Heinrich Böll in der Wohnung Neuenhöfer Allee 38, 1942

che Urlaub ein unermeßliches Honorar für eine Wohnung, in der keiner verletzt worden war, den Tausch ging ich gerne ein, denn EINE WOCHE IST EINE WOCHE, zu Kriegszeiten also eine Ewigkeit.

In unsere zweite Wohnung bekamen wir kein Telefon mehr genehmigt; ich glaube, wir hatten sie drei Jahre »inne«, und es mag sein, daß ich eineinhalb bis zwei dutzendmal dort geschlafen habe. Nach einigen Versuchen, dort so etwas wie Wohnung zu finden, mieden wir sie; jedesmal, wenn wir uns dort trafen, war ein besonders schwerer Bombenangriff fällig; wir fegten Glasscherben und Putz zusammen und fuhren am Morgen dann so rasch wie möglich in das Ahrweiler Hotel, wo wir wirklich, was bedeutet provisorisch, wohnten. Manchmal ging Annemarie, wenn ich morgens noch schlief, in den Beethovenpark, der schräg gegenüber lag, und pflückte stadtkölnische Blumen, die – so schien es uns – im Krieg besonders üppig gediehen; vielleicht gediehen sie auch nur gut, weil sie der regelmäßigen gärtnerischen Pflege nicht teilhaftig wurden, eine gewisse FREIHEIT genossen: jedenfalls waren es die schönsten Blumen, die wir je in irgendeiner Wohnung hatten, sehr viele und üppige Exemplare: Rosen, Rhododendron, Margareten und lange Heinriche, auch Dahlien und Nelken von geradezu bestürzender Üppigkeit. Wenn ich aufstand und ins Badezimmer ging, war die ganze Wohnung geschmückt, standen in Vasen und Töpfen, Einmachgläsern und Milchflaschen diese Zeugen von Annemaries natürlicher Behandlung und Beachtung des EIGENTUMSBEGRIFFS, der sich später, als unsere Wohnung mehrfach geplündert wurde, auch als aufs EIGENE EIGENTUM bezogen erwies. Es kam vor, daß wir in Ruhe – und so üppig, wie die Schwarzmärkte Europas es gestatteten – frühstückten, bevor wir zur Vorgebirgsbahn gingen, von dort nach Bonn, weiter über Remagen nach Ahrweiler fuhren. Ich ließ meine Uniform und das lästige Soldatengepäck bei den Blumen zurück, und wenn wir – unerbittlicherweise, Herr General (Nebenfrage: in welchem Vaterland werden mir die unzähligen ABSCHIEDE ersetzt?) – nach Köln zurückfuhren, ich, um die Uniform wieder anzuziehen, Annemarie, um in die Schule (nicht als Schülerin, sondern als Lehrerin) zu gehen, fanden wir – irgendwie waren schon ein paar Fensterscheiben zerbrochen oder ein ganzer Flügel herausgedrückt – die Blätter der Blumen auf dem Boden, die kahlen

Abb. 86: Annemarie Böll, um 1940

Stengel in Vasen, Einmachgläsern und Milchflaschen; wir fegten alles zusammen, und Annemarie ging rasch noch einmal in den Beethovenpark hinüber, um zu sehen, was er noch hergab.

Manchmal, wenn ich überraschend, ohne daß ich hätte telegrafieren oder telefonieren können (siehe URKUNDENFÄLSCHUNGEN I–VII), in Urlaub kam, fuhr ich zwischen zwei Zügen mit dem Taxi in die Wohnung hinaus, um mich der Uniform und des lästigen Soldatengepäcks zu entledigen (immer mit der Hoffnung, daß einer den Krempel klauen würde, aber verflucht, DAS ZEUG klaute einem keiner). Ich hatte immer das Gefühl, eine Art Einbruch zu begehen, obwohl ich natürlich die Möbel halbwegs kannte, sogar legalerweise den Hausschlüssel in der Tasche trug und wahrscheinlich den Mietvertrag mitunterzeichnet hatte; auch die Bücher und die schönen Bilder an der Wand, die Truhe in der Diele kamen mir bekannt vor, vertraut aber waren mir nur die Blumen aus dem Beethovenpark, die bewiesen, daß sie dagewesen war, um nachzuschauen, zu säubern und Blumen hinzustellen. Ich zog mich dann, während das Taxi draußen wartete, rasch um, warf die Klamotten so, wie sie mir in die Hand gerieten, auf den Boden, fuhr zum Bahnhof zurück. Später hielten wir die Wohnung nur noch als einen Urlaubsköder, und einige Male erfüllte sie diesen Zweck, brachte – je nach »Kriegslage« natürlich, General – zwei bis vier Tage Urlaub ein, aber den einen Gefallen, TOTAL ZERSTÖRT ZU WERDEN, tat sie uns nie, und das erfüllt mich noch heute mit leisem Groll, obwohl's eine hübsche kleine Wohnung war, leider ohne Telefon.

Einmal, im Herbst 1943, fuhren wir mit der Straßenbahn zum Bahnhof zurück, Annemarie mit einem Riesenstrauß riesiger Dahlien im Arm, ich in Uniform, und wir trafen in der Straßenbahn den Direktor der Schule, die ich sechs Jahre vorher absolviert hatte. Er war ein höflicher, liebenswürdiger Mann, fragte erst, wo wir die schönen Blumen herhätten, und als ich's ihm sagte, zuckte er zusammen, machte gleichzeitig eine Miene, die besagen konnte WUNDERN TUT'S MICH JA NICHT, dann fragte er mich, woher ich in Urlaub käme, ich sagte, von der Krim, und sein erster Blick galt

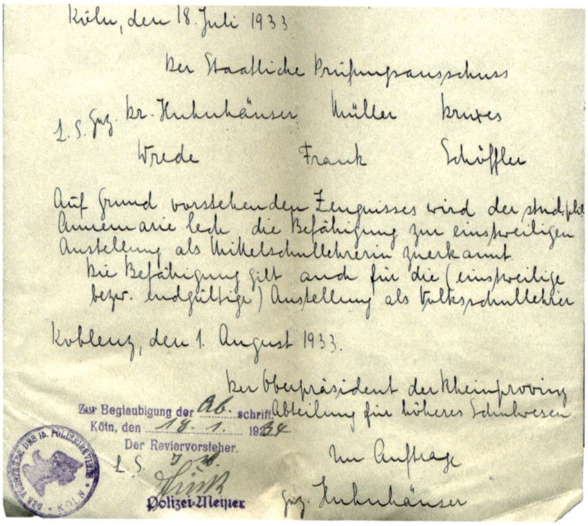

Abb. 87: Bescheinigung der Lehrbefähigung als Mittelschullehrerin, 1.8.1933. Annemarie Böll unterrichtete ab Dezember 1938 zunächst an der katholischen Volksschule, Gellertstraße 4–6, dann ab August 1940 als Mittelschullehrerin an der Städtischen Mittleren Mädchenschule I, Rothgerberbach, an der sie bis zur Schließung der Schulen 1944 tätig blieb.

meinem Ärmel, ob ich das »Krimschild« trüge; ich trug's nicht, und er wandte sich kopfschüttelnd ab; er war unser Geschichtslehrer gewesen, anständig, nie Nazi, nur ganz »Frontkämpfer«, und ich vergaß seinen enttäuschten Blick auf meinen Ärmel nie; er erklärte mir vieles an ihm, das ich bis dahin nicht verstanden hatte: diesen Hindenburgfluch, der auf anständigen und nationalistischen deutschen Akademikern lastet, und die Denkprägung, für die etwas nicht existiert, was nicht *bescheinigt* ist. Im fünften Kriegsherbst, in einer Kölner Straßenbahn, ein halbes Jahr nach Stalingrad, wo gewiß viele seiner früheren Schüler gestorben und verelendet waren, blickte er erst auf meinen Ärmel, dann mir kopfschüttelnd ins Gesicht.

Die letzten BLUMEN AUS DEM BEETHOVENPARK sah ich im Januar 1945 (entblättert natürlich, ich bitte Sie, nach drei oder vier Monaten, das halten selbst stadtkölnische Astern und Dahlien nicht aus!) – die vertrockneten Blätter lagen auf dem Boden, raschelten im kalten Januarwind; es standen noch die Stengel in Vasen und Milchflaschen, der Mörtelstaub hatte sie weißgelb gepudert, ihre STRUKTUR sichtbar gemacht; tot waren sie, dürr, und doch schön, und sie WAREN FREMD, FREMD … ja, General, FREMD. Ich war von Siegburg aus mit dem Fahrrad nach Köln gefahren, hauptsächlich, um auf dem Schwarzmarkt Zigaretten zu kaufen, und ich bekam sogar welche, General; ich hatte das Glück, von einer Prostituierten, die von schwarzhandeltreibenden Deserteuren, welche in den Trümmern hockten, als Sicherungsposten ausgestellt worden war, als der Sohn meines Vaters, also POLITISCH ZUVERLÄSSIG, erkannt zu werden; der Vater des Mädchens saß als Kommunist im KZ; aber nein, Herr Minister, *mein* Vater war ja kein Kommunist, er war Zentrumsmann, SCHWARZ BIS INS MARK, aber das Mädchen war in einem Haus, das meinem Vater gehörte, geboren und groß geworden, sie ERKANNTE mich und KANNTE mich, und so kam ich in den Besitz von fünfzig französischen Zigaretten, das Stück zu acht Mark, Sie sehen, hochwürdigster Herr Bischof, wie wichtig es ist, in gewissen extremen Lebenslagen POLITISCH ZUVERLÄSSIG zu sein; aber natürlich war ich nicht NUR nach Köln gefahren, um Zigaretten zu kaufen, auch, um

Abb. 88 und 89: Kleingedankstraße 20 vor und nach der Zerstörung (1946)

EINMAL BEI UNSERER WOHNUNG VORBEIZUSCHAUEN UND
FESTZUSTELLEN, OB NOCH IRGENDWAS BRAUCHBARES DRIN
IST; zu diesem Zweck hatte ich eine hübsche, strohgeflochtene Damen-
einkaufstasche am Lenker meines Damenfahrrads, und ich radelte also
vom Waidmarkt aus (mein Rendezvous mit jener Dame hatte an der Hohen Pforte stattgefunden) nach Sülz (ich übergehe, was unter dem Stichwort Köln I–CCV, Abschnitt CXXVII ein Mordskapitel ergeben würde:
meine Radfahrt durch Köln an jenem Januartag, ich habe ohnehin schon
Information aus dem Stichwort ZIGARETTENPREISE illegalerweise
hier angebracht). Ich fand die Wohnung NICHT GANZ AUSGEPLÜN-
DERT: die Bilder zum Beispiel hatten offenbar keinem so recht gefallen,
und doch ließ ich sie hängen, erstens, weil sie nicht in die Tasche paß-
ten, zweitens, weil mir BALLAST zuwider ist (sie fanden wenige Monate später dann doch einen Liebhaber: es waren sehr schöne, kolorierte
französische Stiche aus der Biedermeier-Zeit); dem offenbar hastig ar-
beitenden Dieb war sogar noch Schmuck entgangen, der in der NÄH-
KISTE wahrscheinlich nicht vermutet wurde, obwohl er auch dort – wie

192

aller Schmuck in unserer Familie – nicht etwa mit dialektischer Schläue, sondern ZUFÄLLIG – hingelegt worden war; was außerdem dem Dieb entgangen war, war TAFELSILBER, jawoll, meine Herren Exzellenzen, und ich nahm's mit, weil (und das würde eigentlich unter das Stichwort Nichts oder nichts gehören), weil es mir ein begehrtes Tauschobjekt gegen ZIGARETTEN darzustellen schien, Strümpfe fand ich noch, Schals und Handschuhe, viel Staub und Glassplitter, vor allem aber von unserem letzten Besuch her BLUMEN AUS DEM BEETHOVENPARK: kahle Stengel, mörtelstaubüberpudert. Beim Hinausgehen traf ich noch auf unseren Nachbarn, einen netten Flak-Oberleutnant, der einige, vielleicht auch nur einen Kilometer entfernt IN STELLUNG LAG und der mich bat, ihm doch unseren Plattenspieler zu leihen (was angesichts der »Kriegslage« bedeutete: zu schenken). Ich ging noch einmal in die Wohnung zurück, deren Tür ich mit dem Fuß aufstieß, holte ihm den Plattenspieler und ein paar abgeleierte Beethovenplatten, und stellen Sie sich vor, General, was dieser OFFIZIER mir riet: weiterhin Urkundenfälschung zu begehen, Fahnenflucht stand auf den Fahnen der Truppe, deren Moral schlecht war. Und VERDAMMTE SCHEISSE war das letzte Wort, das ich von diesem netten Menschen hörte. [...]

Brief an Theo Weidmann

Köln, den 24. Juni 1946

Lieber Theo, Du mußt immer lange warte, bis wir Dir schreiben. Aber es ist wirklich nicht so, als ob wir nicht an Dich dächten. Das Leben ist hier ein wüster Kampf; wir leben von der Hand in den Mund, aber manchmal ist die Hand leer, die dem Mund etwas geben möchte. Absolute Rücksichtslosigkeit und vollkommene Unfähigkeit, sich in jemand anderes Lage zu versetzen, sind die Haupteigenschaften unserer Zeitgenossen. Wir schlagen uns durch, das ist der einzig treffende Ausdruck.

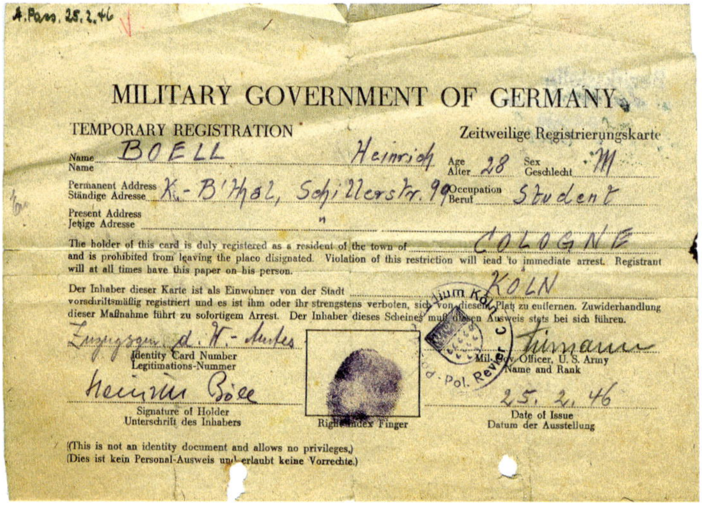

A.Pass. 25.2.46

MILITARY GOVERNMENT OF GERMANY

TEMPORARY REGISTRATION — Zeitweilige Registrierungskarte

Name / Name: BOELL Heinrich — Age / Alter: 28 — Sex / Geschlecht: M

Permanent Address / Ständige Adresse: K.-B'thal, Schillerstr. 99 — Occupation / Beruf: Student

Present Address / Jetzige Adresse: "

The holder of this card is duly registered as a resident of the town of COLOGNE and is prohibited from leaving the placo disignated. Violation of this restriction will iead to immediate arrest. Registrant will at all times have this paper on his person.

Der Inhaber dieser Karte ist als Einwohner von der Stadt KÖLN vorschriftsmäßig registriert und es ist ihm oder ihr strengstens verboten, sich von diesem Platz zu entfernen. Zuwiderhandlung dieser Maßnahme führt zu sofortigem Arrest. Der Inhaber dieses Scheines muß diesen Ausweis stets bei sich führen.

Identity Card Number / Legitimations-Nummer

Signature of Holder / Unterschrift des Inhabers: Heinrich Böll

Right Index Finger

Mil. Gov. Officer, U. S. Army / Name and Rank

Date of Issue / Datum der Ausstellung: 25. 2. 46

(This is not an identity document and allows no privileges.)
(Dies ist kein Personal-Ausweis und erlaubt keine Vorrechte.)

Abb. 90: Registrierungskarte der amerikanischen Militärverwaltung vom 25. Februar 1946

Wir haben noch das große Glück, eine nette Wohnung zu haben, das ist viel in diesen Zeiten in Köln. Ringsum gibt es nichts anderes als Korruption, man muß wirklich manchmal daran zweifeln, ob die Deutschen fähig sind, auch nur eine relative Freiheit zu gebrauchen. Es ist nicht sehr erquicklich im großen Ganzen. Aber das alles ist wirklich leicht zu ertragen gegen den fürchterlichen Krieg und die Gefangenschaft. Ich war fast bis zu meiner Entlassung Ende September im großen Lager in AH. Vorher war ich noch an der Sieg schwer ins Gedränge gekommen, zehn Kilometer von meiner Frau entfernt. Das war alles unsagbar bitter. Ich hoffe, daß wenigstens Eure äußeren Lebensumstände einigermaßen erträglich sind. Denn die Gefangenschaft ward ja zur wahren Geißel, wenn noch Hunger und Kälte hinzukommen. Hoffnungslos bleibt sie ja trotzdem. Ach, vielleicht könnt Ihr ja doch bald berechtigte Hoffnung auf Entlassung schöpfen. Jetzt wäre es noch einigermaßen günstig, irgendwo eine Stelle zu finden. Wer weiß, was noch kommt.

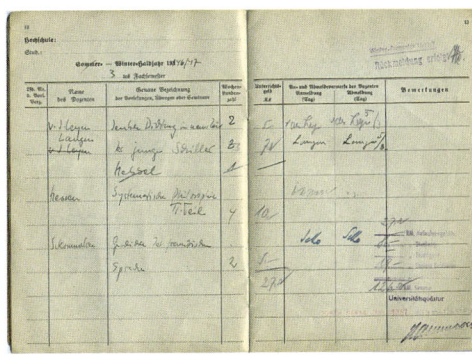

Abb. 91: Studienbuch Heinrich Bölls, Sommersemester 1946

Annemarie geht es gesundheitlich – bis auf den allgemeinen Hunger – gut. Wir sind alle überschlank geworden. Annemarie ist auch wieder im Dienst hier in Köln. Ich selbst bin an der hiesigen Universität, studiere die halbe Woche und arbeite die andere Hälfte der Woche bei Alois praktisch, um mich auch für einen praktischen Beruf etwas zu schulen. Den wüstesten Hauptkampf körperlicher Arbeit – die Instandsetzung unserer Wohnung – haben wir nun hinter uns. Das hat ein halbes Jahr gedauert …

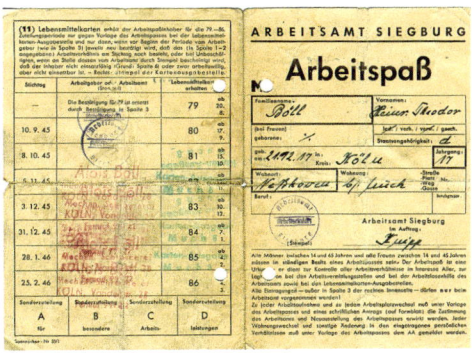

Abb. 92: Arbeitspass

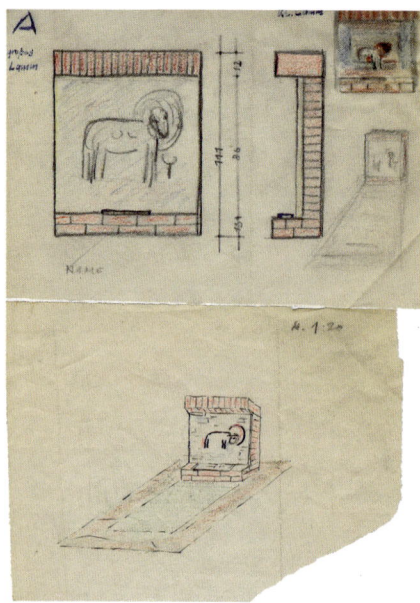

Abb. 93: Skizze des Grabsteins, Ende der 1950er-Jahre

die Bauverhältnisse sind deshalb so schwierig, weil es einfach kein Material gibt. Trotzdem hat Köln schon ein anderes Gesicht bekommen. Der Schutt verschwindet doch allmählich von den Hauptstraßen, und die Altstadt ist sogar ziemlich passierbar. Auf der Strecke vom Dom bis zum Severinstor kann man vielleicht noch zwei Dutzend Häuser zählen … so sieht es aus.

Ach, lieber Theo, es ist nun leider so, daß ich Dir nicht viel Erfreuliches erzählen kann, aber wir ertragen alles mit Geduld und mit dem festen Vertrauen darauf, daß dieser fürchterliche Zustand nur noch höchstens ein Jahr dauert. Oft fahre ich hinaus nach Marienfeld, wo Du uns ja einmal besucht hast, besuche dort das Grab unseres kleinen Jungen und nehme dann die Gelegenheit wahr, bei den Bauern, die wir dort kennen, einmal sanft ›vorzusprechen‹. Das Ergebnis ist nie sehr ermutigend, aber es hilft doch immer etwas. Wir haben sonst das strenge Gesetz bei uns eingeführt, daß vom Essen nicht mehr geredet werden darf. Hinzu kommt eine allgemeine Verteuerung bei geringeren Einnahmen, so bereitet sich allmählich der zukünftige soziale Zustand unseres Volkes vor.

Trotz allem, lieber Theo, bedenke, daß sich das alles viel schlimmer anhört, als es ist. Wir hungern zwar wirklich, aber wir werden nicht verhungern, und ein Mensch in der Freiheit hat doch noch viele Chancen. Sehr drückend ist allerdings auch noch die Nikotinfrage, die in der Gefangenschaft ja geradezu toll war. Ach, mögest Du bald erlöst werden, lieber Theo. Wir beten jeden Abend für alle Gefangenen … Sei gutes Mutes und hoffe. Ich grüße Dich herzlich vielmals und wünsche Dir viel Glück.

Hein und Annemarie

Abb. 94: Grabstein von Christoph Paul Böll auf dem Friedhof von Marienfeld, Gemeinde Much im Rhein-Sieg-Kreis. Annemarie und Heinrich Bölls erstes Kind, das am 29. 7. 1945 im St. Josephshaus in Much geboren wurde, starb am 14.10.1945 im Krankenhaus Siegburg an den Folgen eines aufgrund fehlender Medikamente nicht behandelten Brechdurchfalls.

Hoffentlich kein Heldenlied
(1981)

Wenn ich versuche zu schildern, wie wir – wenn nicht gerade Weihnachten – so doch die letzten Monate des Jahres 1945 erlebten, so fürchte ich, das alles könnte als etwas erscheinen, was es *nicht* war: überaus heroisch. Dieser vielbeschworene »Aufbauwille«, eine den Nachgeborenen so oft vorgehaltene Eigenschaft, oder gar die »Aufbauleistung«, eine fürchterliche Hypothek auf den Schultern eben dieser Nachgeborenen, die Politiker so gern – und so hochverzinst – in Rechnung bringen, das war nichts weiter als der Wunsch, das nackte Überleben zu Leben zu machen; der eine mit etwas mehr, der andere mit etwas weniger Glück. Ich bin sicher, diese ständig mit der ungeheuren Leistung ihrer Väter und Großväter konfrontierten Nachgeborenen würden nach einer vergleichbaren Katastrophe unter vergleichbaren Umständen ebensoviel »leisten«. Manchmal haben mich ausländische Freunde aus neutralen Ländern mit halber Bewunderung gefragt: »Wie habt ihr das alles ausgehalten?« Und ich habe immer geantwortet: »Wie ihr es ausgehalten hättet.« Das muß vorausgesetzt sein, wenn ich zu erzählen versuche, was streckenweise wie ein Märchen klingen muß. Ungern begebe ich mich also aufs Glatteis dieser Art von Erinnerungen. Ich bin immer – auch mir gegenüber – mißtrauisch gewesen gegenüber diesen l'art-pour-l'art-Pirouetten des »Ja, so war es«. – War's wirklich so?

Mit dem Glatteis bin ich gleich beim Thema: Glatteis bedeckte in diesem Winter 45/46 fast ständig den Raum, der später die Küche werden sollte. Da waren schon ein paar Pirouetten fällig, wenn die Suppe gekocht werden mußte.

Wir begannen in einem Trümmerhaus in der Schillerstraße in Köln-Bayenthal – schlichtweg als Hausbesetzer, wurden später zu Instandbesetzern. (Zugegeben: diese Art von Besetzung war seinerzeit legal; auch

Abb. 95: Wohnhaus der Familie in Marienburg, Schillerstraße 99 von 1946 bis 1954; Bölls Arbeitszimmer Mansardenfenster rechts

unsere eigene Wohnung war legal besetzt worden – und futsch.) Interessant wäre nur, einmal festzustellen, wie viele Einwohner Kölns damals als Hausbesetzer begannen. Es gab da einen Stichtag, nach dem, was nicht bewohnt, für Besetzung frei war.

Weiterhin zugegeben: wir bekamen die Instandbesetzung bezahlt. Stundenlohn (erhöhter Hilfsarbeiterlohn) eine *damalige* Mark, nach der wahren, der realistischen Währung gerechnet, das Siebtel einer Zigarette. Grob gerechnet, mag die Erhaltung des Hauses den späteren Eigentümer, die Bundesrepublik Deutschland, etwa 50 000 Mark gekostet haben – *heute* ist das Haus das Zehnfache in *heutiger* harter Mark wert. Welcher Computer könnte da ausrechnen, welche Gewinnmaximierung da stattgefunden hat, wenn man eine Mark, die eine siebtel Zigarette wert war, auf eine Mark umrechnet, für die es sieben Zigaretten gibt? Wie macht man aus etwa 7500 Zigaretten deren 3 500 000? Schweigen wir von der-

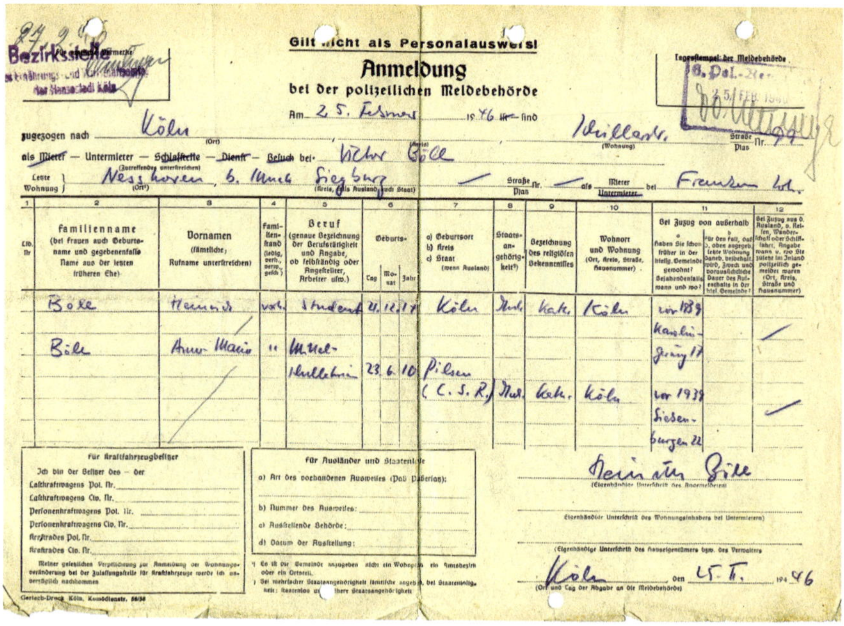

Abb. 96: Anmeldung in der Schillerstraße 25. Februar 1946. Zuvor waren Annemarie und Heinrich Böll in der rechtsrheinisch gelegenen Ortschaft Neßhoven gemeldet.

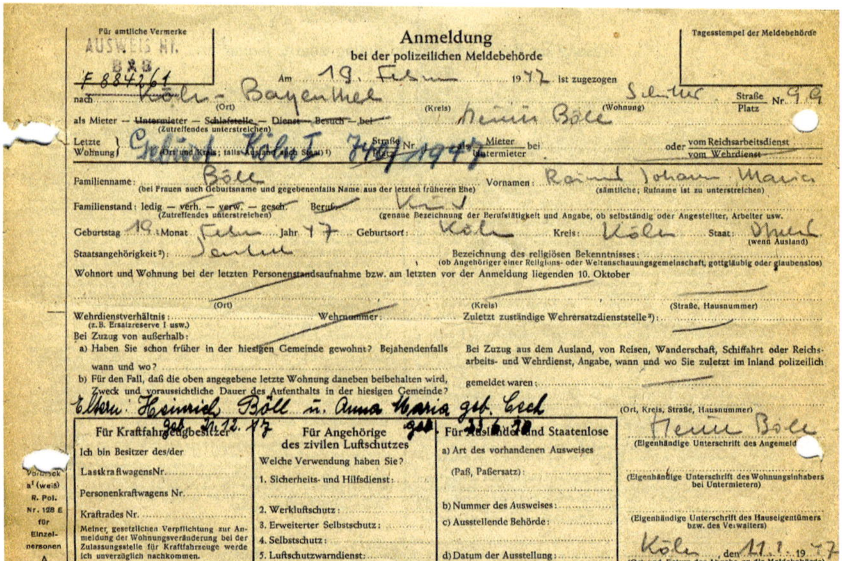

Abb. 97: Meldebescheinigung Raimund Böll Schillerstraße 99 vom 21. Februar 1947

Abb. 98 und 99: Eingang des Hauses Schillerstraße 99

artigen Milchmädchenrechnungen in Brot, Milch, Tee. Oh, ihr Milchmädchen, ihr klugen, man sollte euch mal mit nach Ottawa nehmen. So jedenfalls wurden mit schlechter Mark Werte geschaffen, die Währungsreformen überdauern und in guter Mark permanent ihren Wert steigern.

Zugegeben: wir bekamen auch Lebensmittelmarken, sogar Schwerarbeiterzulagen, obwohl wir so schwer nun auch nicht arbeiteten; auch sie trugen zur Gewinnmaximierung bei. Ach, Milchmädchen, du liebes, wer hat dir beigebracht, daß eine Mark eine Mark eine Mark ist?

Zum Baumaterial trug der Besitzer des Hauses in Worten und Ziffern *nichts* bei. Wir mußten es uns besorgen, was bedeutet: stehlen. Wollten wir nicht ein Dach über dem Kopf? Sollten wir uns das Dach beschaffen. Weiterhin zugegeben: unser Eigentumsbegriff war durch das Erlebnis des Krieges und der Bombardierungen nicht gerade verfeinert worden. Und Gewissensbisse hatten wir keine, es war kein Nährboden für sie vorhanden, und zu dem berühmt gewordenen »Fringsen« bedurften wir nicht des kardinalen Segens. Das mochte harmlos gebliebene Gemüter ermutigen, aber ich frage mich frivolerweise manchmal, ob Frings wohl die Holzlager der Firma Wehrhahn zum »Fringsen« freigegeben hätte. Holz war übrigens in den Trümmern reichlich vorhanden, und *außerdem* sei noch zugegeben: Die Schreinerwerkstatt meines Bruders, der als Chef und Unternehmer fungierte, war fast ganz intakt geblieben.

Ja, Glatteis also bedeckte den Boden der Küche. Es war ein harter Winter, und wir schliefen, meistens zu Fünfen, darunter mein fünfundsiebzigjähriger Vater, der des Landlebens überdrüssig war, gelegentlich auch zu Sieben im späteren Schlafzimmer auf Pritschen, die aus geklauten Türen und Balken zurechtgezimmert waren. Mit dem morgendlichen Waschen kann's nicht viel gewesen sein: Das Wasser mußten wir aus einem ziemlich weit entfernten Hydranten (ich glaube, auf dem Bayenthalgürtel) holen; das Glatteis in der Küche entstand aus Schnee und gelegentlichem Regen, und doch spielte Wasser bei unserer ersten Arbeit, die einer Kafka-Geschichte würdig wäre, eine große Rolle: Der Heizungskeller war überschwemmt, und wir schöpften ihn mit Blechbüchsen leer, kippten das schwärzliche Wasser in den Abfluß der nahe gelegenen Waschküche im Keller, bis wir – nach Wochen erst – feststellten, daß das Wasser aus der Waschküche aufgrund schwer zu eruierender installatorischer Fehlkonstruktionen in den Heizungskeller zurücklief; daß hier eine Fehlkonstruktion vorlag, die vor dem Krieg durch eine elektrische Pumpe, die das Wasser direkt in den Kanal pumpte, reguliert worden war. Woher eine elektrische Pumpe nehmen, und wer, wenn sie aufzutreiben gewesen wäre, würde sie installieren? So überließen wir das schwärzliche Wasser sich selbst und den Ratten.

Nächstwichtige Arbeit: das Dach dicht zu machen. Womit? Da bot

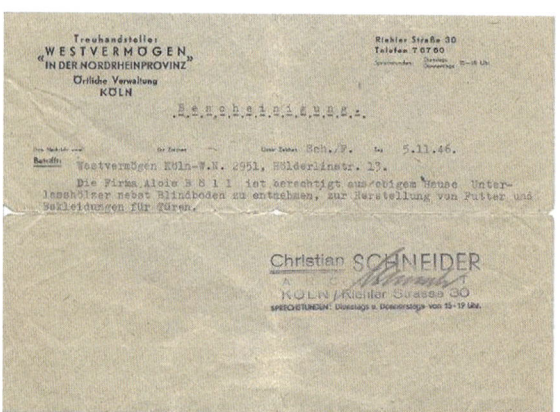

Abb. 100: Auf die Schreinerei Alois Bölls ausgestellte Bescheinigung, aus einem Gebäude Holz für die Instandsetzungsarbeiten der Schillerstraße 99 entnehmen zu können, ausgestellt auf den 5. November 1946

202

Abb. 101: Heinrich Böll, Annemarie Böll mit den Kindern Raimund, Vincent und René in der Schillerstraße 99, 1952

sich der Asphalt der Trottoirs an: Er wurde geschmolzen in einem alten Waschkessel; Brennmaterial gab's reichlich in den Trümmern ringsum, das Geschmolzene wurde aufs provisorisch vernagelte Dach verteilt; woher die Nägel? Dorther, wo alles herkam: aus den Trümmern, alle Bretter wurden sorgfältig entnagelt, die Nägel gerade geklopft. Instandbesetzer sind einfallsreich. Wir scheuten auch nicht davor zurück, den Asphalt des Trottoirs auf dem Bayenthalgürtel in unsere Materialbeschaffung einzubeziehen, und stellten dabei fest, daß Kardinal Frings unser unmittelbarer Nachbar war[49]; als wir den Asphalt vor der bischöflichen Wohnung zweckentfremden wollten, wurden wir von einem priesterlichen Adlatus milde auf an-

---

49 Nach der Zerstörung des Erzbischöflichen Palais in der Eintrachtstraße (später: Kardinal-Frings-Straße) am 19.6.1943 bezog Josef Kardinal Frings nach wechselnden Unterkünften in Bad Honnef und Köln-Lindenthal im Dezember 1946 das Haus Bayenthalgürtel 31, das im Spätherbst 1946 für ihn angemietet und hergerichtet worden war. Frings wohnte hier bis zur Fertigstellung des neu errichteten Palais im April 1956. Die Schillerstraße mündet in den Bayenthalgürtel.

Abb. 102: Heinrich Böll, 1981

dere Quellen verwiesen. Deren gab es genug, und so gab's keinen Ärger mit erzbischöflichen Instanzen.

Nein, Helden waren wir nicht, nicht einmal negative. Müde waren wir, fast apathisch, krank auch, geschwächt. Erst zwei Jahre später, etwa 1947, kamen wir halbwegs »zu Kräften«; unser Arbeitstempo war äußerst gering, wer von »Aufbauwillen« oder gar »Aufbauleistung« gesprochen hätte, wäre des Spotts gewiß gewesen; wir wollten ein Dach über dem Kopf, mehr nicht. Auch Fenster hätten wir gern gehabt, aber Glas gab's einfach nicht, und so wurden die Löcher einfach zugenagelt.

Ernährung? Natürlich gab's da was auf Marken, die Zuteilungsperioden liefen weiter. Schlangestehen um Magermilch – das Schöpfen mit der Kelle ging so flink –, das muß man können, daß die Kelle nie ganz voll wurde: ein Liter ist eben kein Liter, ist kein Liter; nur eine Rose ist eine Rose, eine Rose ist sie! Und 62,5 Gramm Margarine sind keine 62,5 Gramm Margarine; merkwürdigerweise wurde da immer ein Messerstich weggenommen – und außerdem war das Papier ziemlich dick und wurde mitgewogen –, und merkwürdigerweise wurde nie ein Messerstich hinzugefügt, was ja doch, wenn das Wiegen nun mal so ungenau war, logisch gewesen wäre. Oh, ihr Messerstiche Margarine und Butter und du, dickes Papier – wart ihr vielleicht die wahre »Aufbauleistung«?

Tage, Wochen, Monate verschwimmen in meiner Erinnerung, nur eines Datums bin ich sicher: am Nikolaustag 1945 kam mein Schwager Eduard aus einem britischen Gefangenenreservat zu uns nach Köln; nach Prag konnte er nicht zurück, das Schicksal seiner Familie war (und blieb lange) ungewiß. Auf dem Kölner Hauptbahnhof hatte man ihm, bevor er aufs Einwohnermeldeamt ging, um uns ausfindig zu machen, seinen einzigen Besitz, einen prall gefüllten Seesack gestohlen. Oh, freundliche Begrüßung eines Heimkehrers![50] Er blieb bei uns, bekam seinen Pritschenplatz und wurde zum brauchbaren Instandbesetzer. Immerhin hatte er seine Marinepräzisionstaschenuhr gerettet, die später dem Schwarzmarkt geopfert werden mußte. Annemarie war als Lehrerin[51] hauptsächlich damit beschäftigt, an ihre 60–70 Schülerinnen Suppe zu verteilen und unter diesen Trümmerkindern halbwegs Disziplin zu halten. Edi und ich, wir lauerten wie hungrige Wölfe auf die Suppenreste und ihre eigene Portion, die sie im Kochgeschirr mitbrachte, wenn sie mittags total erschöpft nach Hause kam; es gab süße Suppen und fettige, die fettigen waren uns lieber. Nein, Helden des Wiederaufbaus waren wir nicht, und jeder, jeder Nachgeborene würde nach einer vergleichbaren Katastrophe unter vergleichbaren Umständen das gleiche »leisten« – ich wiederhole es und füge hinzu: *wir*, wir wären nach einer wahrscheinlich unvergleichbaren Katastrophe nicht mehr fähig, auch nur irgend etwas zu »leisten«.

Zu Weihnachten hin – oder war's später? – hatten wir überraschend Glück: wir fuhren noch einmal aufs Land, wo wir in einem bergischen Dörfchen ein Evakuierten-Zimmer bewohnten. Das Zimmer war in merkwürdiger Unordnung und strömte einen merkwürdigen Geruch aus: offenbar hatte dort eine Schwarzschlachtung stattgefunden, weil keiner damit gerechnet hatte, daß wir so bald noch einmal zurückkommen würden. Als »Schweigegeld« bekamen wir einen Batzen Fleisch, unerwartete und sensationelle Bereicherung unseres Speisezettels, der gewöhnlich aus der abstrakten Zitierung von Rezepten bestand: oh, wenn

---

50 Eduard Imdahl (d. i. Eduard Čech, 1912–1980). – Eduard Imdahl, der jüngere Bruder Annemarie Bölls, war vor seiner Verwendung als Wehrmachtssoldat im Verwaltungsbereich der Prager Universität tätig. Den Namen Imdahl hatte er Anfang der 1940er-Jahre von seiner Großmutter mütterlicherseits, Maria Hagen geb. Imdahl, übernommen. – Eduard Imdahl war, im Gegensatz zu Annemarie Böll und dem älteren Bruder Paul (1909–1941), nach dem nur wenige Monate auseinanderliegenden Tod der Eltern (1915/1916) bei der Großmutter väterlicherseits in Böhmen geblieben. Annemarie und Paul wurden von den in Köln wohnhaften Großeltern mütterlicherseits, Rechnungsrat und Justizhauptkassenrendant Paul Hagen und Maria Hagen, aufgenommen.

51 Annemarie Böll unterrichtete ab September 1947 als Deutsch- und Englischlehrerin an der Kölner Realschule am Severinswall (bis 1952).

Edi detailliert die Herstellung böhmisch-österreichischer Backwaren und Mehlspeisen beschrieb: etwa Vanillekipferl und Powidl-Knödel, während wir unsere ärmlichen Suppen löffelten.

Ich weiß nicht, ob's auch nur *einen* der damaligen Bewohner Kölns gegeben hat, der *nicht* gestohlen hat, stehlen mußte, und wäre es auch nur »herrenloses Gut« gewesen. Gibt es ihn – man sollte ihn als Denkmal der Reinheit auf dem Roncalliplatz verewigen. Was haben die Überlebenden dieser Jahre da alles verdrängt? *Das, nur das*, ist interessant und wissenswert für die Nachgeborenen. Was nützen die Aufzählungen der »heldenhaften« Situationen und Details, die Anekdoten von der eigenen Schläue, wenn man sich nicht klar darüber wird, daß der Eigentumsbegriff, der heute zu den heiligsten der Nation gehört, praktisch aufgelöst war. Da fanden seltsame »Lastenausgleiche« statt, die nicht registriert wurden. Ganz zu schweigen von den vielen, die das Glück hatten, an der Beute aus aufgelösten Versorgungs- und Wehrmachtslagern zu partizipieren: Autos und Lebensmittel, Gummireifen, Textilien, wieviel »heroisch« aufgebaute Vermögen sind daraus entstanden?

Ich habe wohl zuviel fiction über diese Jahre geschrieben, um meinen non-fiction-Versuchen noch zu trauen. Ich weiß nicht, ob die Erzählungen und Romane nicht wahrer sind als das, was ich hier erzähle.

Ich fürchte eben, es ist doch ein Heldenlied geworden, nicht von positiven, nicht von negativen, doch von äußerst müden Helden, die da in einer zerstörten Stadt sich ein Dach über den Kopf zimmerten, Mauern flickten, Trümmer ausschlachteten, Haus- und Instandbesetzer von der (damals) legalen Sorte. Auf ihre Weise auch Beutemacher: unter anderem fanden wir im Keller des Nachbarhauses ein stockfleckiges, halb-

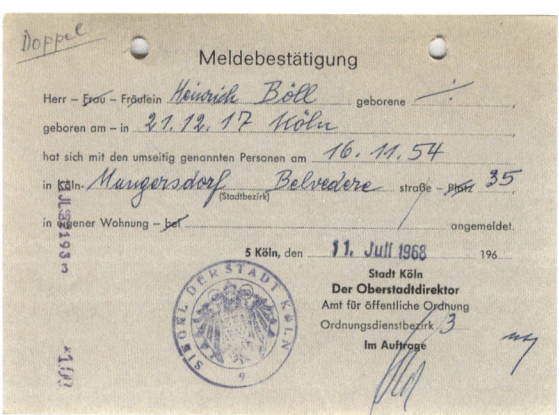

Abb. 103: Meldebestätigung Müngersdorf, 16.11.1954

206

Abb. 104: Ausschnitt aus dem ersten, für den Roman Haus ohne Hüter *(1954) angefertigten Strukturplan*

vermodertes Exemplar der *Galgenlieder* von Morgenstern, und für lange Zeit waren der Schluchtenhund und das Siebenschwein und alle ihre zahlreichen Verwandten unsere Tischgenossen.

Weihnachten 1945: Ich habe keine genauere Erinnerung daran. Christbaum? Kerzen? Ich weiß es einfach nicht mehr. Da war noch etwas, das vielleicht »festgehalten« werden könnte: der Staub und die Stille. Und es erscheint mir am besten, ich zitiere, was ich vor sechzehn Jahren darüber geschrieben habe und heute besser nicht ausdrücken kann:

»Staub, Puder der Zerstörung drang durch alle Ritzen, setzte sich in Bücher, Manuskripte, auf Windeln, aufs Brot und in die Suppe; er war vermählt mit der Luft, sie waren ein Leib und eine Seele; jahrelang die tödliche Qual gegen alle Vernunft, gegen alle Hoffnung als Sisyphus und Herakles diese Unermeßlichkeit des Staubs zu bekämpfen, wie ihn eine zerstörte Stadt von den Ausmaßen Kölns hervorbrachte; er klebte auf Wimpern und Brauen, zwischen den Zähnen, auf Gaumen, allen Schleimhäuten, in Wunden – jahrelang dieser Kampf gegen die Atomisierung unermeßlicher Mengen von Mörtel und Stein.

Das andere war die Stille. Sie war so unermeßlich wie der Staub, nur die Tatsache, daß sie nicht total war, machte sie glaubwürdig und erträg-

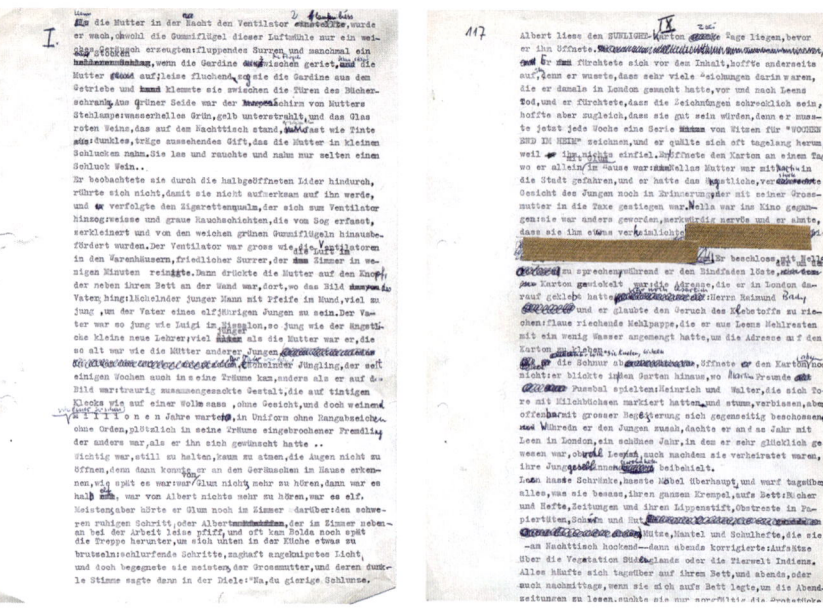

Abb. 105 bis 108: Typoskript *Haus ohne Hüter*, 1954

lich; irgendwo in diesen unermeßlichen stillen Nächten bröckelten lose Steine ab oder stürzte ein Giebel ein; die Zerstörung vollzog sich nach den Gesetzen umgekehrter Statik mit der Dynamik im Kern getroffener Strukturen; offenbar kann man auch den statischen Kern eines Gebäudes spalten. Oft konnte einer es am hellen Tage beobachten, wie ein Giebel sich langsam, fast feierlich senkte, Mörtelfugen sich lösten, sich weiteten wie ein Netz – und es prasselte Steine. Die Zerstörung einer großen Stadt ist kein abgeschlossener Vorgang wie eine Operation, sie schreitet fort wie eine Paralyse, es bröckelt allenthalben, bricht dann zusammen. Der freiwillige, weder durch Sprengung noch durch sonstige akute Gewalt bewirkte Einsturz einer Giebelmauer ist ein unvergeßlicher Anblick; in irgendeiner nicht voraussehbaren, schon gar nicht berechenbaren Sekunde gibt dieses im Kern getroffene, schön geordnete, in Zuversicht und Lust zusammengefügte Gebilde nach; es zählt, fast hörbar tickend, knisternd,

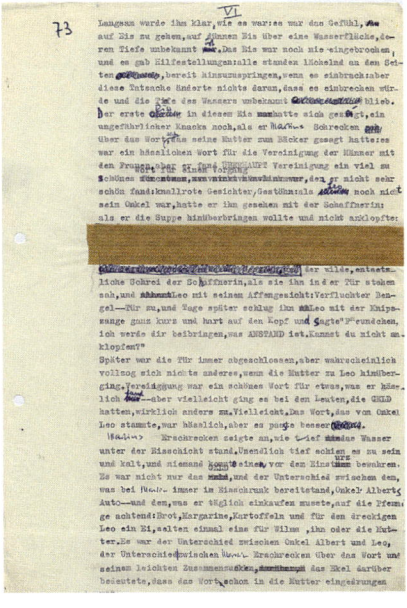

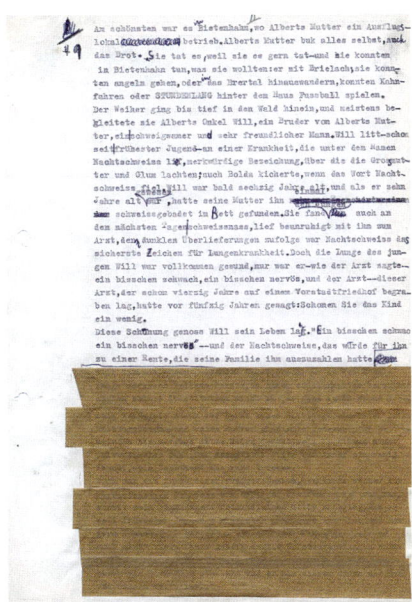

vom Datum seiner Entstehung auf Null und Nichts zurück – auch beim Abschuß von Raketen wird auf Null und Nichts zurückgezählt – und gibt sich auf.«

Ja, Staub und Stille gehörten dazu, und es machte Spaß, ein ruiniertes Haus bewohnbar zu machen; die Heldenväter, die da so oft anklagend und auch angebend an ihre Aufbau-Brust schlagen, vergessen zu leicht, wieviel Spaß das machte, wieviel Phantasie bei der Besorgung der Materialien angeregt wurde, und jede, jede Mahlzeit war ein »Sieg«. Nicht zu vergessen: die Engländer waren eine angenehme, fast unauffällige Besatzungsmacht.

Ich weiß nicht mehr, ob vor oder nach Weihnachten, es geschah eine Art Wunder: ich bekam – immerhin mehr als ein halbes Jahr nach Kriegsende – noch einige, wieviel weiß ich nicht mehr, Obergefreitengehälter zugeschickt! Irgendein korrekter Zahlmeister muß da sowohl

Abb. 109: Heinrich Böll, 1952

die »Kriegskasse« wie die Adressen der Soldempfänger mit nach Hause genommen und seine (nach internationalem Kriegsrecht) illegale Beute gerecht verteilt haben. Diese unerwartete Einnahme – die einzige außer dem Instandbesetzerwochenlohn von etwa 45 Mark und Annemaries Lehrerinnengehalt – wird wohl, wie so mancher Schein, auf dem Schwarzmarkt gelandet sein – Brot, Zigaretten, ein paar Lot Kaffee vielleicht – doch genug davon.

Wir hatten überlebt und begannen zu leben.

Haus ohne Hüter / Billard um halb zehn

»*Köln, Rhein, Rheinland sind natürlich mein Material, einfach Arbeitsmaterial, Ausdrucksmaterial, so wie ein Maler Farben braucht, ein Musiker Töne.*«[52]

Inspiriert von Gebäuden, Straßen, Plätzen in und um Köln, von der mit ihnen verbundenen Atmosphäre, Erinnerungen und Vorstellungen sind die Schauplätze der »geschaffenen Wirklichkeit« der Romane dennoch allein nach den Regeln der Phantasie geschaffen. Im Roman *Gruppenbild mit Dame* heißt es über die Figur Lenis: »Ja, es gibt sie, und doch gibt es sie nicht. Es gibt sie nicht, und es gibt sie.«[53] Übersetzen ließe sich das wohl so: Köln in den Romanen gibt es, und doch wieder nicht, und dann wieder doch. Worin das Wechselspiel ›wirklich‹ besteht, liegt dabei in dem ›wirklich‹ nie ganz zu erschließenden Verhältnis des ›Autors zu seiner Stadt‹. Ebenso aber wie der literarische Reiz der Texte von einer Klärung unbetroffen bleibt, bleibt der Spielraum offen, den Möglichkeiten der Versetzung von Realem und Fiktivem nachzuspüren. Dem Wechselspiel von literarischer Phantasie und topografischem ›Material‹, das

sich aus dem Lebens- und Erfahrungsraum anbot. Zahlreiche Erzähldetails der Romane geben darüber Auskunft. Und dies bereits früh. Etwa in *Der Engel schwieg* 1951. Ein Soldat kehrt in seine Heimatstadt zurück, mit deren Zerstörung er allerorten konfrontiert wird:

»*Als er weiterging, begegnete ihm lange Zeit kein Mensch draußen. Die meisten Straßen waren nicht zu begehen. Schutt und Dreck türmten sich bis zu den ersten Stockwerken der leergebrannten Fassaden, und aus manchen Straßenzügen kam noch Qualm in großen dichten schweren Schwaden.*

Um vom Gürtel zur Rubensstraße zu kommen, brauchte er fast eine Stunde, für einen Weg, den er früher in zehn Minuten hatte gehen können. Zwischen Mauerresten ragten Ofenrohre heraus, Qualm verteilte sich schleichend, und manchmal begegnete er einem schlechtgekleideten Mann oder einer Frau, die ein Kopftuch flüchtig umgebunden hatte.

In der Rubensstraße selbst schien kein Haus mehr zu stehen. Die große Badeanstalt am Eingang der Straße war zusammengesunken, zwischen den Trümmern war hier und da eine von den glänzenden grünen Kacheln des Schwimmbassins zu sehen. Hier, wo die großen Straßen sich früher vereint hatten, sah er auch mehr Menschen;

---

52 Köln gibt's schon, aber es ist ein Traum, im vorliegenden Band, S. 82 f.
53 Heinrich Böll: *Werke*. Kölner Ausgabe. Bd. 17, S. 386.

211

sie alle gingen langsam, waren schmutzig und übellaunig ...«[54]

›Gürtel‹, Rubensstraße, Badeanstalt – zum ›Material‹ dieser Szene wurde der Anfang der 1920er-Jahre nach den Plänen von Fritz Encke angelegte ›Innere Grüngürtel‹ auf dem Gebiet des nach dem Ersten Weltkrieg niederzulegenden, inneren Festungsgürtels. Dann die westlich des Kölner Stadtzentrums gelegene, vom Hohenstaufenring abzweigende Rubensstraße mit dem an sie angrenzenden Nordtrakt des von Hermann Joseph Stübben entworfenen Hohenstaufenbads, Hohenstaufenring 62, der »großen Badeanstalt«. In diesem Fall archiviert der Text gewissermaßen ein zum Zeitpunkt seiner Niederschrift noch ›sichtbares‹ Gebäude, das 1958 abgerissen wurde.

Haus ohne Hüter

1954 erschien *Haus ohne Hüter*. Der im November 1953 begonnene, zeitweise in Unkel ausgearbeitete und im April 1954 in der Schillerstraße abgeschlossene Roman erzählt aus der Perspektive von zwei zwölfjährigen Jungen, Martin Bach und Heinrich Brielach, von den Schwierigkeiten einer ohne ihre Väter aufwachsenden Nachkriegsgene-

ration bzw. davon, was es für ihre durch den Krieg zur Witwe gewordenen Mütter bedeutete, unter diesen Umständen in einer Zeit zu leben, die von rigiden Moralvorstellungen, restaurativen Tendenzen, Geschichtsverdrängung sowie verborgenen Kontinuitäten des Nationalsozialismus bestimmt ist. So viel zum Thema des Romans und einigen seiner Figuren. Der Handlungsort: eine Stadt am »Rhein«. Was von dieser Stadt zu erkennen gegeben wird, an ›Baumaterial‹ erkennbar ist, weist auf vielerlei Weise auf die Umgebung der Schillerstraße; aber auch entferntere Lokalitäten wie die Gemeinde Unkel oberhalb von Bonn oder auf einen Aufenthalt kurz vor Beginn der Arbeit an *Haus ohne Hüter* in Kirchheim bei Euskirchen hin. Mit der Umgebung dieses Quartiers korrespondieren im Roman beispielsweise das Vorkommen eines Staudamms (= Steinbachtalsperre), eines Strandbads (= Waldfreibad der Talsperre) sowie das im Text zu Schloss Brernich verwandelte Vorbild: Schloss Flammersheim. Und auch der Aufenthalt im Pax-Heim in Unkel hinterließ Spuren. Etwa das Pendant der im Roman erwähnten Marmeladenfabrik – »Wo immer Kriege von Deutschland geführt werden, sind sie mit steigenden Produktionsziffern in der Marmeladenindustrie verbunden«[55]: Bis zur Einstellung der Produktion 1970

---

54 Heinrich Böll: *Werke*. Kölner Ausgabe. Bd. 5, S. 50.

55 Heinrich Böll: *Werke*. Kölner Ausgabe. Bd. 8, S. 117.

war Unkel der Standort der 1930 gegründeten ›Marmeladenfabrik und Obstkonfitüren Wirtz & Co‹.

Identifizierbar ist auch, was aus der Umgebung des Schreibortes Schillerstraße zur Ausgestaltung der Romanorte anregend war. Neben den im Roman genannten Straßen wie die Hölderlin- und Novalisstraße – beide liegen in der Umgebung der Schillerstraße – oder dem im Roman erwähnten »GÜTERBAHNHOF OST«, der auf die Anlagen des Güterbahnhofs Köln-Eifeltor verweist, sind dies beispielsweise Kirchen, eine Schule, ein Kino sowie zwei der ehemaligen Fortanlagen des Kölner Stadtgebiets.

»Boldas Hauptbeschäftigung bestand darin, ehrenamtlich verschiedene Kirchen zu schrubben. Ehrenamtlich – ›nicht für Geld‹ – schrubbte sie drei Kirchen: die Pfarrkirche, wo sie in besonders großen, schaumbedeckten Laugelachen zweimal wöchentlich sich triumphierend vom Eingang bis zur Kommunionbank durchpaddelte, dann ehrfürchtig die Teppiche vor dem Altar aufrollte und in einer kleineren, mit mehr Schaum bedeckten Lache – weißgekrönt war diese Lache – um den Altar herumschwebte wie ein dunkler Engel auf einer Wolke. Außerdem reinigte sie die Notkirche draußen im Park und die Kapelle der Nonnen, zu denen auch Onkel Albert oft ging.«[56]

---

56 Heinrich Böll: *Werke.* Kölner Ausgabe. Bd. 8, S. 71.

Die im Text angeführten Charakteristika – Pfarrkirche, Notkirche, Kapelle der Nonnen – führen zu den in die Romanfiktion aufgenommenen Vorbildern: Auf die Pfarrkirche St. Matthias, Matthiaskirchplatz 1–3, die nach ihrem im Zweiten Weltkrieg zerstörten Vorgängerbau, der 1863 von Vincenz Statz errichtet worden war, nach Plänen von Dominikus Böhm bis 1952 wiederaufgebaut wurde. Dann die ›Notkirche‹ der Evangelischen Gemeinde Bayenthal. Nachdem die nach Plänen von Otto March 1905 eingeweihte Reformationskirche in der Mehlemer Straße infolge eines Fliegerangriffs am 4. Juli 1943 zerstört worden war (der Wiederaufbau erfolge erst in den Jahren 1958 bis 1961), wurde das Obergeschoss des Gemeindehauses, nachdem dessen ebenfalls infolge eines Fliegerangriffs entstandene Brandschäden behoben worden waren, 1949 als ›Notkirche‹ eingerichtet. Und zuletzt die ›Kapelle der Nonnen‹: die St. Hildegardis-Kapelle im St. Antonius-Krankenhaus, in der Parallel zur Schillerstraße gelegenen Bernhardstraße.

Auch die folgende Szene spielt mit dem Material lokaler Kenntnisse. Martin Bach, nach der Schule zu lustlos, um nach Hause zu gehen, wartet, bis Albert Muchow, ein Freund von Martins im Krieg umgekommenem Vater Raimund Bach und zum Zeitpunkt der Romanhandlung Mitbewohner und Vertrauter seiner Mutter Nella Bach, vorbeikommt

213

und ihn mitnimmt. Martin Bach wartet und beobachtet:

»Jetzt erst kamen die Bummlerinnen durch die Allee, denen er sonst an der Ecke begegnete; [...]. Er kannte sie alle, denn die, die jetzt zu spät kamen, waren dieselben, denen er begegnete, wenn die Schule mittags anfing. [...]
Er sah einer hoffnungslosen Bummlerin zu, die jetzt erst die Allee heraufkam und sich nicht im geringsten beeilte. [...]
Diese Bummlerin war eine neue. Sie hatte dunkles, wirres Haar, und er bewunderte die Ruhe, mit der sie nun am ATRIUM stehenblieb, um die Kinoplakate zu betrachten. Er rückte auf der Mauer näher zum ATRIUM hin, das neben der Tankstelle lag. Die Plakate kannte er schon, er hatte sie mit Brielach zusammen betrachtet, und sie hatten beschlossen, am Montag ins Kino zu gehen.«[57]

Schule und Kino: In Köln-Bayenthal wurde 1926 im Gebäude des Offizierskasinos der nach dem Ersten Weltkrieg in Köln untergebrachten britischen Besatzungstruppen, Schillerstraße 100, als Mädchenschule das Erzbischöfliche Irmgardis-Gymnasium eröffnet (seit 1983 auch Jungengymnasium). – Weitere Schulbauten in Bayenthal wurden in den 1890er-Jahren in der Annastraße und Goltsteinstraße errichtet.

Und: laut *Greven's Adreßbuch* von 1954, unter der Rubrik ›Lichtspielhäuser‹ befand sich das der Schillerstraße zunächst gelegene Kino in der Bonner Straße, »Bonntor-Lichtspiele, Hans Mertgen und Karl Hoffmann, Bayenthal, Bonner Straße 243«[58]; – das hier für ein Kino einen wohl passend scheinenden Namen erhält, den der »Atrium-Lichtspiele«, das seinen ›realen‹ Standort in Köln-Zollstock, Höninger Weg 268 hatte[59]. Ebenfalls existierten auf der Bonner Straße mehrere Tankstellen: Tankstelle Hoff, Bonner Straße 139, Tankstelle Kux, Bonner Straße 513, und – ohne eigene Hausnummer – nach dem Grundstück Bonner Straße 328 die Tankstelle Schmitz.[60]

Dass es dabei nie um die exakte Abbildung oder Spiegelung des für die Darstellung des Romans genutzten ›Materials‹ zu tun war, zeigt sich noch einmal instruktiv an einem für *Haus ohne Hüter* zentralen Motiv und dessen Verbindung mit Örtlichkeiten, die die Stadt als »Ausdrucksmaterial« bereithielt. Mehrfach wird von der in den 1950er-Jahren angesiedelten Handlung in die Zeit des Nationalsozialismus zurückgegriffen, u. a. auf die von der SA ausgeübte Praxis der Schutzhaft. Ihr Ort sind die Kasematten einer alten Fortanlage:

---

57 Heinrich Böll: *Werke. Kölner Ausgabe.* Bd. 8, S. 189–191.

58 *Greven's Adreßbuch*, 1954, 2. Teil, S. 157.
59 *Greven's Adreßbuch*, 1954, 2. Teil, S. 158.
60 *Greven's Adreßbuch*, 1954, 2. Teil, S. 242.

»*Scherbruder hatte Rai und Albert bei der SA angeschwärzt, die in dem Fort bei Scherbruders Thingplatz ein kleines, fast privates KZ unterhielt; dort hatte man sie drei Tage lang eingesperrt, verhört und geschlagen, und manchmal träumte er noch davon, von den dunklen Innengängen der Kasematten, die vom Schrei der Gequälten widerhallten, und auf dem Betonboden waren Spuren verspritzter Suppe und verspritzten Blutes, und abends der Gesang der betrunkenen SA-Leute, die ihnen beim Kartoffelschälen zusahen […].*«[61]

Bekannt waren diese Lager und ihre Orte in Köln bereits zum Zeitpunkt ihrer Einrichtung. Entsprechend heißt es im autobiografischen Bericht *Was soll aus dem Jungen bloß werden?*:

»*[E]s war kein Geheimnis, daß in den Kasematten rings um den Kölner Militärring von der SA Konzentrationslager eingerichtet wurden: die Wörter ›Schutzhaft‹ und ›auf der Flucht erschossen‹ waren geläufig*«[62].

Eine Erinnerung an die tatsächliche Existenz von Orten, die den fiktiven Schilderungen des 1953/1954 verfassten Romans ihre mögliche Wirklichkeit vermittelten.

»*Albert schwieg. Er kreuzte vorsichtig die Allee, drehte in die Hölderlinstraße, fuhr an der Kirche vorbei und bog in die Novalisstraße. Dann fuhr er um den Park herum, überquerte die Ringstraße, fuhr zwischen abgeernteten Feldern durch eine Barackensiedlung auf das Wäldchen zu. Bolda sah ihn von der Seite an. Albert stoppte, als er den Rand des kleinen Wäldchens erreicht hatte.*

›Wartet hier‹, sagte Albert, ›bleibt drinnen.‹

Er stieg aus, ging ein Stück den Wald hinab, der schräg in die Erde hinein auf das Tor der Kasematte zuführte, bestieg dann die Rasenböschung und verschwand im Gebüsch. Martin sah Alberts Kopf über den kleinen Sträuchern sich hinwegbewegen auf den Platz zu, wo rings um die große Eiche herum ein Kreis ausgerodet war. Hinten blieb Albert an der Eiche stehen, löste sich von ihr, ging auf die Kasematte zu und kam unten, wo die Böschung steiler war, wieder heruntergeklettert.

[…]

›Komm‹, sagte Albert zu Martin, ›steig aus, ich muß dir was zeigen. Du kannst sitzen bleiben, wenn du willst‹, sagte er zu Bolda. Aber Bolda stieg mit aus, und sie gingen nebeneinander den asphaltierten Weg hinunter, der auf die Kasematte zuführte. […] es war von zu Hause eine halbe Stunde weit entfernt, und hier konnte man herrlich spielen in dem ausgetrockneten Wassergraben, der ums Fort herumlief, man konnte die Kamine und die Wimpel der Schiffe auf dem Rhein sehen, aber

---

61 Heinrich Böll: *Werke*. Kölner Ausgabe. Bd. 8, S. 210–211.
62 Heinrich Böll: *Werke*. Kölner Ausgabe. Bd. 21, S. 394.

nicht den Rhein selbst, nur wenn man aufs Dach des Forts stieg, sah man den Rhein, die zerbombte Brücke, deren Rampe ausgezackt und wild über den Fluß ragte. [...] Solange sie im Hohlweg waren, war es still gewesen, aber jetzt, unten vor dem Tor der Kasematte, hörten sie den Lärm spielender Kinder vom Dach des Forts her, und eine Mutter rief: ›GEH NICHT ZU NAH RAN.‹

Neben dem großen, dunkel gestrichenen Blechtor führten die sauber auszementierten Stufen nach oben. Dort war der Springbrunnen und der Rosengarten, und die beiden Plateaus waren dort, wo die Lindenbäume standen, und von der Umfassungsmauer des Plateaus aus konnte man den Rhein sehen.«[63]

Ähnlich wie schon im Fall des erwähnten Kinos der Name des einen mit dem Standort des anderen kombiniert wurde, werden hier zwei Forts ›ineinandergeschoben‹: Das 1839 als Rheinschanze errichtete und in die zwischen 1841 und 1888 errichtete Umwallung der Stadt einbezoge Fort I mit Fort V in Köln-Müngersdorf, das zu den Bauwerken des zwischen 1873 und 1877 zweiten sog. ›äußeren‹ links- und rechtsrheinisch geführten Fortgürtels mit zwölf Befestigungswerken (linksrheinisch entlang der Militärringstraße die Forts I–VIII) sowie entsprechender zählte (der sogenannte kaiserzeitliche Festungsring). Zu diesem Fort führte die im Text erwähnte Ringstraße, ›real‹ die Militärringstraße.

Von der Festungsanlage des Forts bestand 1941, nachdem die frontwärts gelegenen Teile beseitigt worden waren, noch die Kasernenanlage. Wobei aus dem ehemals zweigeschossigen Gebäude durch Zuschüttung des stadtseitig der Kaserne vorgelagerten Grabens ein eingeschossiger Bau mit Kellergeschoss geworden war. Ab Herbst 1942 wurde Fort V, das mit Kriegsbeginn zunächst als Gefangenenlager diente, auch als Durchgangslager für die aus Köln deportierten Juden genutzt. Hinter Fort V, auf einem Areal, das westlich vom Bahndamm der Eisenbahnlinie Köln-Aachen und nördlich durch den Baumbestand der hinter der Fortanlage gelegenen Volkswiese begrenzt wurde, unterhielt die Stadt Köln zwischen 1939 und 1945 ein Wohn- bzw. Barackenlager, das, nachdem das Messe-Lager in Köln-Deutz im Oktober 1944 ausgebrannt war, zum Ausweichlager für das dort untergebrachte Arbeitserziehungslager bzw. die dort untergebrachten Buchenwald-Kommandos wurde.

Das kombinatorische Spiel dieses Forts mit Fort I zeigt sich bei der Schilderung des Anblicks des Rheins und der Brücke vom Dach des Forts – eine Ansicht, die von Müngersdorf aus natürlich unmöglich ist. Ebenso wenig gab es in Müngersdorf eine Lindenallee.

---

63 Haus ohne Hüter, Heinrich Böll: *Werke*. Kölner Ausgabe. Bd. 8, S. 268–269.

›Real‹ aber gab es sowohl die Lindenallee als auch die »zerbombte Brücke«. Die Brücke: die zwischen 1913 und 1915 als Hängebrücke erbaute ›Deutzer Brücke‹ (vormals ›Hindenburgbrücke‹), die am 28. Februar 1945 bei Reparaturarbeiten infolge zweimaliger Beschädigung bei Luftangriffen und Überlastung durch Evakuierte eingestürzt war. Ersetzt wurde sie durch die im April/Mai 1945 von amerikanischen Pionieren errichtete hölzerne Pfahljochbrücke (›McNair-Brücke‹). Als diese im September 1946 eingerissen wurde, wurde sie bis zur Inbetriebnahme des neu errichteten Rheinübergangs am 16. Oktober 1948, der ›Deutzer Brücke‹, durch die sog. ›Patton-Brücke‹ oberhalb der ›Bastei‹ ersetzt (Bauzeit Oktober 1945 bis Juni 1946; im Nov. 1951 abgerissen).

Auch die Lindenbäume weisen auf etwas bei Fort I ›Reales‹ hin, dessen Areal im Rahmen der Entfortifikation der Stadt im Zeitraum von 1914 bis 1918 nach Plänen von Fritz Encke zur Parkanlage (Hindenburgpark; später Friedenspark) umgestaltet wurde. Wobei Gräben und Wälle sowie gebäudliche Anlagen (das Kernwerk) teilweise erhalten blieben. Die Anlage wird an ihrer nordwestlichen Seite von einer Lindenallee begrenzt. Gleichfalls waren oder sind die an dieser und weiteren Stellen des Textes dem Fort bzw. dem Park zugeordneten Gestaltungsmerkmale (Rosengarten, Plateaus, Springbrunnen, Spielplatz) für den Friedenspark (Hindenburgpark) entsprechend nachvollziehbar.[64]

Billard um halb zehn[65]

Fähmels Rundblick versammelt das meiste von dem, was *Billard um halb zehn* mit Köln als ›Ausdrucksmaterial‹ für den Handlungsort bereitstellte – aufgenommen nicht exakt dem Stadtplan gemäß, sondern in der Konstellation gemäß den Vorstellungen, der Fantasie des Autors. Der realen Topografie entsprechend wären beispielsweise die »Orgeltöne aus der geöffneten Tür« nicht die von »Sankt Severin«, sondern die des Doms. Das Übrige, der Weg »über den Bahnhofsvorplatz hinaus, am Hotel ›Prinz Heinrich‹ vorüber, die Modestgasse überqueren und ins Café Kroner« wäre annähnerungsweise ›real‹ nachvollziehbar als Weg vom Vorplatz des Hauptbahnhofs durch die Bahnhofstraße (heute: Domprobst-Ketzer-Straße) auf die Marzellenstraße – deren Ende zum Eigelstein mit dem Eigelsteintor (»Modesttor«) führt –, vorbei am Excelsior Hotel Ernst (laut *Greven's Adreßbuch* Marzellenstraße 10–14)[66] über die Mar-

---

64 Siehe hierzu die Abbildung auf Seite 447 in »Haus ohne Hüter«. Heinrich Böll: *Werke*. Kölner Ausgabe. Bd. 8.

65 Heinrich Böll: *Werke*. Kölner Ausgabe. Bd. 11.

66 *Adreßbuch von Köln und Umgebung*. Greven's Adreß-Buch Verlag, 1935, 2. Bd., IV. Teil,

zellenstraße zu Café Reichard, Unter Fettenhennen 13.

Ebenso wären die dem ›Rundblick‹ eingeschriebenen, im Text später genannten Lokalitäten wie die Druckerei, ihre immer wieder hörbar donnernden Druckmaschinen bzw. die mehrfach erwähnte Metzgerei mit ihrem Signum, einem gelegentlich von Fasanen und Rebhühnern umringten, abhängenden Keiler, ›real‹ benennbar:

»Drüben im Haus Modestgasse 8 konnte sie hinter staubigen Fenstern die stampfenden Druckereimaschinen sehen, die unermüdlich Erbauliches auf weißes Papier druckten; sie spürte das Beben, glaubte sich auf ein fahrendes oder startendes Schiff versetzt. Lastwagen, Lehrjungen, Nonnen; Leben auf der Straße, Kisten vor Gemüseläden: Apfelsinen, Tomaten, Kohl. Und am Nebenhaus, vor Gretzens Laden, hängten zwei Lehrjungen gerade den Keiler auf, dunkles Wildschweinblut tropfte auf den Asphalt.«[67]

Sie weisen auf die seinerzeit in der Marzellenstraße 35–43 gelegene ›Akzidenz-, Kunst- und Buchdruckerei J.P. Bachem GmbH‹ bzw. das in *Greven's Adreßbuch* unter der Rubrik ›Wild- und Geflügelhandlung‹ geführte Geschäft von Friedrich Crombach, Marzellenstraße 57–59[68]. Vielleicht war es aber auch eine der anderen in *Greven's Adreßbuch* auf der Marzellenstraße angeführten ›Feinkost-Handlungen‹ wie Adolf Buchen, Marzellenstraße 49, Josefine Fuchs, Marzellenstraße 51, oder Maria Klemm, Marzellenstraße 12A?[69]

Auch ein Blick Heinrich Fähmels aus dem Fenster seines Ateliers zeigt eine in Köln durchaus ›real‹ mögliche Wahrnehmung:

»[...] rechts in der Ecke des Wechselrahmens [der Rahmen des Fensters] ritten Hohenzollernkönige immer noch auf Bronzegäulen westwärts, unverändert seit achtundvierzig Jahren, auch der eine, sein oberster Kriegsherr; immer noch war seine verhängnisvolle Eitelkeit an der Kopfhaltung zu erkennen; lachend zeichnete ich damals, am Frühstückstisch im Café Kroner, den Sockel, der noch kein Denkmal trug, während der Kellner mir Paprikakäse brachte: immer war

---

S. 460. – Der Weg wäre natürlich auch über die Trankgasse denkbar, ebenfalls vorbei am Excelsior Hotel Ernst, hier laut *Grevens's Adreßbuch* mit den Hausnummern 1–5, über die Marzellenstraße zum Café Reichard. – Aber im Verhältnis 1:1 sollte es sicherlich nicht rekonstruierbar sein. Es bleibt ein Spiel von Alternativen und Möglichkeiten.

67 Heinrich Böll: *Werke.* Kölner Ausgabe. Bd. 11, S. 12.

---

68 *Adreßbuch von Köln und Umgebung.* Greven's Adreß-Buch Verlag, 1935, 2. Bd., IV. Teil, S. 459, 460.

69 *Adreßbuch von Köln und Umgebung.* Greven's Adreß-Buch Verlag, 1935, 1. Bd., II. Teil, S. 100–101.

218

ich der Zukunft so gewiß, daß mir die Gegenwart wie vollendete Vergangenheit erschien [...].«[70]

Es sind die zwischen 1907 und 1911 errichteten Reiterstandbilder an der Hohenzollernbrücke: auf der linksrheinischen Seite die Bronzestatuen Friedrichs III. und Wilhelms II., auf der rechtsrheinischen die Friedrich Wilhelms IV. und Wilhelms I. Über sie heißt es in einem frühen Text, in *Die Preußen und wir am Rhein*: »Und sie versauten uns mit gräßlichen Kasernen und ekelhaften Potentaten-Denkmälern die lieblichen Gestade unseres Rheins. Wir schwiegen, teils war es Höflichkeit, teils fühlten wir uns mit Recht so überlegen, daß wir ihre langweiligen Plänkeleien der Zeit überlassen konnten.«[71]

Wie hier, bleibt es auch im Weiteren ein Spiel, ein ›Versetzungsspiel‹ von Tatsächlichem, von ›gegebener‹ Wirklichkeit in die »geschaffene Wirklichkeit« des Romans. Diesem ›Spiel‹ entstammt, um ein letztes Beispiel anzuführen, ein Schauplatz, über dessen Erinnerung drei Figuren des Romans eng verbunden sind. Es sind Erinnerungen an das Jahr 1935, an die Zeit gemeinsamer Schlagballspiele – »Uferallee. Rechts die Sport-

wiesen, Schlagball, Schlagball.«[72] –, an Verfolgung und Flucht. Durch sie verbunden sind Robert Fähmel, Protagonist des Romans, sein 1935 aus Deutschland geflohener und zum Zeitpunkt des Romangeschehens (6. September 1958) zurückkehrender Jugendfreund Schrella sowie sein Peiniger und NS-Scherge Nettlinger.

Am Tag der Romanhandlung erzählt Robert Fähmel bei seinem täglichen Billardspiel – um halb zehn im Hotel »Prinz Heinrich« –, Hotelboy Hugo von einem Schlagballspiel des Jahres 1935. Es war das Spiel, bei dem durch einen Schlag von ihm weit über die Spielfeldgrenze hinweg Schrella von seinen Verfolgern geschützt wurde. Peiniger – allen voran Nettlinger –, die jenseits aller Regeln und ungeahndet vom Schiedsrichter mit dem Ball auf ihn zielten. Memorierend erzählt Robert Fähmel:

»[...] schon kamen die ersten aus den Brausekabinen zurück, sprachen ›von dem Ball, den Robert schlug‹.
›Gehn wir [Robert zu Schrella] zusammen?‹
›Ja.‹
Die ausgetretenen Betonstufen hinauf, in denen noch Schmutz vom Frühling her lag, Bonbonpapier, Zigarettenschachteln; sie stiegen zum Damm hoch, wo gerade schwitzende Ruderer ein Boot auf den Zementweg hievten; stumm gingen sie ne-

70 Heinrich Böll: *Werke*. Kölner Ausgabe. Bd. 11, S. 81.

71 Preußen und wir am Rhein, im vorliegenden Band, S. 130; siehe auch Über mich selbst, S. 152.

72 Heinrich Böll: *Werke*. Kölner Ausgabe. Bd. 11, S. 219.

beneinander über den Damm, der über niedrige Nebelschichten wie über einen Fluß hinweg führte; Schiffssirenen, rote Lichter, grüne an den Signalkörben der Schiffe; an der Werft flogen die roten Funken hoch, zeichneten Figuren ins Grau; schweigend gingen sie bis zur Brücke, stiegen den dunklen Aufgang hinauf, wo, in roten Sandstein eingekratzt, die Sehnsüchte vom Bade heimkehrender Jugendlicher verewigt waren; ein dröhnender Güterzug, der über die Brücke rollte, enthob sie für weitere Minuten der Notwendigkeit zu sprechen, schlackiger Abfall wurde ans westliche Ufer gebracht [...].«[73]

»Wir stiegen den dunklen Aufgang an der Westseite hinunter, und ich zögerte noch einen Augenblick, als wir die Straße erreichten; mein Heimweg führte nach rechts, Schrellas Weg nach links, aber dann folgte ich ihm nach links, wo der Weg sich zwischen Holzlagern, Kohlenschuppen und Schrebergärten stadtwärts wand.«[74]

Das topografische Areal der erinnerten Szenerie – Sportwiese, Damm, Eisenbahnbrücke, Schiffe an der Werft – ist für Einheimische unschwer als die Gegend der beiden Kölner Hafengebiete erkennbar: auf der rechten Seite des Rheins der Deutzer Industrie-Hafen, der Damm

sowie die angrenzenden Poller Wiesen. Linksrheinisch, auf der Stadtseite, der Rheinauhafen als Werftgelände. Und als Verbindung beider Areale die Süd- bzw. Eisenbahnbrücke. An anderer Stelle werden auch die auf dem Gelände beider Häfen vorhandenen »Drehbrücken« erwähnt, es wird von Kohlenhandlungen, Baustoffhandlungen, Holzlagern, Verladerampen gesprochen. Alles in der näheren Umgebung des Rheinauhafens vorhanden, aber nie in exakter Entsprechung. Diese gibt es nicht, kann und sollte es wohl auch nicht geben.

Ein letzter Hinweis zum Schluss. Diesmal jedoch kein topografisches Detail, das zum ›Material‹ diente, sondern ein historisches Ereignis. Auch wenn dieses im 1959 publizierten Roman fast nicht mehr erkennbar ist, als Ausgangspunkt für den Roman war es zentral, so die Auskunft in einem Gespräch mit Horst Bienek 1961 und sollte daher nicht unerwähnt bleiben. Vor allem auch seines Nachhalls wegen, der bis zu den Erinnerungen an die Schulzeit in *Was soll aus dem Jungen bloß werden?* reicht[75]. Es war die Hinrichtung

---

73 Heinrich Böll: *Werke.* Kölner Ausgabe. Bd. 11, S. 48.
74 Heinrich Böll: *Werke.* Kölner Ausgabe. Bd. 11, S. 50.

---

75 »Die erste Zelle dieses Romans ist die zweite Hälfte des Schlagballkapitels. Und diese Zelle ist entstanden aus einer historischen Begebenheit. Im Jahre 1934, glaube ich, war es, da ließ Göring hier in Köln vier junge Kommunisten durch Handbeil hinrichten. Der jüngste von ihnen war siebzehn oder gerade achtzehn, so alt wie ich damals war, als ich gerade anfing, mich im Schreiben zu versuchen. Das Ganze

von sechs Kommunisten im Alter von 20 bis 38 Jahren im Kölner Gefängnis Klingelpütz am 30. November 1933. Auf Geheiß von Hermann Göring mit dem Handbeil – dies nimmt der Text auf – vollzogen (»Der Mord an Spangenberg und Winterberg gesühnt – Die sechs verurteilten Kommunisten hingerichtet«, *Westdeutscher Beobachter* v. 1. Dezember 1933). Mit diesem Ereignis verknüpft den Roman die Figur Ferdinand Progulskes:

»Ich hatte Hölderlin gelesen: Mitleidend bleibt das ewige Herz doch fest, und Ferdi nur Karl May, der den gleichen Edelmut zu predigen schien; Torheit, unterm Handbeil

---

war als Kurzgeschichte gedacht, war auch so angelegt, aber ich spürte eben, daß es ein Roman werden müsse«; Heinrich Böll: *Werke.* Kölner Ausgabe. Bd. 24, S. 76. – Die Horst Bienek gegenüber genannte Anzahl von vier Hinrichtungen geht wohl auf das zum Zeitpunkt des Gesprächs nicht mehr präzis gegenwärtige Geschehen zurück. Siehe hierzu Was soll aus dem Jungen bloß werden?, im vorliegenden Band S. 176.

gebüßt, im Morgengrauen, während die Kirchenglocken zur Frühmesse läuteten, Bäckerjungen warme Brötchen in Leinenbeutel zählten, während hier im Hotel ›Prinz Heinrich‹ den ersten Gästen das Frühstück serviert wurde, während Vögel zwitscherten, Milchmädchen auf Gummisohlen sich in stille Hauseingänge schlichen, um Milchflaschen auf saubere Kokosmatten zu stellen; motorisierte Boten rasten durch die Stadt, von Plakatsäule zu Plakatsäule, klebten rotumrandete Zettel an: ›Hinrichtung! Der Lehrling Ferdi Progulske‹ – gelesen von Frühaufstehern und Straßenbahnern, von Schülern und Lehrern, von all denen, die morgens mit ihren Broten in der Tasche zur Straßenbahn eilten, die Lokalzeitung noch nicht aufgeschlagen hatten, die es in Gestalt einer Schlagzeile verkündete: ›Exempel statuiert‹, und von mir gelesen, von mir, Hugo, als ich gerade hier vorne an der Ecke in die 7 einsteigen wollte.«[76]

---

76 Heinrich Böll: *Werke.* Kölner Ausgabe. Bd. 11, S. 57 f.

Aus: Stichworte
(1965)

2. Stichwort: Örtlichkeit

Wo wir wohnen, fangen ungefähr die Niederlande, fängt, genau nördlich der Eisenbahnstrecke Köln-Aachen, hier die große Ebene an. Von dieser Linie aus sehen wir die Silhouette von Widdersdorf, das schon an Breughel und Bosch erinnert. Obwohl nur wenige Kilometer entfernt, sieht es unendlich weit aus. Dörfer, die so in Ebenen liegen, wirken geduckt und angstvoll: jahrhundertealte Kriegserfahrung in dieser mit Kriegen reichlich bedachten Landschaft. In dieser totalen Ebene wirken Niveauunterschiede von zehn, fünfzehn Metern, wie in unserem Dorf und im benachbarten Bocklemünd, schon abenteuerlich. Wenn Schnee liegt, die Kinder mit ihren Schlitten zum Rodeln ausziehen, gelten Dämme oder Bodenwellen, die vier, fünf Meter Gefälle bieten, schon als begehrte Bahnen.

Der Vorort, in dem wir wohnen, ist immer noch Dorf. Kaum fünf Kilometer vom Stadtzentrum entfernt, erhält sich die Dörflichkeit aus geographischen Gründen. Jedenfalls im oberen Teil des Dorfes. Im Osten und Süden ist es durch zwei sehr verkehrsreiche Straßen fast wie durch Stacheldrahtverhaue geschützt, im Westen durch einen Grünstreifen, der nicht bebaut werden darf, im Norden durch die Bahnlinie Köln-Aachen, über die nur eine einzige schmale Brücke führt. Große Bauernhöfe, die schon lange nicht mehr als solche betrieben werden, alte Bäume, von denen einer – das sind Einzelheiten, wie die Kinder sie aus dem Heimatkundeunterricht mitbrachten –, von denen einer als die zweitgrößte Rotbuche Nordrhein-Westfalens bezeichnet wird: ein wahrhaft majestätischer Baum. Wir sehen ihn vom Fenster aus; er steht ungefähr an der Stelle, von der aus, wie die Dorflegende berichtet, Napoleon, als er hier einmarschierte, auf das ihm zu Füßen liegende Köln geblickt haben soll. Aus der Richtung, aus der Napoleon kam, aus Westen, rückte im März 1945 die amerikanische Armee von hier aus auf Köln vor.

Das Dorf ist wenig zerstört gewesen, aus – wiederum laut Dorflegende – einem Grund: seine zweitürmige Kirche liegt genau westlich vom zweitürmigen Dom, sie soll anfliegenden Bomberverbänden als Richtzeichen gedient haben. Zwischen ihren beiden Türmen und den Domtürmen durfte »abgeladen« werden.

Trotz aller seit Kriegsende Zugezogenen, trotz der Neubauten, sind es die alten Dorfbewohner, die dem Dorf Stil verleihen: Frauen, die Tag für Tag mit dem Gebetbuch unterm Arm morgens zur Messe, nachmittags zur Andacht gehen; ihre Kleidung, ihre Mienen, die alten Fachwerkhäuschen, aus denen sie kommen; die Wäsche auf ihren Leinen – seit sechzig oder fast hundert Jahren unverändert. Manche sehen aus wie Leibl-Modelle. Das Dorf hat seine gewundenen Straßen, seinen eigenen Friedhof, seine

Abb. 110: Schillerstraße 99; rechts: Heinrich Böll mit Raimund; Mitte (oben): Alois Böll mit Tochter Birgit; untere Reihe v.l n.r.: Franz (sitzend), Marie-Therese, Klaus Imdahl, Clemens und Gilbert (sitzend), 1948

Abb. 111: Belvederestraße 35, Köln-Müngersdorf, 1955

eigene Pilgerwoche: die Wende-
linuswoche, während derer noch
kleine Pilgerprozessionen wall-
fahrend den kleinen Hügel her-
aufziehen. Unsere Nachbarin, eine
alte Bäuerin, erzählte uns noch,
daß man früher einen Schlafplatz
in der Scheune und heißes Kaffeewasser am Morgen für drei bis
fünf Pfennige an Pilger abgab. In
meiner Kindheit war Müngersdorf noch sonntäglich-bürgerliches
Ausflugsziel; nach Spaziergängen
durch Stadtwald, Stadion, Grün-
gürtel trank man Kaffee, nicht mit Kuchen, sondern – ländlich – mit Bau-
ernstuten, Butter und Marmelade in einem der großen Gartenrestaurants
an der Aachener Straße, bevor man mit der Straßenbahn Nr. 8 nach Köln,
in die Stadt zurückfuhr.

Das Dorf hat, wenn auch nicht mehr einen eigenen Bahnhof, wie das
beneidenswerte benachbarte Bocklemünd, aber noch einen eigenen
Halte-Perron, der Köln-Stadion heißt, Fußballfreunde kennen das Dorf,
es heißt Müngersdorf; die Müngersdorfer, obwohl ihnen der Fußball, wie
einst die Pilger, gewisse Einkünfte beschert, sind keineswegs einhellig
begeistert über die Heimspiele des 1. FC Köln. Autos rücken wie Heuschreckenschwärme aufs Dorf zu, besetzen es, umzingeln es, machen jeden zweiten Samstagnachmittag zu einem unerfreulichen; sie bewirken
eine Art Belagerungszustand. Es ist nicht nur nicht leicht, sondern fast
unmöglich, an Heimspieltagen des 1. FC nach Hause oder von zu Hause
wegzukommen. Eine Autoschlange ist eine Autoschlange – und wenn einer nicht des Schlangenfahrens verdienten Lohn, das Fußballspiel, vor
Augen hat, ist es einfach nur ärgerlich, weil ganz und gar sinnlos, für eine
Strecke, die in vier bis fünf Minuten zurückzulegen wäre, eine bis eineinhalb Stunden zu brauchen. Das ist besonders ärgerlich, wenn man nicht

224

Abb. 112 und 113: Heinrich Böll mit Marie-Therese und Viktor Böll in der Belvederestraße 35, 1954 und 1955

von zu Hause weg, sondern nach Hause will. Es ist schwer begreiflich zu machen, daß einer zwar nach Müngersdorf, aber nicht zum Fußballspiel will; eine solche Feststellung wirkt wie eine Beleidigung, sie ist offenbar so unwahrscheinlich wie unverständlich, wird als eine Art ideologischer Kriegserklärung gegen das Fußballspiel verstanden. Da nützen nicht Ausweis noch Beteuerungen, da nützen keine Flüche und kräftigen Ausdrücke: der heimwärts Strebende wird über kilometerlange Umleitungen, an hilflosen Polizisten vorbeigelenkt. Ist das Wetter besonders schön, der Gegner besonders attraktiv – desto dichter rücken natürlich die Heuschreckenschwärme heran. Mag einer ansonsten auch keinen Terminkalender benötigen: Wenn er in Müngersdorf wohnt und für Samstag Verabredungen trifft, muß er sich die Heimspieltage des 1. FC, muß griechi-

Abb. 114: Müngersdorf, Belvederestraße 35 mit Annemarie und Heinrich Böll und den Kindern Raimund und Vincent

225

sche, jugoslawische, italienische Gastspiele vormerken oder sich listig wie Odysseus zwischen Spielbeginn und Ende von zu Hause weg oder nach Hause schleichen. Spaziergänge, während das Spiel im Gang ist, sind gespenstisch: Kilometer im Umkreis bestimmen Autos, Autos, Autos, Straßen und Landschaft, sie bestimmen die Wiesen, die Wälder, Bäume und Häuser – und von Schönheit der Technik keine Spur. Manche der heranrückenden Fußballfreunde, weiten Weges nach Mekka daherpilgernd, erleichtern sich auch auf der Stelle, und das ist weder für jung noch alt, noch für Mann und Frau sehr erhebend.

Weithin ist zu hören, wenn ein Tor fällt, wenn eine Torchance verpaßt wurde, und da dem Genius loci immer am lautstärksten gehuldigt ist, hört man auch, wer wem eins reinschoß: der fünfzigtausendstimmige Seufzer bei verpaßter Chance, die sechzigtausendstimmige Begeisterung – es bedarf keines subtilen Gehörs, nicht einmal geübter Ohren, um am herüberziehenden Geseufze und Gebrüll das Ergebnis vorwegzuerraten.

Manchmal gehen wir nach der Halbzeit auch ins Stadion: Die beherrschende Farbe ist Blau; blaue Mäntel, blaue Regenschirme – und das bewegte Blau der permanenten Zigarettenwolke, Rauchopferwolke, aus einem großen Hain aufsteigend; der saftig-grüne Rasen zwischen so viel Blauschattierungen, unten die flinken, intelligenten Akrobaten, die genau wissen, was sie ihrem Beruf, ihrer Ehre und dem Publikum schuldig sind; in den Kommentaren der Zuschauer eine gewisse Vertraulichkeit, mit Biertischbesserwisserei gemischt; der gelobte oder getadelte Spieler wird beim Vornamen genannt, als wäre man mit ihm zur Schule gegangen; das Possessivpronomen »unser« ist so obligatorisch wie peinlich. Die Spiele sind immer spannend, gute Unterhaltung – es fällt schwer, das Stadion früh genug, das heißt mindestens zehn Minuten vor Spielende zu verlassen. Erfolgte das Einrücken der Heuschrecken noch in Abständen, schubweise – ihr Aufbruch ist gemeinsam, und es ist gut, dann weit weg oder sicher im Haus zu sein, weil man sonst gezwungen wird, am eigenen Leib zu erfahren, was Disziplin und Gehorsam voneinander unterscheidet. Wenn kein Feldwebel anwesend ist, der Disziplin zum Gegenstand des Gehorsams machen kann, erweist sich die Disziplin-, Halt- und

Abb. 115: Skizze Heinrich Bölls, Müngersdorf, Belvederestraße 35 mit Blick in den Garten mit Gartenhaus (Bölls Arbeitszimmer in Müngersdorf), 1965/67

Rücksichtslosigkeit der Gehorsamen. Autofahrende Müngersdorfer, die sich nicht vergewissert haben, ob es ein Heimspielsamstag ist, an dem sie heimwärts streben, und die in die zurückströmenden Autos hineingeraten, sind dazu verdammt, in den Ruf bösartiger, bockiger Nonkonformisten zu geraten; wenn einer, ohne auf den Fußballkalender geblickt zu haben, am Samstagnachmittag so etwas Konformistisches, geradezu peinlich Normales wie nach Hause will – er darf sich weder an Eisenbahn- oder Absperrschilder halten, noch sollte er sich auf die Polizei verlassen, die ihn in Autoschlangen hinein umlenkt – er sollte möglichst seine Autonummer verhängen, sich, alle Schilder und winkenden Arme mißachtend, durchschlagen, mit viel Disziplin, aber ohne Gehorsam, listig wie Odysseus, auf daß er bald der strickenden Penelope am Kamin, im belagerten Müngersdorf gegenübersitze.

An dreizehn von vierzehn Tagen – und wenn der FC Platzverbot hat, oft wochenlang hintereinander, ist Müngersdorf friedlich, mit seinen

227

schönen alten Bäumen, den Bauernhöfen, mit seinem Klatschzentrum, wo die Hausfrauen im morgendlichen Einkaufsrhythmus unweigerlich aufeinandertreffen, eine Pause machen und sich das Neueste erzählen: daß der und der da und da, wie und wo –, oder daß er beim Metzger wieder hat anschreiben lassen. Oh, die alten hohen Platanen, sie wüßten wohl zu erzählen.

Abends große Feier in der Schule. Anlaß 750-Jahr-Feier des Dorfes, Eröffnung der Festwoche vor geladenen Ehrengästen, Eröffnung der Ausstellung »Müngersdorf in Vergangenheit und Gegenwart«. Wir erwarten etwas so liebenswürdig wie rührend Dörfliches, das dem Stil des Dorfes und dem Anlaß der Feier angemessen wäre: Festredner in Frack und Vatermörder, der in wohlgesetzten Worten Geschichte und Entwicklung des Dorfes erläutern würde. Statt dessen eine mißglückte Modernität, die uns an peinliche und mißglückte Modernisierung ländlicher Wirts- und Kaffeehäuser erinnert; kein Festvortrag in wohlgesetzter, altmodischer Rede, sondern eine Mischung aus Lichtbild- und Tonbandvortrag, mißverstandene und mißglückte Funk- und Fernsehambitionen, eine endlose Ver-Featurerung der peinlich knappen historischen Fakten. Dazu eine ermüdende, langweilige Konfessions-Schul-Proportionalität, überflüssig – und viel zu wenig von den frommen Ukrainern, alten Leuten unten in der Siedlung, die für den Werktagsgottesdienst das eigentlich belebende Element sind und sehr gut zu den alten Dorfbewohnern passen.

Auf die Feier hin ersparten wir uns den Festball im Festzelt, zu unserem Schaden, denn nach der Aussage gut informierter Teilnehmer soll der wirklich dörflich gewesen sein.

*Abb. 116: Heinrich Böll im Arbeitszimmer der
Hülchrather Straße 7, 1973*

Hülchrather Straße 7
(1972)

Natürlich fragt sich manch einer, warum man in solche Großstadt-
schluchten zurückzieht, wenn man fünfundzwanzig Jahre lang im Grünen gewohnt hat und dort hätte wohnen bleiben können; vielleicht zieht
man nur um, um den mißlichen Zwang eines dauernd nach Pflege schrei-
enden Rasens loszuwerden und dem Motorenlärm der Rasenmäher zu
entfliehen, dem Traum vom englischen Rasen, der so unerfüllbar ist wie
der Traum von einer Demokratie Schweizer Art.

Hier, hier ist es still, stiller als auf dem entlegensten Dorf, wo irgendwo
doch immer ein Traktor brummt, Jugendliche ihre Mopeds ausprobie-
ren, – wo Städter unermüdlich ihren Zweitrasen schneiden; hier braucht
nicht jeder wildwuchernde Busch – wie's uns da draußen so oft geschah –
gestutzt, noch einmal gestutzt, letzten Endes auf ein Stummeldasein reduziert zu werden.

Hier zeigen die Vorgärten offen, was sie sind: zwischen Autos und Fassaden eingeklemmte Armseligkeiten, nicht einmal den Kindern zum
Spielen freigegeben.

Der Stadtteil ist zum größten Teil nach 1890 erbaut; Zeit einer ersten
Bodenspekulation; Jugendstilfassaden, die Straßennamen klingen noch
nach dem Triumph, der damals erst zwanzig Jahre zurücklag und noch
frisch im Ohr klang: Sedan, Wörth, Belfort, Weissenburg; eine selbstbe-
wußte Zeit, die unerschrocken den beginnenden Jugendstil in seinen verschiedensten popularisierbaren (vulgarisierbaren) Formen aufnahm und
eine bemerkenswerte Vorliebe für langhaarige Weiber entwickelte, die
über Haustüren melancholisch den Eintretenden begrüßen oder mit ge-
konnter Tristesse Balkone stützen. In solchen Straßen, solchen Wohnungen sind wir beide groß geworden, haben wir gespielt; von solchen Häu-
sern aus sind wir zur Schule gegangen – bis das Vaterland rief, den einen

weg, während die andere zurückblieb, in einem ähnlichen Haus, in einer ähnlichen Wohnung. Es ist der Weg zurück in die Stadt, in die Vorstadt, zurück in eine mehr als dörfliche Stille, die sich hinter den Fassaden, in riesigen, durch Mauern und Dachgärten verwinkelten Höfen verbirgt; aus der Schein-Individualität, der in Wirklichkeit total genormten Weekend-Gartenaktivität des Vororts im Grünen, zurück in die Anonymität, oder sollte man sagen: Urbanität?

Natürlich muß man hier die knappen Gehwege, die außerdem noch halb von parkenden Autos besetzt sind, mit den Hunden teilen, die notgedrungen, notwendigerweise und ungeniert hier wenig Heil anrichten; sie dürfen alles, sie dürfen dort, wo Kinder spielen, Kinderwagen parken; sie dürfen; natürlich müssen sie auch, aber sollte ein Hund überall müssen dürfen? Die Folgen sind verheerend – wann kommen Städteplaner endlich auf die Idee, Hundeaborte einzurichten? Oder sollten Hundebesitzer verpflichtet werden, das Hunde-Muß zu beseitigen?

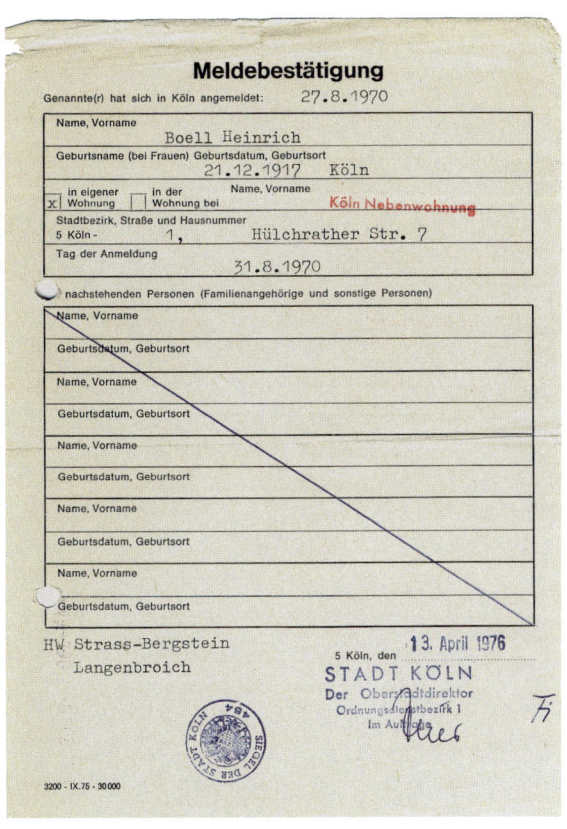

Und dann gibt es ganz in der Nähe, kostenlos zu besichtigen, noch ein anderes, möglicherweise das entscheidende Umzugsmotiv: den Rhein. Fast fünfzehn Jahre lang wohnten wir zu weit von ihm entfernt, war der Rhein nur Ausflugsziel. In seiner permanenten, wer weiß wie alten Vergänglichkeit sagt er nichts, indem er für sich selbst spricht; er ist beruhi-

Abb. 117: Meldebescheinigung Hülchrather Straße 7 zum 31. August 1970, ausgestellt am 13. April 1976

231

gender als das Rasenmäherkonzert, und seitdem sein Wasser so schmutzig ist, daß es zum Autowaschen nicht mehr verwendet werden kann, bleibt er gänzlich unberührt von den Wochenendmechanismen, wird von Eimer, Schlauch und Schwamm nicht mehr in seiner schmutzigen Majestät gestört. Natürlich ist er alt und doch vollzieht er ständig und täglich eine totale Erneuerung, im Gegensatz zu den Institutionen, die seine Ufer beherrschen.

Die Kinder sind zu einer anderen Zeit als die Hunde auf der Straße, sie treten sozusagen täglich deren Erbschaft an und spielen in deren Hinterlassenschaft; viel Platz ist da nicht, wo beiderseits Autos parken, die Vorgärten zu betreten verboten, wenn auch nicht unmöglich ist; es bleiben die schmalen Gehsteige zwischen Autos und Vorgärten, bleiben die Hauseingänge, und nicht einmal die Gossen, in denen man immerhin noch mit Klickern spielen könnte, sind frei. Hier wäre manches »zu unserer Zeit« fällig, und manches »als unsere Kinder noch klein waren«; immerhin hatten unsere Kinder noch so unersetzliche, künstlich schwer zu erstellende Spielplätze wie die Trümmer, es waren kaum Autos auf den Straßen, sehr selten einmal ein Hund, und die Trümmer erlaubten eine freie Entfaltung so widersprüchlicher oder einander ergänzender Spielbetriebe wie Zerstören und Bauen, sie waren, jedenfalls so ums Jahr 1950 herum, dicht bewachsen, Ruinenparks; aber damals hat so manch einer die Trümmerkinder bedauert, die gar nicht so bedauernswert waren, spielende Kinder, auch in Dörfern, sind immer gefährdet, und Eingeweihte wissen längst, daß die berühmten Sandkästen, von denen einer auf einige tausend Kinder kommen mag, im Dunkeln, wenn die Kinder schlafen, für einige hundert Hunde willkommene Aborte sind; nicht nur die Straße, auch der halbe Bürgersteig gehört den Autos, und natürlich wird sich das Problem auf die Länge der Zeit von selbst lösen, durch Geburtenrückgang. Dann werden endlich Autos, Erwachsene und Hunde unter sich sein. Dann wird es auch keinen Ärger mehr mit den Vorgärten geben, sie werden alle aussehen wie Bühnendekorationen für Beckett-Stücke.

Wer wundert sich, daß die Lieblingsbeschäftigung der Kinder das Schießen ist, nachgeahmtes oder mechanisch produziertes Rattern und

Sägen von Maschinenpistolen? Knallen, Geheul und wer würde sich wundern, wenn ihre Aggressivität sich eines Tages gegen ihre Konkurrenten, die Autos, richten würde, die ihnen den Spielraum wegnehmen, ihnen die Gosse versperren; wann wird das große Gekratze, Gekritzel beginnen? Es sind brave Kinder, auch wenn sie so viel schreien und schießen: das große Tabu, das Auto, verletzen sie nur selten, und wenn, dann ungewollt.

Beherrschend für das Viertel ist das große Schloß mit der weitläufigen Fassade, es zieht viele Besucher an, weil in ihm die große Dame mit den verbundenen Augen residiert; sie entscheidet über Ehen, Scheidungen, Miet- und Wohnungsstreit, Beleidigungsklagen, klärt Besitzverhältnisse; es wäre ungerecht zu sagen, die Dame in ihrem Schloß wäre unproduktiv; eins wird ganz gewiß in ihrem Herrschaftsbereich produziert: Staub, jener besondere Staub, der sich in und auf Akten sammelt; die Dame erteilt Nummern, Termine, verhört Zeugen, Kläger, Beklagte; ihre Kunden, die Bittsteller, die nach Recht verlangen und um Gerechtigkeit begehren, bebend vor Ungeduld, weil Termine drohen, umkreisen sie die Häuserblocks, um irgendwo eine Lücke zu finden, und wenn sie keine finden, parken sie eben dort, wo's verboten ist, parken sogar dort, wo's Halten verboten ist; abgehetzte Anwälte, die rasch ihren Talar überziehen, mit Aktenordnern und -taschen sich zur Audienz ins Schloß begeben – da findet so manche rasche Verwandlung statt, die sichtbaren Türhüter sind freundlich, die unsichtbaren Türhüter, ich nehme an, sie lächeln, nicht verächtlich, eher traurig, wohl weil sie ahnen, daß hier auf ewig Mißverständnis herrscht: Mißverständnis über die verschiedenen Arten der Wörtlichkeit, die permanent hier aufeinanderprallen, die Wörtlichkeit der Eingeweihten und Einverstandenen mit der der anderen, die nicht begreifen können und wollen, daß geschriebenes, gesprochenes Recht eine andere Wörtlichkeit hat als ihr Streben, Gerechtigkeit zu erlangen. Da wird, was klar schien, unklar, geschriebenes, gesprochenes, ausgelegtes und gedeutetes Recht hat eine andere Dimension als jener Wunsch nach Gerechtigkeit, der eine andere Selbstverständlichkeit hat als in diesem Labyrinth sichtbar wird. Was so klar als Recht schien, wird in einer anderen Wörtlichkeit unklar, es findet Reibung statt, Auf-

Abb. 118: Café Fromme, Breitestraße, Mitte der 1960er-Jahre

reibung auch, eine offenbar unvermeidliche Umwälzung von Worten, die sich unvermeidlicherweise in Akten niederschlagen, Staub anziehen, der aus Archiven in die Flure, aus den Fluren in den Verhandlungsraum, um viele Worte vermehrt aus dem Verhandlungsraum in die Flure, aus den Fluren wieder in die Archive zurückbefördert wird.

Die Schule im Hof des Nachbarblocks erspart uns den Wecker, wenn wir nicht vor halb acht aufstehen wollen; die langsame, stetig anschwellende Addition von Kinderstimmen, noch nicht mit Pausenfröhlichkeit, noch gedämpft; kein unangenehmer Wecker. Die Pause gegen 10 erspart den Blick auf die Uhr, und wer bis jetzt noch nicht wach ist, wird's unweigerlich; die Vehemenz kurzfristiger Befreiung erfüllt den benachbarten Hinterhof; Halbzeitlärm, der in der Pause gegen zwölf sich steigert, weil das Ende nahe ist. Die Entfernung von unserem Schlafzimmerfenster zum am nächsten gelegenen Unterrichtsraum mag drei oder vier Meter betragen; wenn hier und dort die Fenster offenstehen, im Sommer oder an warmen Herbsttagen, kann man, im Bett liegend, am Unterricht teilnehmen: seine Kenntnisse in Heimatkunde, Rechnen, Singen auffrischen;

234

jugendliche Besucher lassen es sich nicht nehmen, vom Schlafzimmerfenster aus unmittelbar, vorsagend natürlich, Vorschläge hinüberrufend, in den Unterricht einzugreifen, hin und wieder auch ein gerade gesungenes Liedchen mitzusingen. Spätestens gegen Viertel nach eins tritt Stille ein, nicht einmal gestört durch Radios, Transistoren oder Fernsehlärm.

Da wir keine schulpflichtigen Kinder mehr haben, verschlafen wir manchmal, wenn der Wecker gegen einhalb bis Viertel vor acht nicht funktioniert, und stellen fest: Es sind Ferien oder es ist Feiertag. Dann wird die Stille fast kathedral, der leere Schulhof mit seinem hohen Baum lädt zur Meditation ein: Wieviel Kinder mögen hier schon durchgewandert, abgewandert sein?

Ständig da und jeden Augenblick vergangen, Deutschlands Strom; wenige Kilometer nördlich von hier tritt er in sein schmutzigstes, giftigstes Stadium – was nützt da die Aufzählung von Geschichte, auf die man so stolz ist, die man in jedem Kubikmeter aufgewühlter Erde hier findet: vorrömische, römische, fränkische, merowingische Scherben und Steine? Hier – das weiß jedes Kind – wird viel Geld verdient, das anderswo verachtet und doch gern genommen wird. Merkwürdig, daß in diesem Land, in dieser Stadt am Rhein die Geschichtslast den Fortschritt nicht verhindert, eher fördert. Wo die ältesten Kirchen stehen, werden die modernsten gebaut, wo die älteste Brücke über den Rhein führte, wurde die modernste gebaut. Es können hier nicht alle Mißverständnisse über den Rhein und das Rheinländische geklärt werden. Man kann am Tegernsee gut über das Geld, das hier oben verdient wird, spotten, weil man die Luft, die aus dieser Art Geldverdienen entsteht, nicht ständig atmen, das Wasser, das durch diese Art Geldverdienen entsteht, nicht ständig als ungenießbar ansehen muß.

Es ist sehr leicht, von Fulda oder Rott am Inn aus von der heilen Welt zu sprechen, mit der man die heile Herrschaft meint, wenn man nicht ständig mit dem Unheil dieser Herrschaft konfrontiert ist. Ein Fluß, in dem man nicht mehr baden kann, ist kein Fluß mehr, sondern ein Abwasserkanal, und baden konnte man im Rhein schon um die Mitte der 50er-Jahre nicht mehr: Wenn wir unsere Kinder manchmal hineinließen, kamen sie mit ölig gelben Unterhöschen heraus. Heil dir im Siegerkranz! Und natürlich steht sie, die Wacht am Rhein, die Union der festen Hand.

Man nennt solche Wohngegenden, wo die Hunde mehr Freiheit haben als die Kinder, Ballungszentren. Das ist ein hübsches Wort. Hier ballt sich auch der unerbittliche Müll, den man neuerdings Konsummüll nennt; weh dem, der nicht weiß, wann die Müllabfuhr kommt: am Montag, und wenn der Montag ein Feiertag ist, kann's Mittwoch oder Donnerstag werden, weil der Stufenplan geändert werden muß. Natürlich sind auch die Mülleimer die ständigen Spielkameraden der Kinder; sie stehen dort, wo noch ein bißchen Raum für spielende Kinder geblieben ist: in den Hauseingängen, offen, oder schamhaft bedeckt, und natürlich sind die Müllmänner die sehnlichst erwarteten Befreier. Sonntags abends setzt der Run auf die Mülleimer ein, werden rasch noch Papiersäcke gefüllt, nach unten gebracht, bevor der Müllwagen kommt, der prompt die unvermeidliche Verkehrsstauung verursacht, er ist breit genug, die Einbahnstraße zu blockieren, Rechts- oder Linksabbiegern Ungeduld zu verursachen, die Straßenkreuzung zu verstopfen, und wenn dann noch, was gelegentlich vorkommt, in der Nachbarschaft ein Lieferwagen die Einbahnstraße verstopft, setzt das so fröhliche wie sinnlose Hupen ein. Auf diese Weise kann man – von oben herab – die Absurditäten beobachten und – wenn man nach unten herabsteigt – die gesteigerte Vergiftung der Atemluft feststellen, in der um diese Zeit die nichtschulpflichtigen Kinder spielen. Sie sitzen mit ihren Puppen, Autos und Pistolen zwischen den Containern für Wohlstandsmüll, der von fröhlichen Ausländern abgeholt wird.

Es sind Italiener, Türken, Griechen, Marokkaner, die umsichtig und würdig die Straße von dem großen Alptraum einer ständig wachsenden Müllawine befreien; auf Extrakartons mit Müll sitzend, gelegentlich auch auf den Eimern oder auf Türschwellen unter den melancholischen Jugendstildamen, verzehren sie ihr Frühstück, lassen sich durch Hupen nicht beunruhigen. Was wären wir ohne sie? Verloren. Es erübrigt sich, ihren Fleiß und ihre Umsicht zu loben, die Eleganz, mit der sie die Mülltonnen an dicht parkenden Autos vorbeirollen, ohne ein Krätzerchen zu verursachen. Die meisten kommen aus sonnigen Ländern nach Nifel-

Abb. 119: Heinrich Böll in Bornheim-Merten, 1981

heim hier in den Norden, in das Land, durch das Siegfried nach Burgund, nach Worms ritt. Selten wird da, wo die Sonne scheint, viel Geld verdient und wohl kaum gibt es dort viel Wohlstandsmüll – das meiste Geld wird unter grauem Himmel verdient, wo die Menschen wahrscheinlich aus Angst oder Verzweiflung arbeiten.

Abends, kurz vor acht, kurz vor Beginn der Tagesschau, sieht man sie oft am Kiosk, wo's Zigaretten, Alkohol und das lokale Boulevardblatt gibt; nicht nur sie, viele andere aus der Nachbarschaft, die rasch, bevor's am Fernsehschirm losgeht, noch Zigaretten, Bier oder Limonade brauchen; meistens kommen ihre Kinder, die noch nicht so recht deutsch verstehen, Geld hinhalten, den Namen einer Zigarettenmarke radebrechen oder »Bier« in den verschiedensten südländischen oder orientalischen Artikulationen murmeln. Hin und wieder, nicht selten, holt sich hier ein einsames Männer- oder Frauenherz die tröstende Flasche Schnaps.

Der Kiosk ist die letzte Rettung, wenn Kaffee und Zigaretten ausgehen oder wenn man rasch noch einen Krimi erstehen möchte. Natürlich gibt's auch Bonbons und Schokolade, Negerküsse und Waffeln – all die Nichtigkeiten, die an Kindheit erinnern, ein bißchen an Kirmes und Jahrmarkt.

Die Straße hat natürlich eine Geschichte, auch eine soziale. Ich nehme an, als sie vor etwa siebzig Jahren entstand, wohnten hier Gerichtspräsidenten und Landgerichtsdirektoren – sie galt wohl als vornehm, als eine gute Adresse; inzwischen hat sich das, etwa seit 1818 und noch einmal nach 1945 verändert und gemischt, und das macht die Straße so angenehm, macht sie weniger isoliert als einen Villenvorort; hin und wieder erkennt man jemand, der zum zweiten oder dritten Mal aus einem bestimmten Haus kommt – und man weiß: dort wohnt sie oder er, und wenn er dann den grünen Volkswagen besteigt oder den weißen Renault, dann weiß man, der ist die oder der, der den grünen Volkswagen fährt oder den weißen Renault. Es stehen teure Autos rum, Mittelklasse und billige, die Visitenkarte der Straße. Natürlich sind die meisten Fußgänger, Straßenbahnfahrer, Radfahrer vielleicht. Es ist ohnehin weniger mühevoll und geht rascher, wenn man mit der Bahn ins Stadtzentrum fährt, oder zu Fuß geht; und so hält manches Auto, das eigene eingeschlossen, nur tagelang die Gosse besetzt, weil, wenn sich eine Lücke öffnet, sofort der nächste sie wieder schließt.

Die abendlichen Spaziergänger sind meistens ausländische Arbeiter, allein, mit Frauen, mit Frauen und Kindern – wahrscheinlich, um wenigstens für eine Stunde oder zwei den engen Wohnungen zu entfliehen; ums Geld für einen Kaffee zu sparen, spazieren sie, sauber gewaschen, mit ihren ernsten Bauerngesichtern unter dem Himmel von Nifelheim daher, fremd sich fühlend – so fern von Portugals oder Marokkos Himmel, so weit entfernt von den Männercafés, in denen man Domino oder Billard spielen kann. Sie kommen meistens aus den Hinterhäusern der Nachbarstraßen, wo sie zu Hunderten wohnen und sich erstaunt in diesem Land umsehen, von dem sie lange nicht wissen werden, ob es nun unfreundlich oder nur so sehr fremd ist; ob die Fremdheit Unfreundlichkeit vortäuscht oder die Unfreundlichkeit nur eine Erscheinungsform der Fremdheit ist. Die Stadt ist nicht fremdenfeindlicher und nicht fremdenfreundlicher als andere, und die sogenannte Kontaktarmut betrifft nicht nur die Fremden, auch die eigenen Landsleute.

238

Eines Tages, so denke ich mir, wird es den Fußgängern erlaubt werden müssen, über die Dächer langsam voranschleichender Autos hinweg zu spazieren, und so, Schritt für Schritt, die Autos zu überholen. Man sollte für alle Fälle schon, wenn man weiterhin Autos und Autos und Autos in die Städte hineinpumpt, eine Art strapazierbaren Bodenbelags für Autodächer erfinden, und die Satiriker unter den Karikaturisten könnten sich vielleicht des Themas annehmen, denn es wäre viel bekömmlicher für die Fußgänger, über den Autos als neben ihnen herzuspazieren, und vielleicht ließen sich auf diese Weise sogar Autodächer zu Kinderspielplätzen, beweglichen, umfunktionieren; eine Art Spielrolltreppe für Kinder, Laufbänder, eins hin, das andere zurück, so daß die Kinder und auch Erwachsene ungefährdet und kostenlos natürlich, stadtein und stadtauswärts über den Autodächern sich bewegen könnten. Fahrbare kleine Schwimmbassins, Ping-Pong-Tische – der Phantasie sind keine Grenzen gesetzt; man könnte auch die Autofahrer verpflichten, Liegestühle oder Bänke auf ihren Dächern mitzuführen.

Dann brauchte man nicht einmal mehr diesen permanenten, seit 1945 anhaltenden, immer neue Objekte findenden und erfindenden Wühlsinn, der nie und nimmer, aber auch niemals Ruhe geben wird, weil man 1970 baut, was 1960 hätte gebaut werden müssen und 1980 wahrscheinlich bauen wird, was 1970 hätte gebaut werden müssen – wenn man alles das baut, was man 1945 schon hätte bauen müssen. Die Tristesse, die von den ständigen und stetigen Baustellen ausgeht, liegt vielleicht in der Tatsache, daß keiner – und mag er sich noch so fortschrittlich geben, es sogar sein, tatsächlich an die Zukunft zu glauben scheint; so wird ständig nur Versäumtes nachgeholt, und was 1960 versäumt wurde, kann man 1970 nicht nachholen, man müßte es wenigstens für 1980 bauen, und dann würde es, wenn es fertig würde, doch schon 1982 wieder nachgeholt sein. Es ist ein ständiges, absurdes Nachholen. Leute mit Straßenparkplatz in dichtbewohnten Vierteln, den so hübsch als Ballungszentren bezeichneten, kennen den Kummer, die Parkplatznot, die so erfinderisch macht, daß man auf die Dauer erkennt: Zu gewissen Zeiten ist es billiger, das Auto zum Waschen wegzugeben, als wieder einmal im Haltever-

Abb. 120: Heinrich Böll, 1976

bot zu parken. Wenn ich zu meiner Tankstelle will, muß ich, da ich am Ende einer Einbahnstraße wohne, und weil durch schwer durchsichtige U-Bahn-Bauten der Weg nach vorne in komplizierte Sackgassen führt – ich muß um zwei, drei Häuserblocks herum, muß mindestens eine zweikilometerlange Acht fahren – aber da ich meistens den Anschluß in die zweite Schleife der Acht verpasse und – aufgrund täglich wechselnder Umleitungen und neuer Sackgassen dann in relativ weit entfernten Vororten ankomme oder an der dichtbefahrenen, autobahnähnlichen Umgehungsstraße scheitere, die, wenn ich sie überquere, mich in entlegene Einbahnstraßen ablenkt, so daß der Heimweg nostalgisch-unfindbar wird – aus diesen Gründen überlasse ich es einem meiner Söhne, das Auto aufzutanken, Öl wechseln zu lassen.

Die angestrebte Urbanität ist erreicht, wenn man im Umkreis von zwei, drei Minuten alle Einkäufe erledigen, aller Dienstleistungen teilhaftig werden kann: Friseur und Schuhmacher, chemische Reinigung, unerläßlich unter diesem Himmel, der ständig Schmutz regnet; den Bäcker, Metzger, das Milch- und Lebensmittelgeschäft, Zigaretten und Zeitungen, Blumen, die Wäscherei, die Büglerei, den türkischen und italieni-

240

schen Lebensmittelladen – und natürlich den Chrom-Riesen, der alles hat, alles zeigt, alles hergibt. Das große, weitgeöffnete, einladende Wunder der Verkaufspsychologie. Er, der große Chrom-Riese, ist der Herr der Heerscharen, sauber, bequem, lächelnd – alles liegt da, als wäre es geschenkt. Wird er sie alle schlucken? Eines Tages auch die Schuhe reparieren, die Wäsche waschen und bügeln, Anzüge reinigen? Ich hoffe nicht, und ich glaube nicht, weil der strahlende Riese nicht der ihn umgebenden Architektur entspricht. Diese Straßen mit ihren Hinterhöfen und Anbauten werden noch eine Weile dem ihnen verordneten Strukturwechsel trotzen. Der große Riese ist modern, und es bedeutet nichts, modern zu sein – modern, moderner als in Großstädten ist man auch auf dem Land und in den Kleinstädten. Die Behauptung, Städte wären traditionsfeindlicher als das Land, trifft nicht zu und ist nie zugetroffen. Je größer eine Stadt, desto mehr Altmodisches, Abseitiges erhält sich ihr – wie es an den Beispielen Berlin, London und New York zu beweisen wäre. Städte haben mehr Geduld, mehr Verstecke – und mehr Bedarf an Dienstleistungen, auch mehr Toleranz gegenüber allem, was nicht so brandneu ist. Urbanität besteht in der Duldung von Erscheinungen, die statistisch längst abgeschrieben sind – Urbanität kann es auf dem Land nicht geben.

In der Nachbarschaft haust schon der Abbruchhammer. Er schlägt große, völlig intakte Wohnhäuser und Villen um, im Auftrag jener unerbittlichen Gottheit, die Profit heißt und ihre Opfer fordert – und wenn der Abbruchhammer gesiegt hat, wird man jene Häuser bauen, die man vielleicht 1951 hätte bauen sollen. Sie werden den Schuhmacher, dem die Kinder noch zuschauen können, nicht mehr dulden, auch die Büglerei nicht – vielleicht ist es angemessener, im Jahre 1907 zu wohnen, wo die Herrschaft sich noch offen und spendabel zeigte: die Familie, die damals schon an Grundstücken reich wurde, an denen inzwischen noch zwei- oder dreimal andere reich geworden sind, stiftete noch eine ganze Kirche von domhaftem Ausmaß – komplett eingerichtet.

Und in dem 1972 gebauten 1951 wird kein Platz mehr sein für Altmodisches, Abseitiges, für Geduld und Toleranz. Profit und Urbanität schließen einander aus.

Arbeitsplätze

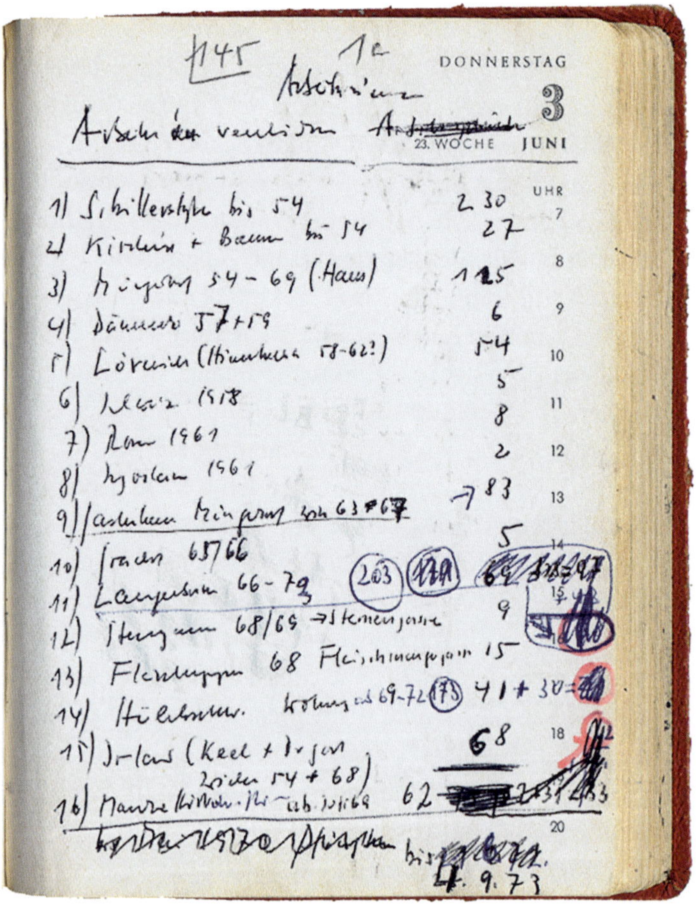

Abb. 121: Aufstellung der Arbeitsplätze im Arbeitsbuch Heinrich Bölls, letzte Datierung: 4. September 1973. Die Aufstellung listet nicht alle der von Heinrich Böll genutzten Arbeitsplätze. Es fehlt zumindest die Erwähnung eines 1959 im Schnütgen-Museum zur Verfügung gestellten

Arbeitszimmern
Arbeiten in/an verschiedenen ~~Arbeitsplätzen~~

---

1) Schillerstraße bis 54	230
2) Kirchheim + Baasem bis 54	27
3) Müngersdorf 54–69 (Haus)	125
4) Dänemark 57+ 59	6
5) Lövenich (xxxx 58–62?)	54
6) Schweiz 1958	5
7) Rom 1961	8
8) Jugoslawien 1961	2
9) <u>Gartenhaus Müngersdorf zw. 63 – 67</u>	83
10) Gracht 65/66	5
11) <u>Langenbroich 66 – 73</u> 203 ~~(179)~~ 69 + 28 = ~~97~~	
12) Sternengasse 68/69 – Sternengasse	9
13) Fleischmengergasse 68 Fleischmengergasse	15
14) Hülchratherstr. Wohnung ab 69 – 72 (173) 41 + 30 = ~~(71)~~	
15) Irland (Keel + Dugort	<u>68</u>
zwischen 54 + 68)	
16) Mansarde Hülchrather Str. ab Juli 69 62	

~~Bis Mai 1970 Pfingsten~~

                    ~~bis 21.6.72~~
                    4.9.73

*Raums sowie die Anmietung eines Zimmers in der Fleischmengergasse
1968. Da beide Arbeitsplätze nur kurzzeitig aufgesucht wurden, wurde
die Aufnahme in die Liste der Arbeitsplätze entweder übersehen oder
unterblieb aufgrund ihrer nur kurzfristigen Nutzung.*

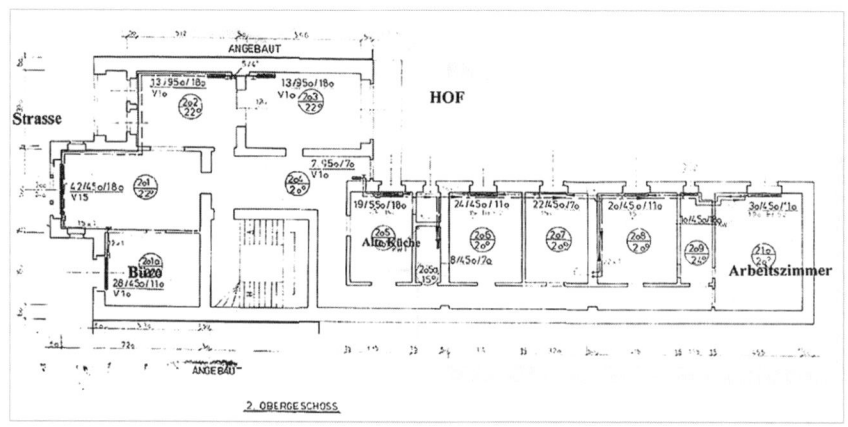

Abb. 122: Wohnungsgrundriss der Hülchrather Straße

Gruppenbild mit Dame

Eine beinah ›kategoriale‹ Anwesenheit der im Schreibprozess inspirierend wirkenden lokalen ›Architektur‹ hat Köln im 1971 erschienenen Roman *Gruppenbild mit Dame* in gewisser Hinsicht zu einem ›Ort der Literatur‹ werden lassen. Es beginnt mit der in der »Neustadt« gelegenen Wohnung der Hauptfigur, Leni Gruyten. Eine »Sieben-Zimmer-Wohnung« in der »Bitzerathstraße«, in der Nähe eines »Festungsgrabens«.

»Die gegenwärtige Belegung von Lenis Wohnung sollte vielleicht noch kurz erwähnt werden: zwei Zimmer hat sie an Hans und Grete Helzen vermietet; zwei an ein portugiesisches Ehepaar mit drei Kindern, die Familie Pinto, bestehend aus den

Eltern Joaquim und Ana-Maria, sowie deren Kindern Etelvina, Manuela und José; eins an drei türkische Arbeiter, die Kaya Tunç, Ali Kiliç und Mehmet Şahin heißen und nicht mehr ganz so jung sind.«[77]

Die in dieser Textstelle nicht mit aufgezählten zwei Zimmer werden von Leni selbst bzw. ihrem Sohn Lev bewohnt. Genauer: Leni hält ein Zimmer für den zum Zeitpunkt der Romanhandlung in Haft sitzenden Lev frei. Entgegen aller wirtschaftlichen Vernunft, wie eine Berechnung der Einnahmen von Lenis Untervermietungen durch die Söhne von

---

77 Heinrich Böll. *Werke.* Kölner Ausgabe. Bd. 17, S. 27 f.

244

Lenis Freundin Lotte Hoyser demonstrieren soll. Demnach »zahle die Portugiesische Familie für 50 Quadratmeter 125,– DM, zusätzlich 13,– DM für Bad und Küchenbenutzung, die 3 Türken (›Von denen der eine ja nun dauernd bei ihr pennt, so daß eigentlich nur zwei das Zimmer bewohnen.‹) für fünfunddreißig Quadratmeter 87,50 DM, die beiden Helzens wiederum für 50 qm 125,– DM, plus jeweils dreizehn, ›und dabei ist sie so irrsinnig, die Küchen- und Badanteile für sich doppelt zu berechnen, weil sie Lev, der ja nun vorübergehend kostenlos untergebracht ist, das Zimmer freihält‹.«[78]

Berechnungsgrundlage war, offenbar um die im Roman beschriebene Wohnungsbelegung über die Analogie zu realiter möglichen bzw. tatsächlich existierenden Gegebenheiten abzusichern, der Aufriss der 1969 bezogenen Wohnung Hülchrather Straße 7 in Köln-Nippes.

Nicht weniger handgreiflich stellten sich für die Ausgestaltung topografischer Erzähldetails Vorbilder in der näheren Umgebung der Hülchrather Straße bzw. im weiteren Stadtgebiet ein. Im Roman lautet eine entsprechende Passage:

»Da der Festungsgraben, immer noch Park, noch vorhanden ist und eine Ortsbesichtigung wenig Mühe machte, ist eine solche vorgenommen worden: man hat eine Art botanischen Garten draus gemacht, und es gibt ein etwa fünfzig Quadratmeter mit Heidekraut (atlantischem) bepflanztes Stück.«[79]

Inspiriert dazu hatte das ehemalige preußische Fort X (Prinz Friedrich Wilhelm von Preußen), das, zwischen 1819 und 1825 mit umlaufenden Wall- und Grabenanlagen errichtet, später in die Gestaltung des inneren Grüngürtels einbezogen wurde, wobei im Wallbereich ein Rosengarten angelegt sowie ein Gartenteil geschaffen worden war.

Selbst eine für die Romanhandlung im Grunde recht marginale Detaillierung wie ein »vor der Stadt im Grünen *bungalowartig* angelegtes Krankenhaus« findet sein Pendant; nämlich in der rechtsrheinisch gelegenen ›Merheimer Klinik‹, die Ende der 1940er-Jahre in der zum Fliegerhorst Merheim gehörenden Kaserne, Ostmerheimer Straße, eingerichtet worden war. Die Flachdachkonstruktion der 1938 erbauten zweigeschossigen Mannschaftsunterkünfte apostrophiert der Romantext als »bungalowartig«.

Ein letztes Beispiel dieser Art. Im Roman wird als Unterkunft des Fremdarbeiters Pjotr Petrovič Bogakov ein »Heim mit kirchlich karitativem Hintergrund«[80]

78 Heinrich Böll. *Werke*. Kölner Ausgabe. Bd. 17, S. 356.

79 Heinrich Böll. *Werke*. Kölner Ausgabe. Bd. 17, S. 125.

80 Heinrich Böll. *Werke*. Kölner Ausgabe. Bd. 17, S. 174.

genannt. Tatsächlich existierten, und zwar in Köln-Müngersdorf, ›Neuer Grüner Weg‹, Wohnstätten, die vor allem ukrainische Fremdarbeiter, die nach dem Krieg nicht mehr in ihre Heimat zurückkehren wollten, beherbergten. Unterkunft fanden sie in dem 1945 vom evangelischen Pfarrer Heinrich Püschel gegründeten Clarenbach-Werk.

Und ein allerletztes Beispiel dieser Art. Leni Gruytens Freundin Lotte Hoyser gesteht im Verlauf der vom so genannten »Verf.« [Verfasser] des Romans zusammengetragenen Schilderungen ihre Teilnahme an Plündereien ein und erwähnt in diesem Zusammenhang ein Kloster:

»›Manchmal geht es mir durcheinander, was die Zeit zwischen Februar und März 45 und dann die Zeit zwischen März 45 und Anfang Mai betrifft. [...] Natürlich habe ich in der Schnürergasse beim alten Karmeliterinnenkloster geplündert, mitgenommen, was ich konnte‹.«[81]

Dieser Schilderung korrespondiert eine von Hoyser sen. gegenüber dem »Verf.« getroffene Bemerkung über Lotte:

»Die Lotte hat sich überhaupt als ziemlich schäbig herausgestellt [...]. Die ist einfach mit den Kindern in der Stadt umhergezogen, [...] nur um nicht evakuiert zu werden, und warum nicht? Weil sie aufs Plün-

dern aus war und genau gewußt hat, wo die Wehrmachtsmagazine waren.«[82]

Aufgenommen ist damit das in der südlichen Kölner Altstadt, gelegene Kloster der Kölner Karmelitinnen ›St. Maria vom Frieden‹, Vor den Siebenburgen. – Tatsächlich wurde in der von ›Vor den Siebenburgen‹ abzweigenden Schnurgasse 1942 ein zweigeschossiger Hochbunker errichtet (Schnurgasse 9), der nach dem Krieg für die Lagerhaltung weiter genutzt wurde. – Dass mitunter die literarische Einbindung topografischer Realien auch mit sprachlich etymologischen Nuancierungen operiert, zeigt sich an dieser Stelle vielleicht pointiert bei der Übersetzung von ›Schnurgasse‹ zu ›Schnürergasse‹. Aufschlussreich ist dies dann, greift man den bei Erwin Volckmann: *Alte Gewerbe und Gewerbegassen. Dt. Berufs-, Handwerks- und Wirtschaftsgeschichte älterer Zeit.* Würzburg: Memminger, 1921, nachlesbaren Hinweis auf, der den Straßennamen auf ›snur‹ und ›Snor‹ als Gewerkebezeichnung für die Hilfsarbeiterinnen im Betrieb eines selbstständigen Webers zurückführt, »die Schnurleinen und Bänder verfertigen«.

Einen für das Romangeschehen zentralen Ort bildet ferner der Friedhof Melaten, im Roman der »Zentralfriedhof«,

81 Heinrich Böll. *Werke.* Kölner Ausgabe. Bd. 17, S. 263.

82 Heinrich Böll. *Werke.* Kölner Ausgabe. Bd. 17, S. 261.

der hier noch kurz erwähnt werden soll. Im Roman heißt es dazu zunächst:

»[…] vom 20. Februar bis 7. März 1945 lebten Leni, Boris, Lotte, Margret, Pelzer und Lottes damals fünf- bzw. zehnjährige Söhne Kurt und Werner unter katakombenartigen Umständen in einem ganzen ›Gruftsystem‹ (Pelzer) auf dem Zentralfriedhof. […] Was habe ich also getan? Ich habe die Herrigergruft, die Beauchampsgruft und das umfangreiche Erbbegräbnis derer von der Zecke durch Stollen miteinander verbunden, regelrechte Bergwerksarbeit, gebuddelt, abgestützt, gebuddelt, abgestützt. Das waren doch insgesamt vier pulvertrockene, sauber ausgemauerte Kammern, immerhin zwei mal zweieinhalb, eine regelrechte Vierzimmerwohnung.«[83]

Der Roman arrangiert sein »Gruftsystem«, das nach dem Titel einer tatsächlich durchgeführten Ausstellung[84] auch als »Sowjetparadies« bezeichnet wird, gemäß drei auf Melaten auffindbaren Grabanlagen.

Zum einen die am östlichen Eingangsbereich von Melaten gelegene, acht Gräber zählende und (bis 1992) mit einem Obelisken geschmückte Gedenkstätte der Familie Herringer – für den Roman das Vorbild der ›Herrigergruft‹.

Zum anderen – im Blick auf die ›Beauchampsgruft‹ des Romans –, als »Privatkapelle« das 1913 errichtete Mausoleum der Grabstätte Otto Betzlers an der Mittelachse des Friedhofs, in der Nähe des westlichen Eingangsbereichs. Der während des Luftangriffs vom 30./31. Mai 1942 (›Tausendbomberangriff‹) vor allem im Dachbereich beschädigte Bau wurde nach 1950 vereinfacht wiederaufgebaut. Die Anspielung im Roman hierauf lautet: »Der Verf. betrat tatsächlich die recht baufällige kleine Kapelle, betrachtete besorgt die abbröckelnden Fresken im Nazarenerstil […]«.[85]

Zur Vervollständigung des ›Sowjetparadieses‹ projiziert der Romantext zuletzt das ›natürliche‹ Modell der im westlichen Friedhofsbereich, an der so genannten ›Millionenallee‹, gelegenen Grabanlage des Kölner Industriellen Julius van der Zypen in das literarische Modell des »umfangreiche[n] Erbbegräbnis[ses] derer von der Zecke«.

Gruppenbild mit Dame erweist sich somit – auch an anderen, in dieser Skizze nicht weiter verfolgten, über Köln hinausreichenden Aufnahmen topografischer Gegebenheiten – wiederum als Spiel mit dem Spiel lokaler Intuitionen, als Spiel eines in den dargestellten Details immer auch auf Genauigkeit ausgerichteten Schreibprozesses.

83 Heinrich Böll. *Werke.* Kölner Ausgabe. Bd. 17, S. 280.

84 Reichspropagandaleitung der NSDAP (Hrsg.); *Das Sowjetparadies. Ein Bericht in Wort und Bild*. Berlin: Eher 1942.

85 Heinrich Böll. *Werke.* Kölner Ausgabe. Bd. 17, S. 316.

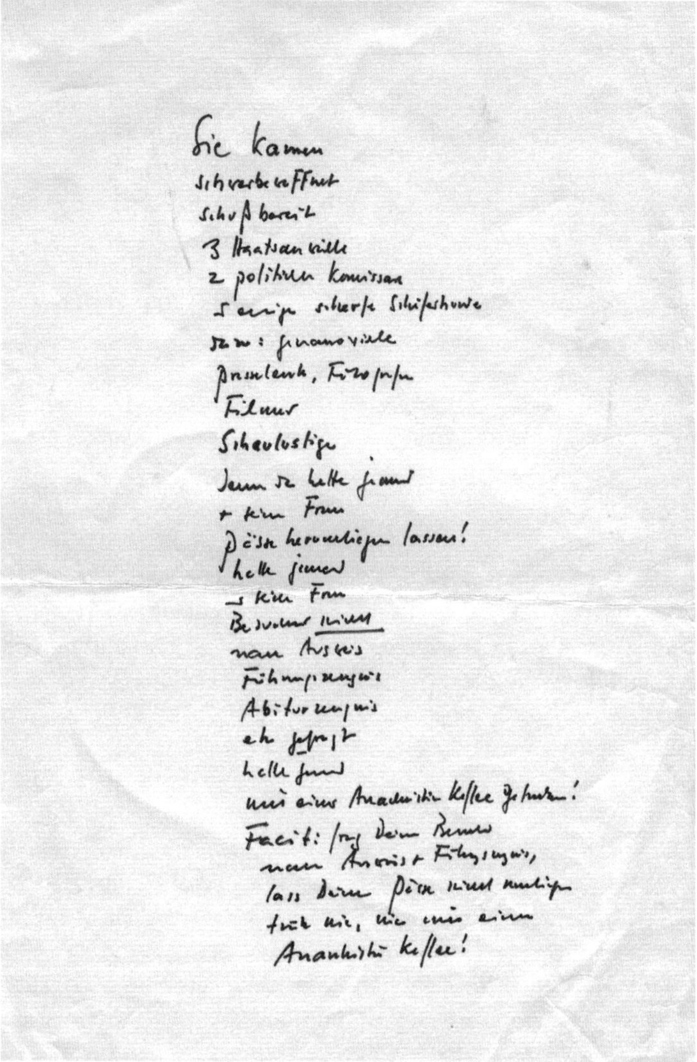

Abb. 123: Manuskript »Sie kamen«, 1974

Sie kamen!
[1974]

Sie kamen
schwerbewaffnet
schußbereit
3 Staatsanwälte
2 politische Kommissare
und einige scharfe Schäferhunde
dazu: genausoviele
Presseleute, Fotografen
Filmer
Schaulustige
denn da hatte jemand
+ seine Frau
Pässe herumliegen lassen!
hatte jemand
und seine Frau
Besucher nicht
nach Ausweis
Führungszeugnis
Abiturzeugnis
etc. gefragt
hatte jemand
mit einer Anarchistin Kaffee getrunken!
Facit: frag Deine Besucher
nach Ausweis + Führungszeugnis
lass Deine Pässe nicht rumliegen
trink nie, nie mit einer
Anarchistin Kaffee!

In schwieriger Zeit

Auseinandersetzungen und Konflikte hat es immer wieder gegeben. Das gehörte für Heinrich Böll zur öffentlichen Wirksamkeit des Schriftstellers. Ein ›Schlagabtausch‹ der Meinungen und Standpunkte zählte dazu. Die Heftigkeit und Intensität allerdings, die nach der Veröffentlichung des Artikels »Soviel Liebe auf einmal. Will Ulrike Meinhof Gnade oder freies Geleit?« im *Spiegel* vom 10. Januar 1972 den Ton der öffentlichen Auseinandersetzung bestimmten, lassen alle früheren Kontroversen nahezu harmlos erscheinen. Aus dem Streit um Ansichten und Positionen wurde eine 1972 eine Kampagne – monatelang. Es waren Monate, in denen Resignation und das Gefühl der Hilflosigkeit gegenüber den öffentlichen Denunziationen als Sympathisant des Terrorismus einander abwechselten mit der Furcht vor einem Versagen des öffentlichen Bewusstsein. Eine Angst, die sich aus dem nie vergessenen Erleben der Geschichte vor 1945 immer wieder nährte. In einem Brief vom 10. Juni 1972 Günter Grass heißt es:

»*Was alles an* ›*Aufklärung*‹ *versucht worden ist seit 45 – – geht jetzt in wenigen Wochen vor die Hunde, rasch, schmerzlos, widerstandslos, weil fast die gesamte deutsche Presse durch diese* ›*Helfershelfer*‹ *Geschwätz eingeschüchtert ist, weil jegliches Differen-zieren als Rechtfertigung von Bomben gilt. Das erinnert mich doch sehr an die Gleichschaltung von 33 – – es tut mir leid, aber ich weiß keinen anderen Vergleich – – es ist die Folge einer systematischen Hetze […].*«

Die seelische Anspannung, die mit dieser und allen noch kommenden Auseinandersetzungen verbunden war, erstreckte bis zum Ende 1970er-Jahre. Die öffentlichen Anfeindungen waren zermürbend; gravierend wurden sie, wenn ihre Auswirkungen in die persönliche, ›private‹ Sphäre eindrangen. Ein Gradmesser hierfür war, wenn Handwerker Reparaturen im Haushalt der Familie versagten, oder in Gaststätten die Bewirtung verweigert und man von anderen Gästen wie Aussätzige behandelt wurde.

Zum Erleben eines radikalen Verlustes an Sicherheit wurden jedoch die Hausdurchsuchungen. Ihre Folgen waren eine existentiell nachhaltig empfundene Verunsicherung. Dass Schlimmste für Heinrich Böll dabei: diese Durchsuchungen bedeuteten eine Grenzüberschreitung. Denn zwangsläufig wurde damit die Familie in die an ihm ›festgemachten‹ Konflikte hineingezogen. Am 1. Juni 1972 wurde diese Grenze zum ersten Mal überschritten. An diesem Tag wurden im Rahmen einer Großfahndung die Terroristen Andreas Baader, Jan-Carl Raspe und Holger Meins in Frankfurt verhaftet. Vermutet wurden Mitglieder der RAF auch in Langenbroich, bei meinen Eltern – ein entsprechendes Aufgebot an Polizeikräften wartete an diesem Tag dann dort auch auf. In einem am 5. Juni verfassten Brief wandte sich Heinrich Böll an Hans Dietrich Genscher, damals Innenminister, mit der Bitte um Aufklärung, »auf Grund welcher Vermutungen, Verdächtigungen, möglicherweise Denunziationen« das Haus durchsucht worden sei. Einen Durchschlag des Briefes schickte mein Vater an Bundespräsident Gustav Heinemann, der sich zu diesem Zeitpunkt mit seiner Frau in der Schweiz aufhielt. Heinemann antwortete: »Was wir uns ausmalten, war dieses: wir wären an diesem 1. Juni ebenfalls ihre Hausgäste gewesen, als die Polizei an und einrückte! Leider haben Sie uns zu diesem Staatsakt nicht rechtzeitig eingeladen! Das wäre doch großartig gewesen.« Unter dem Eindruck des Ereignisses konnten wir diese Ironie seinerzeit nicht wirklich teilen.

Die zweite Hausdurchsuchung ereignete sich am 7. Februar 1974. Sie zielte auf die Kölner Wohnung von Raimund und seiner damaligen Frau Lila. Der Auslöser: In Hamburg waren bei der Durchsuchung einer so genannten ›konspirativen‹ Wohnung drei Tage zuvor neben Waffen auch Ausweise entdeckt worden. Unter diesen: der Wehrpass Raimunds und abgelaufene Pässe von Lila. Irritierend war vor allem, *wie* die Familie davon erfuhr. Am Morgen des 7. Februar 1974 riefen Berliner Freunde an, um auf einen Artikel in der zum Springer-Konzern gehörenden *Berliner Zeitung* (*BZ*) hinzuweisen, der dort mit der Überschrift »In der Wohnung lagen Pässe auf den Namen Böll« erschienen war. Zum Zeitpunkt des Erscheinens der *Berliner Zeitung* hatte die Hausdurchsuchung jedoch noch gar nicht stattgefunden. Tatsächlich durchgeführt wurde sie erst am Nachmittag. Die einzige Erklärung dafür enthalten die letzten Zeilen eines Briefs, den Heinrich Böll 1981 an seinen Rechtsanwalt H. E. Brandner richtete:

»Ein ›Ereignis‹ […] möchte ich erwähnen, um die Stimmung und auch die Stimmungsmache […] zu beleuchten. In einer Hamburger konspirativen Wohnung waren Ausweispapiere meines Sohnes und meiner damaligen Schwiegertochter gefunden worden, und es war ohne Zweifel durchaus gerechtfertigt, daß dieser Fakt (es handelte sich um insgesamt 150 Pässe, Ausweise etc.) aufgeklärt werden mußte. ›Wie‹ sie aufgeklärt wurde? Mein Sohn und meine Schwiegertochter, die ahnungslos nach einem längeren Irlandaufenthalt zurückgekommen waren, erfuhren es – wie wir – durch eine mit riesigen Schlagzeilen auf dem Titelblatt (das gesamte Titelblatt war damit ausgefüllt) aus einer Berliner Springerzeitung, die eine Haussuchung bei meinem Sohn ankündigte, ›bevor‹ diese stattgefunden hatte; […] natürlich erfuhr die Kölner Presse davon, und so kam es zu einem lebensgefährlichen Auflauf an einer der verkehrsreichsten Straßen Kölns, als die Polizei mit Hunden, Scharfschützen etc.

Haussuchung [WamS]
bei Bölls Sohn

2. Okt. 1977 WamS Hamburg

Der Schriftsteller und Nobelpreisträger Heinrich Böll beklagte sich gestern in scharfer Form über die geistige Auseinandersetzung in Deutschland nach den Morden an Buback, Ponto und der Entführung Schleyers. Böll warf Politikern und Zeitungen Verleumdung und Hetze vor und kritisierte die Fahndungsmethoden der Polizei.

Anlaß für Bölls Interview, daß der Bayerische Rundfunk nicht sendete, aber gestern in der „Frankfurter Rundschau" veröffentlicht wurde, war eine Hausdurchsuchung in der Woznung von Bölls Sohn Raimund, 31, am letzten Dienstag.

Böll schildert den Fall so: „Aufgrund eines anonymen Anrufes, den ja jeder mit 20 Pfennig in der Tasche tätigen kann, ist, mein Sohn denunziert worden, der bisher politisch überhaupt nicht tätig war und sich auch nicht geäußert hat. Es kamen 40 Beamte vom Schleyer-Sonderkommando während seiner Abwesenheit in seine Wohnung".

Raimund Bölls Kölner Wohnung war im Februar 1974 schon einmal durchsucht worden. Der Anlaß: In einer konspirativen Wohnung von Terroristen in der Bartholomäus-Straße 20 in Hamburg hatte die Polizei seinen Wherpaß und drei abgelaufene Pässe seiner indischen Frau Lila gefunden. In den Vernehmungen gab Lila Böll zu, daß die Terroristin Magrit Schiller bei ihr in der Wohnung gewesen sei.

In der Hausdruchsuchung vom letzten Dienstag sieht Heinrich Böll eine Art Sippenhaft: „Wenn jemand in München anonym die Polizei anruft und ihr mitteilt, daß ein Sohn von Herrn Strauß Waffen in der Wohnung hat — ob dann 40 bayrische Polizeibeamte in die Wohnung des Sohnes von Herrn Strauß gehen?"

Weiter erklärte er: „Ich nehme an, daß die Auslandspresse sich des Falles annehmen wird. Und dann wird Deutschland im Ausland immer, immer schöner... immer schöner... Die Bundesrepublik wird kulturpolitisch und geistesgeschichtlich in eine totale Isolation geraten. Und zwar dem gestlichen Europa gegenüber. Eins möchte ich noch sagen zum außenpolitischen Aspekt: Die paar Deutschen, die wenigen, die im Ausland nicht gerade zu den Häßlichen zählen, bringt man ja hier in eine Situation, wo sie zu häßlichen Deutschen gemacht werden. Es ist derart pervers, der ganze Vorgang ist derart wahnsinnig, daß man wirklich überlegen muß, ob man noch normal ist... Uns langts! Allmählich langt es uns ganz dicke hier!"

Dann geht Böll auf die Forderungen nach schärferen Anti-Terrorismus-Gesetzen und auf die Diskussion über Sympathisanten der Terroristen ein: „... das ist ja Stimmungsmache, und die Springerpresse wirkt in dem Sinne als eine Art Pest-Verbreitung, eine Verbreitung von Aussatz. Die machen uns ja alle zu Aussätzigen und Unberührbaren".

Abb. 124: In der Welt am Sonntag *am 2. Oktober 1974 erschienener Artikel: Haussuchung bei Bölls Sohn*

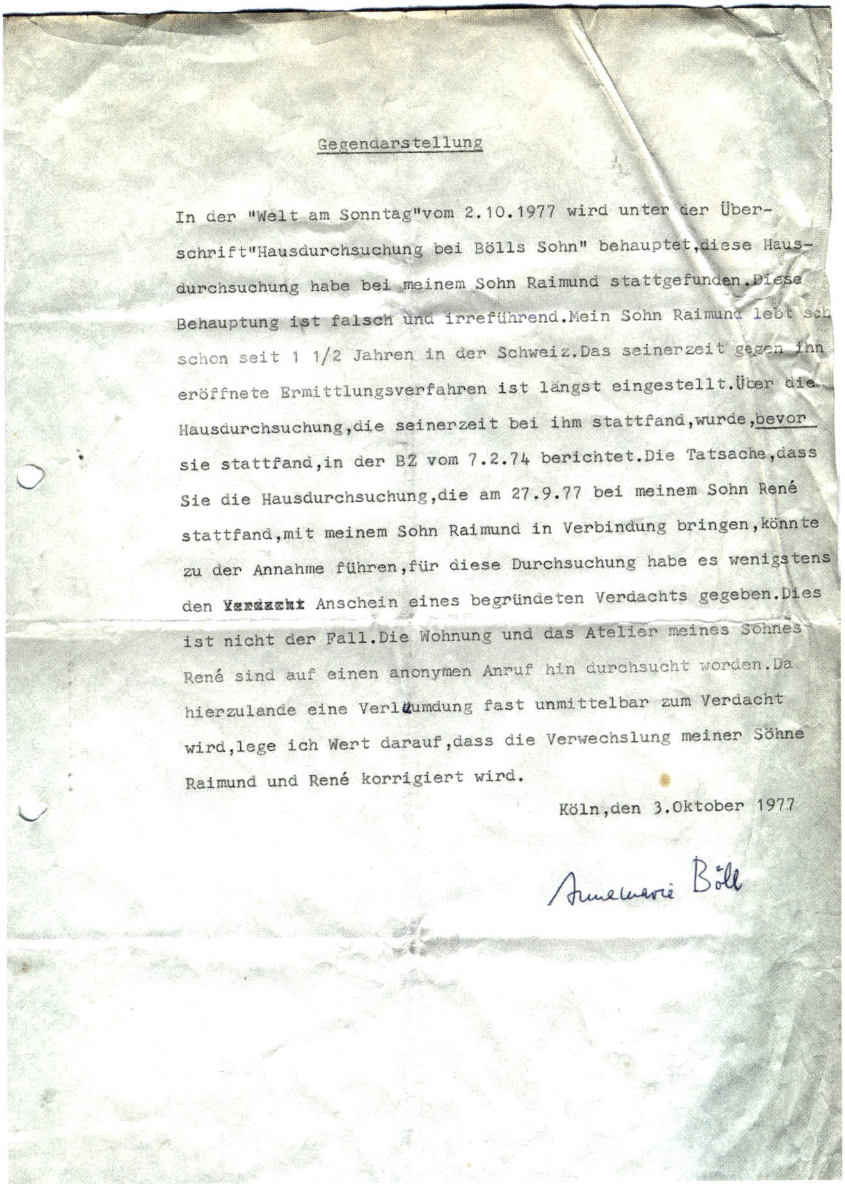

Gegendarstellung

In der "Welt am Sonntag"vom 2.10.1977 wird unter der Überschrift"Hausdurchsuchung bei Bölls Sohn" behauptet,diese Hausdurchsuchung habe bei meinem Sohn Raimund stattgefunden.Diese
Behauptung ist falsch und irreführend.Mein Sohn Raimund lebt
schon seit 1 1/2 Jahren in der Schweiz.Das seinerzeit gegen ihn
eröffnete Ermittlungsverfahren ist längst eingestellt.Über die
Hausdurchsuchung,die seinerzeit bei ihm stattfand,wurde,bevor
sie stattfand,in der BZ vom 7.2.74 berichtet.Die Tatsache,dass
Sie die Hausdurchsuchung,die am 27.9.77 bei meinem Sohn René
stattfand,mit meinem Sohn Raimund in Verbindung bringen,könnte
zu der Annahme führen,für diese Durchsuchung habe es wenigstens
den Verdacht Anschein eines begründeten Verdachts gegeben.Dies
ist nicht der Fall.Die Wohnung und das Atelier meines Sohnes
René sind auf einen anonymen Anruf hin durchsucht worden.Da
hierzulande eine Verleumdung fast unmittelbar zum Verdacht
wird,lege ich Wert darauf,dass die Verwechslung meiner Söhne
Raimund und René korrigiert wird.

                                    Köln,den 3.Oktober 1977

                              Annemarie Böll

Abb. 125: Schreiben Annemarie Bölls an die Redaktion der Welt am Sonntag *zu einem
am 2. Oktober 19/4 erschienenen Artikel*

253

›wirklich‹ – etwa 7–8 Stunden nach der in Berlin als bereits erfolgt gemeldeten Haussuchung eintraf. Ich erspare Ihnen Details über unsere Stimmung, unsere Schwierigkeiten, möchte nur darauf hinweisen, daß das notwendige Ermittlungsverfahren gegen meinen Sohn und meine Schwiegertochter, die ihren Hausschlüssel monatelang nur vage bekannten Freunden überlassen hatten, kurz darauf eingestellt wurde [...], und daß es eine Zusammenarbeit von Springer-Presse und Polizei, was meine Familie betraf, mindestens in diesem Fall ›nachweislich‹ gegeben hatte.«

Die dritte Durchsuchung betraf meine eigene Wohnung, Martin-Luther-Platz 13–15, im Hinterhaus, 1. Etage. Als meine Frau und ich am 27. September 1977 mit unserer damals knapp einjährigen Tochter Samay von einem Besuch bei meinen Eltern zu unserer Wohnung zurückkehrten, hatte die Durchsuchungsaktion bereits begonnen. Der Auslöser hier: ein anonym bei der Polizei eingegangener Hinweis: Drei Personen, die unter ihren Mänteln Schusswaffen mitgeführt hätten, wären auf die Gebäude Martin-Luther-Platz 13–15 zugegangen und dann dort ›verschwunden‹. Im Zuge des daraufhin ausgelösten Einsatzes der Polizei hatten sich die Beamten mit Hilfe eine Leiter einen Zugang ins Haus durch ein Fenster der 1. Etage verschafft, und anschließend gezielt auf unsere Wohnung zugegriffen – andere Wohnungen wurden nicht durchsucht. Die Begründung für diese Maßnahme: Auch Famili-

enangehörige eines ›Prominenten‹ seien zu schützen. Warum ausgerechnet durch eine sich im Wesentlichen auf unsere Wohnung konzentrierende Durchsuchung, blieb offen. In der Presse wurde diese Polizeiaktion zunächst auf Raimund Böll bezogen, der sich zu diesem Zeitpunkt jedoch in der Schweiz zur Behandlung seiner Krebserkrankung aufhielt. Entstanden war diese Verwechslung offenbar durch den Umstand der Hausdurchsuchung 1974. Meine Mutter veranlasste dies zu einer Richtigstellung (siehe Abbildung 125, Seite 253).

Die vierte Durchsuchung erfolgte am 29. September 1977. Sie bezog sich auf das Haus in Köln-Müngersdorf. Die Ironie: Seit acht Jahren wohnte von uns dort niemand mehr. Ein anonymer Hinweisgeber hatte das Haus und insbesondere das Gartenhaus als ideales Versteck für Terroristen bzw. für entführte Geiseln bezeichnet. Dies reichte aus.

Zwei weitere Durchsuchungen fanden im verwandtschaftlichen Umkreis statt. Eine von ihnen im September 1977. Sie galt den Kellerräumen des Wohnhauses von Franz Böll. Gesucht wurde nach einer Maschinenpistole der RAF, gefunden wurden Teile eines auseinandermontierten BMW-Motorrads. Im Nachhinein eine Anekdote. Zurückversetzt in die Zeit ihres Ursprungs: eine beklemmende Erfahrung, die das Lebensgefühl aller prägte – auch das derjenigen, die von einer Durchsuchung unbetroffen blieben.

254

Oh, du lieber Heinrich, alles ist hin. Wie soll man in dieser faschistoiden Bundesrepublik noch in Frieden leben?

Nun sucht doch die Polizei tatsächlich nach Waffen und Terroristen. Wer hätte das gedacht?

Sie kommen mit 40 Mann. Unerhört. Warum sind sie nicht nur zu dritt, wie bei Schleyer. Zu dritt kann man sie so schön abknallen.

Der eine Schleyer-Bewacher hatte 50 Einschüsse in Kopf und Körper. Der andere über 60. Der Mord als blutverschmiertes Ritual.

Ein Schuß dieser teuflischen Presse und des Staates finsteren Mächten, klagt: „Was wir erleben, ist, was auch mit den Juden zum Anfang gemacht wurde."

Wer das im Ausland hört, muß fürchten, in der Bundesrepublik Deutschland würden demnächst Schriftsteller verfolgt und vergast.

Die politische Begabung des Heinrich Böll steht im umgekehrten Verhältnis zu seinem schriftstellerischen Genie. Die Phantasiegestalten seiner Romane sind Teile seiner politischen Vorstellungswelt geworden.

Böll lebt in der Sehnsucht neue Mißbräuche staatlicher Gewalt und wirtschaftlicher Macht erfindet und in die Welt posaunt.

Diese Republik benimmt sich in der Abwehr des Terrorismus keineswegs hysterisch.

Die ach so böse Springerpresse fordert keineswegs die Wiedereinführung der Todesstrafe. Und überall, auch hier steht zu lesen, daß die Gewalttäter unter dem Sowjetstern der RAF in einer anderen Zeit auch Gewalttäunter dem Hakenkreuz der Nazis hätten werden können.

Unsere Politiker – von Schmidt bis Strauß – sind besonnen, und keiner von ihnen bläst in den glimmenden Zorn des Volkes.

Was habt ihr nicht alles über Strauß behauptet?
● „Zweiter Hitler", „hochkarätiger Lump" (Grass);
● „Anti-Demokrat Nummer 1" (Engelmann);

Die männliche
Katharina Blum

schen Munition genügt zum Töten. Aber sie schießen aus allen Knopflöchern. Und keineswegs aus blinder Angst, denn dann hätten sie auch den zu entführenden Schleyer treffen müssen.

Hier hat nicht nur fanatische Wut –, hier hat der kalte Haß den Finger am Abzug.

Und nach den ersten Krokodilstränen über die Untat beweinen international angesehene Schriftsteller wie Heinrich Böll und Luise Rinser ihr nationales Schicksal. Böll jammert sogar: „Ich habe Grund um meine Familie zu fürchten."

Man könnte verstehen, wenn das Frau Ponto sagt. Aber Böll?

Er erzählt: 40 schwerbewaffnete Polizisten seien auf seinen harmlosen Sohn eingestürmt.

Erstaunlich, wie lax Schriftsteller im Umgang mit der Wahrheit sind.

Sie „wallraffen" die Tatsachen: Die Polizisten wußten bei ihrer Suche nach Waffen überhaupt nicht, daß sie in dem verdächtigen Haus auch Böll junior finden würden.

Aber Böll senior, sich verfolgt fühlend von der oder in der Furcht, eine **männliche Katharina Blum zu werden.**

Die „Stimmungsmache" gegen vermeintliche intellektuelle Sympathisanten des Terrorismus „sei lebensgefährlich", sagt Böll. Auch das ist falsch. Lebensgefährlich sind die Terroristen. Des Volkes linke Dichter leiden an Selbstüberschätzung und unangemessenem Selbstmitleid, die notwendigen Auseinandersetzungen mit den Ursachen des Terrorismus zur „Hexenjagd gegen Intellektuelle" hochpusten. (Die Rinser allen voran, weil sie, in Rom lebend, die deutschen Verhältnisse besonders gut kennt.)

Baader ist kein Intellektueller. Und Böll ist nicht der Vater von Baader.

Aber Bölls und anderer Mitschuld an der Verharmlosung terroristischer Gewalt (denn es ging ja anfänglich nur um „Gewalt gegen Sachen"), diesen Fleck wäscht niemand aus ihrem Hemd.

Die Verharmlosung individueller Gewalt läßt sich auch nicht dadurch ungeschehen machen, daß man ● „Gefahr Nummer 1 für den Frieden" (Professor Geiss);
● „Kraftwerk mit unterentwickelten Sicherungen" (Willy Brandt);
● „öffentliche Gefahr" (Grass).

Inzwischen mordet die Rote Armee Fraktion, und der „schwarze Reaktionär Strauß" mahnt zu demokratischer Gemeinsamkeit und unterscheidet in einer bedeutenden Bundestagsrede sehr deutlich zwischen Linken und linken Gewalttätern.

Niemand will den Bölls und Grass' was Böses. Aber politisch macht ihr euren Wirbel auf der falschen Blechtrommel. Und singt eurer garstig Lied nach den Noten der unseligen Vergangenheit.

Diese Republik verträgt und erträgt eure Kritik, weil sie nicht so ist, wie ihr sie seht.

PS Niemand verlangt von euch öffentliche Selbstkritik nach Art kommunistischer Gesellschaften. Aber wie wär's mit ein wenig stiller Einsicht in begangene Irrtümer, statt des lauten Jammers über die angebliche Hexenjagd?

Abb. 126: Bild-*Kolumne von Peter Boenisch vom 9. Oktober 1977*

Ich han dem Mädche nix jedonn, ich han et bloß ens kräje

Dankrede zur Verleihung des Ehrenbürgerrechts der Stadt Köln am 29.4.1983

Herr Oberbürgermeister, meine Damen und Herren vom Rat der Stadt Köln, lieber Herr Burger, liebe Freunde.

Wenn ich Sie zweimal nenne, Herr Burger, dann möchte ich Sie als Person und als Amtsperson anreden.

Liebe Freunde, besonders lieber Christian Mayer – unter dem Namen Carl Amery bekannt, ich kann auf deine Rede nicht eingehen, ich bin nicht darauf gefaßt, ihr intellektuell wahrscheinlich noch nicht einmal gewachsen, aber ich danke dir, ich danke dir, daß du diesen Gedanken vom radikalen Konservativen entwickelt hast. Ich bin nicht so pessimistisch wie du, denn ich glaube, diejenigen, an die wir, ich nenne dich mit, appelliert haben, waren zwar taub, aber andere haben über Schallwände die Worte mitbekommen. Es kommt aus einer anderen Richtung doch zurück und auch an. Und ich erinnere dich an das Motto meines Romans, der dir ein wenig zu fromm erschien, wie ich mich erinnere, in dem ich einen Spruch aus dem »Neuen Testament« zitiere, den ich jetzt nicht wörtlich zitieren kann – aber inhaltlich: Die werden es hören, für die es nicht verkündet worden ist.

Also, warten wir ab!

Es war mir gar nicht unwillkommen, Herr Oberbürgermeister, daß Sie Ernst Moritz Arndt erwähnt haben. Und ich glaube auch nicht, daß ich so ganz weit von ihm entfernt bin. Wenn ich mich zurückversetze in die Zeit, in der er gelebt hat, und in die Person, könnten sich überraschende – wenn nicht Ähnlichkeiten – Vergleichbarkeiten einstellen.

Ein Stück Patriotismus, was bei Amery als Konservatismus anklang in seiner Definition, können wir nämlich gebrauchen. Es braucht ja nicht gleich wieder in wilhelminisch-bismarckschen Nationalismus auszurutschen. Ich bin übrigens sicher, daß Ernst Moritz Arndt über das Reich von 1870 nicht sehr glücklich gewesen wäre. Es ist Zeit, Patriotismus wiederzuentdecken angesichts der absurden Vorstellung, wenn nicht gar Pläne – und wären sie nur abstrakte Pläne –, Deutschland, das eine wie das andere, als potentielles Schlachtfeld einzukalkulieren. Ich glaube, Patriotismus wird eine neue Tugend in ganz neuer Form werden, und was den Rhein betrifft, es kommt mir da immer noch komisch vor, wenn französische Politiker und auch Publizisten statt Allemagne l'outre Rhin sagen, was ja bedeuten könnte, Deutschland finge erst auf der anderen Seite an. Nein, der Rhein ist ein Schweizer Fluß, streckenweise deutsch-französische Grenze, seine längste Strecke fließt er durch Deutschland, bevor wir ihn mit sämtlichem undefinierbarem Dreck den armen Niederländern überlassen.

Wenn ich versuche, Ernst Moritz Arndt in unsere Zeit zu versetzen, dann möchte ich ihn gemeinsam mit einem anderen, mit einem wahren Rheinländer, nämlich Heinrich Heine, ebenfalls in unsere Zeit versetzt, in ein Labor stecken und beiden eine exakte Analyse des Rheinwassers vorlegen lassen, und beide sollten sich dann poetisch dazu äußern. Da würde, glaube ich, der gute Arndt nur entsetzt den Kopf schütteln, und Heine würde ein großartig bitteres Poem verfassen, giftig, wie es dem Rheinwasser entspräche.

Der Rhein wartet nicht auf patriotische Poeten, er wartet auf den Patriotismus der chemischen Industrie. In allen Ländern, durch die er fließt, Schweiz, Frankreich, Deutschland, ich glaube, die armen Niederländer haben schon so viel Chemie drin, daß sie nicht selber noch den Rhein mit Chemie beschmutzen.

Es gab – als diese Ehrung im Rat beraten wurde – ein paar Kontroversen und Mißverständnisse, die ich nicht umgehen, sondern ansprechen möchte. Und zwar nicht, um hier Retourkutschen zu befrachten und zu bemannen, sondern um auf eine generelle Verkennung der Literatur zu kommen, denn ich möchte die Damen und Herren, die da gar nicht –

oder nur zögernd – dieser Ehrung zugestimmt haben, nicht anklagen, eher verteidigen. Ich glaube, sie erlagen einem Bildungsmißverständnis, das nicht nur uns Deutschen eigen ist, bei uns aber besonders tief verwurzelt: die interpretationsbedingte Trennung, die man mit Autoren vornimmt, die man nicht ganz lassen kann, die man auseinandernehmen, einordnen, unterteilen muß.

Was ich nicht begriffen habe, was mich deshalb natürlich auch nicht kränken konnte, war der Versuch, den sogenannten Erzähler von dem anderen zu trennen, der da gelegentlich Aufsätze schreibt, Kritiken, den man gelegentlich reden hört, ganz abgesehen davon, daß auch Aufsätze, Kritiken und Reden Literatur sind.

Wenn sie schön ärgerlich sind, ist es gerade das Literarische an ihnen, sagen wir meinetwegen das Poetische daran, das Gefährliche, eben weil es aus der routinepolitischen Sprache sich abhebt und eingeht. Davon abgesehen, finde ich, wenn ich in mich gehe, den sogenannten Erzähler, wenn man schon von Ärger und Gefahren spricht, gefährlicher und ärgerlicher als den anderen. Deshalb habe ich diese Trennung nicht verstanden. Das herauszufinden, überlasse ich den Germanisten. Ich finde eine leicht dahinfließende, fast mozarteske Kurzgeschichte – wie manche von Hemingway –, die mit dem Nihil oder dem Nada und dem Nichts spielt, es vor sich hintreibt, es hüpfen und springen läßt, mir könnte sie gefährlicher werden als manches politische Pamphlet.

Ich kann die Gefahren solcher Mißverständnisse hier nicht erschöpfend darstellen, ich kann sie nur andeuten und zu bedenken geben, als Warnung vor Irrtümern, auch bei der Lektüre von Klassikern übrigens. Diese Mißverständnisse sind uralt, sie sitzen tief, und es gibt sehr wenig Fälle, wo Menschen groß genug waren, souverän genug waren, in ihrer eigenen Ideologie und Weltanschauung energisch zu verharren und doch über die Grenze zu springen, Kunst oder Literatur anzuerkennen, die nicht in diese Ideologie passen. Mir fallen da nur drei ein, Walter Benjamin, Rosa Luxemburg und auch – Gott sei mir gnädig, wenn ich den Namen nenne – Lenin, der nach der Revolution eine Liste für russische Autoren aufstellte, deren Denkmäler nicht angetastet werden sollten, und unter diesen war auch der Reaktionär Dostojewski. Ganz abgesehen von dem berühmten Grafen Tolstoi, von dem Lenin gesagt hat, daß – bevor es ihn gab – der russische Bauer in der russischen Literatur nicht vorhanden war.

Und wenn man bedenkt, wie hierzulande mit Heinrich Heine und Ossietzky umgegangen wird, könnte man in diesem Fall vielleicht Lenin als Beispiel nehmen.

Wir wissen fast nichts, kaum etwas jedenfalls über diejenigen, die man in der Literatur die Leser nennt, wir beschränken uns darauf, was Wissenschaftler und Kritiker sich zusammenreimen. Ich kann hier nicht die gewaltige Forschungsarbeit vorlegen, die noch geleistet werden muß, das zu erforschen, ich kann nur darauf hinweisen, daß sie noch geleistet werden muß.

Bildungsbedingte Mißverständnisse liegen also vor, lagen vor. Und bevor ich die obenerwähnten Damen und Herren weiterhin sowohl verteidige wie warne, und die Warnung gilt natürlich auch denen, die der Ehrung voll zugestimmt haben, möchte ich betonen, wie sehr ich mich über diese Ehrung freue. Vor allem, sowohl Herr Burger wie auch Carl Amery haben darauf schon angespielt, in dankbarer Erinnerung an die Feier, die die Stadt Köln mir zu meinem 60. Geburtstag ausgerichtet hat, das war im Jahre 1977, dem Hetz-Hatz-Hysterie-Jahr der deutschen Nachkriegsgeschichte, es war nach diesem berühmten deutschen Herbst, der ja ausführlich dokumentiert ist, da war das gar nicht so selbstverständlich.

Es kam aus dem Bürgersinn, der an Köln wie manches andere so zu schätzen ist, einem Bürgersinn, den wir noch brauchen werden, wenn wir gewisse Rattenfängertöne aufmerksam hören. Wenn mir damals der Herr Bundespräsident einen Orden angeboten hätte, ich fürchte, ich hätte ihn angenommen, im Jahre 1977 – nicht nur für mich als Person, sondern stellvertretend für viele, viele tausend junge Leute, ältere Leute, denen völlig grundlos die Bude auf den Kopf gestellt wurde. Im Jahre 1977 damals hätte ich es mir überlegt. Als er mir dann angeboten wurde, als Dekoration für einen scheidenden Präsidenten, fand ich das nicht mehr so angebracht. Und deshalb erinnere ich besonders an die Ehrung der

Stadt Köln im Jahre 1977 und freue mich über diese weitere Ehrung – die höchste, die die Stadt zu vergeben hat.

Doch wenn Sie schon einen Schriftsteller ehren, der ja nicht wie Politiker und Kirchenleute gesichert seinen Beruf ausgeübt und begonnen hat, der, ich erlaube mir diesen kleinen sentimentalen Rückblick, als er aus einem ziemlich langen Krieg nach Hause kam, fast nichts besaß als die Hände in seiner Tasche, die Hände, mit denen er dann zu schreiben begann, erlaube ich mir, Sie, Herr Burger, und die Damen und Herren vom Rat noch einmal zu bitten, die Förderungsbeträge für die Literatur und auch die Künstler in Köln nicht zu streichen oder deren Streichung noch einmal zu überlegen. Ich weiß, ich weiß, ich hab' leicht reden, Herr Burger, ich hab' leicht reden, ich weiß das, aber ich erinnere mich doch daran, wie Förderung – Politiker und Kirchenleute brauchen ja keine materielle Förderung – welche Art von Förderung sie brauchen, weiß ich nicht – Ehre oder was, aber die materielle Förderung ist für einen jungen Autor und Künstler enorm wichtig.

Ich habe sie selber erfahren auf verschiedenste Weise und gebe einfach zu bedenken, daß das Folgen haben kann, die einer Stadt vom kulturellen Niveau der Stadt Köln vielleicht doch nicht so genehm wären.

Doch nun zurück zu dem wahren Anlaß. Bei der Bewertung dieser Hervorbringung, die man künstlerisch nennt, spielt ja auch etwas eine Rolle, das weder justitiabel noch objektivierbar ist, nämlich der Geschmack. Ich kenne kein heikleres Terrain, jeder von uns kennt wohl Menschen, ist möglicherweise mit ihnen befreundet, deren Geschmack, was ihre Bilder, Möbel, Bücher betrifft, er haarsträubend findet, und doch schätzt er ihren Charakter und mag sie. Auch das Umgekehrte trifft wohl hin und wieder zu, daß man da jemand kennt, dessen Geschmack man als makellos empfindet, dessen Charakter aber abscheulich. Ich weiß nicht, ob sich schon mal jemand analytisch sozio-phänomenologisch und philosophisch mit dieser sehr quälenden Differenz beschäftigt hat. Ich fürchte, auch das ist ein Bildungsproblem und ein quälendes Problem.

Wenn man, wie ich es tue, an Brecht die Gedichte bevorzugt, so muß man doch wissen, daß auch sie der ganze Brecht sind. Und Goethe, dieser

260

unumstrittene Bücherschrank-Klassiker, ich weiß nicht, was die sich vorstellen, die ihn möglicherweise ihren Kindern als heilende Lektüre gegen die Verworfenheit der Moderne empfehlen, die *Wahlverwandtschaften*, *Werthers Leiden*, *Faust*, wer diese Empfehlung ausspricht, muß wissen, was er tut, oder er hat Goethe nicht gelesen: Chaos, Unglück, Schmerz, Angst, Ehebruch, Selbstmord verbergen sich hinter dieser Prosa, die man allzu leicht nur als wohlgefällig hinnimmt.

Und erst dieser Kleist, den man Gott sei Dank an allen Schulen liest, ein Radikaler, zeitweise sogar im öffentlichen Dienst, den *Kohlhaas*, das *Käthchen*, *Der zerbrochene Krug*, dieses so furchtbar lustige Lustspiel seinen Kindern einfach zu lesen geben, da wird kein Autoritätsglaube verbreitet. Der Stifter des *Nachsommer*: Wer da in diese vollkommen gelungene, diese große Utopie Schritt für Schritt eindringt, dieses großartige Traumbuch der deutschen Literatur, diese Darstellung eines vollkommen geordneten und gebildeten Lebens, wen befällt da nicht die Angst, fast die Gewißheit, daß das nicht gutgehen konnte? Wer spürt nicht die tiefe

Abb. 127: Annemarie und Heinrich Böll während der Festaktes zur Verleihung des Ehrenburgerrechts am 29. April 1983

Schwermut, welcher Stifter letztlich erlag? Gefährliche Klassiker, Erzähler weniger bedenklich als Essayisten? Ich nenne da noch einen: Johann Peter Hebel. Dieser friedliche, sanfte, freundliche, liebenswürdige Autor klassischer Kalendergeschichten; wer wittert da nicht die süßen Verlockkungen der Anarchie, wenn Zundelheiner und Zundelfrieder nachts auf Tour gehen oder wenn der Barbier-Lehrling dem patzig protzigen Räuber, diesem Herrn der Straße, das Messer an die Kehle hält. Vorsicht, bei Erzählern, auch klassischen!

Diese Warnung zur Vorsicht gilt allen politischen Parteien, auch denen, die nicht hier im Rat der Stadt Köln vertreten sind. Ich jedenfalls halte den Grass der *Blechtrommel* für gefährlicher als den Grass des *Tagebuchs einer Schnecke*, und ich kann mich des Lächelns nicht erwehren, wenn die Bourgeoisie ihren Thomas Mann so liebt, den Zersetzer der Bourgeoisie. Und ich wiederhole es: an Aufsätzen und Pamphleten ist ja das Poetische gerade das Gefährliche, der sprachliche Ausdruck, der aus der politischen Routinesprache fällt. Jeder täuscht sich, der irgendeine Ehrung einem Autor zuteil werden läßt, lassen möchte, der ganz und allen paßt, einem Ausgewogenen, dann ist er kein Autor mehr, den Sie ehren möchten, nur noch ein Langweiler. Einen habe ich noch vergessen: Georg Büchner. Kaum noch mutmaßlich ein Terrorist, sogar als solcher gesucht. Würden Sie den etwa nicht ehren wollen, der doch auf allen Bühnen, auch den hiesigen, gespielt und der auf allen Schulen gelesen wird?

Lesen, dieser unbeschreibliche innere Vorgang, bei dem das Auge ja nur eine instrumentale, eine untergeordnete Rolle spielt, das will gelernt sein. Und es will gelernt sein, Autoren nicht aus ihrer Zeit herauszuheben, sondern sie in ihre Zeit zurückzuversetzen. Ich habe neulich bei Franz Herre in seinem Buch über Metternich gelesen, Metternich habe Beethoven nicht gemocht, ja, ihn gefürchtet. Metternich hatte natürlich recht, bei Beethoven, da bebte die Französische Revolution mit, die Metternich bekanntlich ebenfalls nicht mochte. Wer heute also metternichsche Gedanken hegt – und es gibt ja einige – und doch Beethoven liebt oder zu lieben glaubt oder lieben zu müssen glaubt, weil er ja nun ein

Klassiker geworden ist, der sollte sich in Metternich und Beethoven zu versetzen versuchen und sich seiner latenten Schizophrenie bewußt werden. Das gilt auch für Büchner, natürlich.

Nur diese paar Gedanken, die Sie beunruhigen und möglicherweise auch trösten können, es gibt keinen unumstrittenen Autor, den Sie ehren möchten. Es bleibt ein Risiko, einen Lebenden zu ehren, der ungefähr weiß, wo er herkommt, aber nicht weiß, wohin es ihn noch führen könnte. Und so bewundere ich den Mut, den Mut aller hier versammelten Ratsparteien. Der gute Ernst Moritz Arndt war, glaube ich, 1859 neunzig Jahre alt, da konnte ja nicht mehr viel passieren.

Noch ein paar Worte zum Genius loci, dem ich zwar ausreichend gehuldigt zu haben glaube, nicht nur heute. Ich stamme aus dieser Stadt. Vieles an ihr ist mir selbstverständlich, manches fremd, immer fremd geblieben, einiges fremd geworden. Aber diese Fremdheit würde ich als Stuttgarter oder Tuttlinger genauso empfinden, denn ich bin ziemlich sicher, wir gehören nicht ganz hierher, auf diese Erde, meine ich. Unsere Heimat ist auch anderswo. Was mich an dieser Stadt, in ihr wohl geprägt hat, war etwas, das ich sehr schwer definieren kann, etwas Architektonisches: das Frühe, das die romanische Architektur ausstrahlt, die Romanik eben, in der ja auch eine Utopie, ein Traum zu verwirklichen versucht worden ist, den wir Christentum zu nennen übereingekommen sind, und wie der Name Romanik ja sagt, auch etwas Römisches. Nicht den kalten Angeberpomp der Peterskirche, der ja eigentlich einen nur in Erkältung treibt, sondern eine tiefe Innigkeit, die auch in Rom zu Hause und noch zu finden ist. Was ich außerdem liebe, ist etwas Zerbrechliches, die römischen Gläser, und ich danke Ihnen noch einmal besonders herzlich für die Replik eines römischen Glases, die die Stadt mir zum Geburtstag geschenkt hat. Und natürlich den Rhein, den ich einmal eine »schmutzige Majestät« genannt habe. Bevor ich nun wirklich Schluß mache, noch ein Hinweis. Sie ehren hier eine Rarität, damit meine ich nicht den berüchtigt-berühmten Zeitgenossen, diesen Vogel, der da wieder mal eine Feder angesteckt bekommt, der aus dieser Stadt stammt, ich meine die statistische Einheit, die ich ja auch darstelle. Nach dem Zensus vom 31.12.1980 gab es noch 139 000 überlebende männliche Exemplare meines Jahrgangs und 215 000 weibliche. In dieser Differenz drückt sich deutsche Geschichte aus. Und wenn ich an 1945 zurückdenke, gab es mehr als doppelt so viele 75jährige wie 28jährige, und das hat natürlich die Republik geprägt, lieber Christian. Wenn ich die Statistik studiere, stelle ich fest, daß es erst mehr Überlebende als die meines Jahrgangs gibt, wenn die 80jährigen anfangen.

Und nun zum wirklich wahren Schluß eine kleine Hommage an den lokalen Sprachgenius Kölns, an die fast schon zahlreichen kölschen Musikgruppen, die, so scheint mir, dies etwas allzusehr in kölsche Gemütlichkeit versunkene Kölsch wieder zum Leben erweckt und fast zu einer Weltsprache gemacht haben. Auch ich möchte, um diesem Sprachgenius zu huldigen, einen Vers aussprechen, in dem sich auch Schuld und Unschuld eines Autors ausdrücken: »Ich han dem Mädche nix jedonn, ich han et bloß ens kräje.«

Versunken die Stadt
(1984)

I.
Versunken die Stadt
unter verstümmelten Türmen
zerstäubten Gewölben
zerbrochen ihre
romanischen Herzkammern
die ernste und frühe
Vielfalt des Grau
entvölkert ihre Gemeinden

Die Stadt
nur noch wenigen Wohnstatt
krochen aus ihren Löchern
auch die Deserteure
aus Schutt und Asche
in den Schutt und die Asche
friedloser Friedhöfe

Ungeschützt
in Wind und Wetter
hing unter freiem Himmel
der Gekreuzigte
in St. Georgs Ruinen

einzig überständig
der riesige Doppelfinger
wilhelminischer Täuschung
vergeblicher Wacht am Rhein

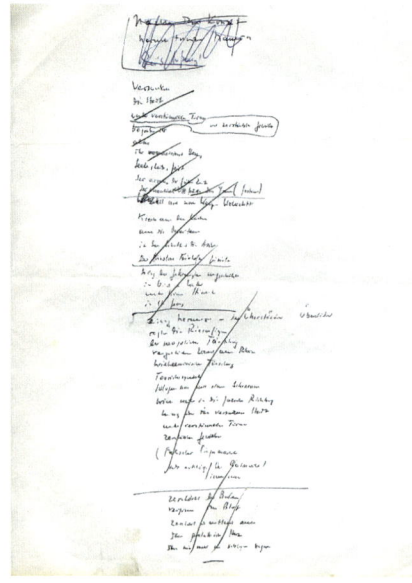

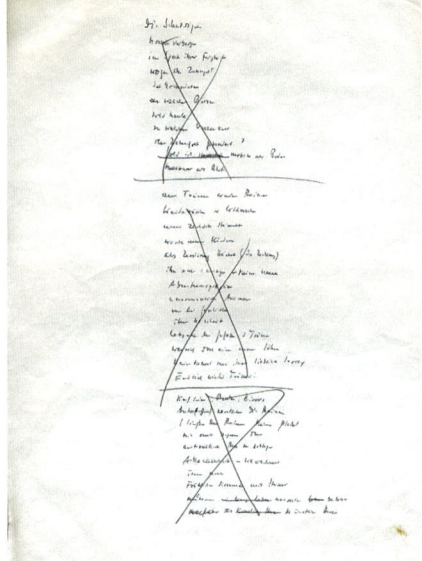

Abb. 128 bis 131: Manuskript Versunken
die Stadt *(1984)*

wies er immer noch hinweg
über die romanischen Herzkammern
zerstört der Boden
vergossen das Blut
leer das proletarische Herz der Stadt
apathisch von Harm und Hunger
ärmliche Kerzen
vor verschütteten Madonnen
und auf
die Trümmerhügel
über den Toten

Verborgen im Speck ihrer Feigheit
die Verkünder
tausendjährigen Heils
wogen das Zahngold der Ermordeten
Gold
mobiler als Boden
haltbarer als Blut
an welchen Börsen
wird es heute
zu welchem Unzenwert gehandelt

II.
Staub
Puder der Zerstörung
drang durch alle Ritzen
aufs Brot und in die Suppe
auf Bücher Manuskripte und Windeln
Staub
er war vermählt mit der Luft
ein Leib und eine Seele waren sie

Jahrelang
gegen alle Vernunft
gegen alle Hoffnung
als Sisyphus und Herakles
die Unermeßlichkeit des Staubs
zu bekämpfen
(wie ihn eine zerstörte Stadt
von den Ausmaßen Kölns
hervorbrachte)

Jahrelang
gegen die Atomisierung
unermeßlicher Mengen
von Mörtel und Stein
Staub
er klebte auf Wimpern und Brauen
auf Gaumen und in Wunden
zwischen den Zähnen
auf allen Schleimhäuten

Das andere: die Stille
unermeßlich wie der Staub
erträglich nur weil gebrochen
irgendwo bröckelten
in den Nächten Steine ab
stürzte ein Giebel ein
vollzog sich Zerstörung
nach den Gesetzen umgekehrter Statik
mit der Dynamik
im Kern getroffener Strukturen

langsam und feierlich
senkt sich ein Giebel
Mörtelfugen lösen sich

weiten sich zum Netz
und es prasselt Steine

Die Zerstörung einer großen Stadt
ist kein abgeschlossener Vorgang
schreitet fort wie Paralyse
es bröckelt allenthalben
bricht zusammen

Unvergeßlicher Anblick
der Einsturz einer Giebelmauer
nicht berechenbar
die Sekunde
in der schön geordnete
in Zuversicht gefügte Gebilde
sich im getroffenen Kern aufgeben
fast hörbar tickend
knisternd
vom Datum ihrer Entstehung
auf Null und Nichts zurückzählen
und sich aufgeben
auch beim Abschuß von Raketen
wird auf Null und Nichts zurückgezählt

und natürlich
immer
täglich stündlich
Hunger Hunger

III.
Aus Trümmern wurden Ruinen
Heideröschen wildwachsend Baumsprößlinge
Efeu und Knöterich
Unsere zerstörte Heimat

wurde unseren Kindern
als Zerstörung Heimat
ihre erste
keine neue
Abenteuerspielplatz
ungeplant
von der Geschichte
ihnen beschert
Labyrinth der Träume und Gefahren
was rief einer unserer Söhne
heimkehrend aus dem lieblichen Surrey:
Endlich, endlich wieder Trümmer

Ruiniert die Ruinen
Banken Büros Behörden
Kaufhäuser Parkplätze
Auto-Auto-Autostraßen
nie mehr begann
das entvölkerte Herz zu schlagen
weggeräumt
wo es noch zaghaft pochte
im Baggerland
wurde Boden zu Grundstücken
wurden Madonnen Peep für Vorübergehende
rasche Ruhe für die Raschen

gelungen die Operation der
romanischen Herzkammern
zu besichtigen der Ernst
ihrer frühen Schönheit
die Vielfalt des Grau

Immer noch hält
der riesige Doppelfinger

wilhelminischer Täuschung
Wacht am Rhein
gegen wen? gegen wen?
Raketen erkennen keinerlei Konventionen an

bleibt der bleibende: der Rhein
kühl immer floß er vorbei
abweisend
war immer sich selbst genug
schluckte ungerührt
Trümmer StaubWracks Bomben
gestürzte Brücken
den gesamten Kitsch
tausendjährigen Schwindels
hielt nie zur Besichtigung an
manchmal im Zorn
wenn er anschwillt
dringt er grimmig in sie ein
stellt der Stadt seinen Humor vor.

Chronik: Heinrich Böll (1917–1985)

Abb. 132: Maternusstraße 32

1917 Heinrich Theodor Böll wird am 21. Dezember in der südlichen Kölner Neustadt, Teutoburger Straße 26 geboren.

1922 Umzug der Familie nach Raderberg, Kreuznacher Straße 26. – Besuch der katholischen Volksschule in Köln-Raderberg (Einschulung 1924).

1928 Besuch des Staatlichen Kaiser-Wilhelm-Gymnasiums, Heinrichstraße 9.

1930 Nach dem Konkurs der Rheinische-Kredit-Anstalt in Bedrängnis geraten, muss die Familie das Haus in Raderberg verkaufen. Im Herbst bezieht die Familie in der Kölner Südstadt eine Mietwohnung am Ubierring (Nr. 27, 1. Etage).

1932 Die wirtschaftliche Situation erzwingt einen weiteren Umzug innerhalb der südlichen Neustadt in die Maternusstraße 32 (3. Etage).

1935 Erste Texte entstehen: Gedichte und kleine Erzählungen

1936 Anfang des Jahres zieht die Familie in den Karolinger Ring 17 (1. Etage). Mit seinem Bruder Alfred bewohnt Heinrich Böll ein Mansardenzimmer.

1937 Abitur

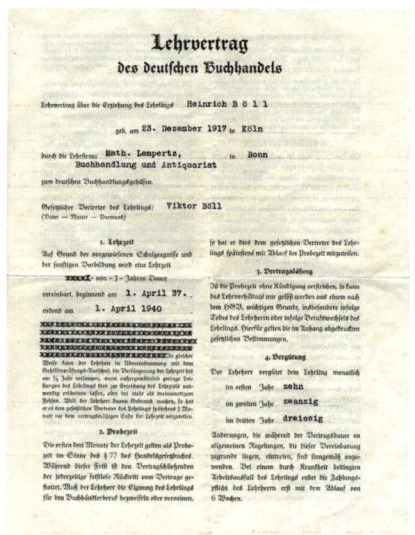

1938   Beginn einer Ausbildung zum Buchhändler in Bonn. – Ab November Ableistung des Reichsarbeitsdienstes in Wolfhagen bei Kassel.

1939   Nach Beendigung des Reichsarbeitsdienstes nimmt Böll zum Sommersemester das Studium der Germanistik und der Alten Sprachen an der Kölner Universität auf. – Im August erfolgt die Einberufung zur Wehrmacht. Heinrich Böll rückt in die Osnabrücker Winkelhausen-Kaserne ein.

1940   Verlegung nach Polen (Bromberg) und Frankreich (Amiens) – nach einer Ruhr-Erkrankung Verlegung zum Ersatztruppenteil nach Mülheim an der Ruhr, anschließend nach Bielefeld, dann nach Lüdenscheid.

1941   Infolge der Verlegung seines Truppenteils von Bielefeld nach Köln am 14. Januar 1941 wird Heinrich Böll in die Wendelinschule, Wendelinstraße 64 in Köln-Müngersdorf – eine der 1939 von der Wehrmacht requirierten Volksschulen Kölns – einquartiert.

1942   Nach einer kurzzeitigen Einquartierung in der Riehler Barbarakaserne rückt Heinrich Böll am 1. oder 2. Februar 1942 in die Hacketäuer-Kaserne, Von-Sparr-Straße 1 in Köln-Mülheim ein.

*Abb. 133 (Seite 272 links): Buch-
handlung und Antiquariat Mathias
Lempertz, Fürstenstraße Bonn.*

*Abb. 134 (Seite 272 rechts): Erste
Seite des Lehrvertrags des Deutschen Buchhandels, unterzeichnet
am 1. 4. 1937*

*Abb. 135: Heinrich Böll in
St. Avold bei Saarbrücken, 1943*

Am 6. März 1942 findet im Kölner Rathaus die standesamtliche Trauung von Heinrich Böll und Annemarie Čech statt. Heinrich Böll hatte anlässlich der Trauung einen einwöchigen Heiratsurlaub (2.–9. März 1942;
die kirchliche Hochzeit findet am 31. Dezember in St. Paul statt) erhalten.
Ab dem 25. März ist Heinrich Böll in der Kaserne Köln-Kalk, Lilienstraße
einquartiert. Am 7. Mai erfolgt die Verlegung nach Frankreich an die Kanalküste.

Annemarie Böll bezieht im Juli eine Wohnung in der Neuenhöfer Allee 38.

1943   Einsatz auf der Krim-Halbinsel. Heinrich Böll wird zweimal verwundet.
Aufenthalt in verschiedenen Lazaretten. – Verlegung nach St. Avold bei
Saarbrücken.

1944   Einsatz in Jassy. Nach einer Hüftverletzung erneute Lazarettaufenthalte
und Rückkehr nach Deutschland. Ab Ende des Jahres hält er sich durch
mitunter selbst künstlich verlängerte Krankheitszeiten sowie durch Mani-
pulation eines Urlaubsscheins bis Anfang 1945 bei seiner Familie in der
Nähe Kölns auf.

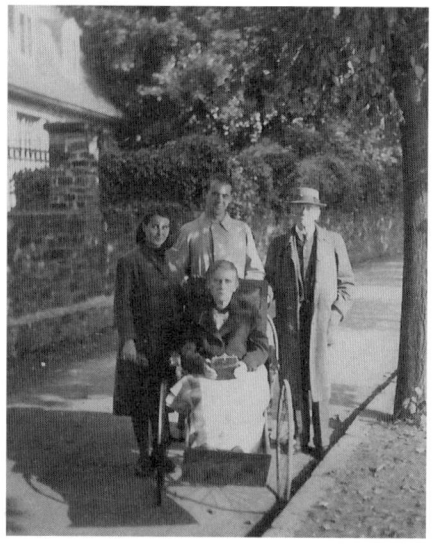

1945 Im April wird Heinrich Böll amerikanischer Kriegsgefangener. Überführung in ein amerikanisches Lager in Attichy. Nach Heinrich Bölls Entlassung aus der Kriegsgefangenschaft meldet er sich in Marienfeld bei Much. – Geburt und Tod des ersten Kindes, Christoph.

1946 Aufnahme der literarischen Arbeit nach dem Krieg. Neben vorwiegend kürzeren Texten entsteht der Roman *Kreuz ohne Liebe*. – Instandsetzung und Umzug in das Haus im Kölner Süden: Schillerstraße 99.

1947 Heinrich Bölls erste Veröffentlichung erscheint im Mai im *Rheinischen Merkur*: *Aus der ›Vorzeit‹*. – Geburt des Sohnes Raimund.

1948 Geburt des Sohnes René.

1949 Mit *Der Zug war pünktlich* erscheint Heinrich Bölls erste Buchpublikation. – Arbeit an der Erzählung *Das Vermächtnis*.

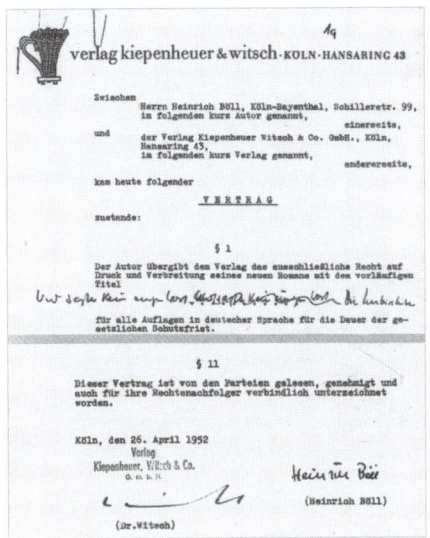

Heinrich Böll

1950   Der *Hessische Rundfunk* sendet erstmals einen Text Heinrich Bölls (*Über die Brücke*). – Die Sammlung *Wanderer, kommst du nach Spa…* erscheint im Middelhauve Verlag. – Geburt des Sohnes Vincent.

1951   Erste Teilnahme an einem Treffen der ›Gruppe 47‹. Heinrich Böll gewinnt den Preis der Gruppe mit seiner Erzählung *Die schwarzen Schafe*. – Im November erscheint *Wo warst du, Adam?* als letzter Titel Bölls im Verlag Middelhauve.

1952   Heinrich Böll und Joseph Caspar Witsch unterzeichnen am 26. April den ersten Verlagsvertrag. – Teilnahme am 50. Mittwochsgespräch im Kölner Hauptbahnhof. Heinrich Böll trägt seinen programmatischen Essay *Bekenntnis zur Trümmerliteratur* vor.

1953   Im April erster bei Kiepenheuer & Witsch erscheinender Roman *Und sagte kein einziges Wort*.

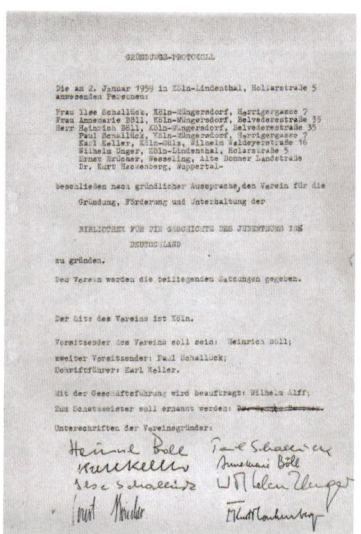

Abb. 139: Annemarie und Heinrich Böll und die Kinder Vincent, Raimund, René, 1956

Abb. 140 (rechts): Urkunde des »Vereins für die Gründung, Förderung und Unterhaltung der Bibliothek für die Geschichte des Judentums in Deutschland« vom 2.1.1959

1954   Umzug der Familie in ein eigenes Haus in Köln-Müngersdorf, Belvederestraße 35. – Der Roman *Haus ohne Hüter* erscheint. – Im Oktober erste Reise nach Irland (Dublin).

1955   Wahl zum Mitglied des P.E.N.-Zentrums der Bundesrepublik. – *Das Brot der frühen Jahre* erscheint.

1957   *Irisches Tagebuch.*

1958   *Brief an einen jungen Katholiken.*

1959   *Billard um halb zehn.* – Am 1. Januar konstituiert sich der »Verein für die Gründung, Förderung und Unterhaltung der Bibliothek für die Geschichte des Judentums in Deutschland«. Als Gründungsmitglieder zeichnen: Annemarie und Heinrich Böll, Ilse und Paul Schallück, Wilhelm Unger, der Buchhändler Karl Keller, der Verleger Ernst Brücher sowie als Beigeordneter der Stadt Köln Kurt Hackenberg. Im Juli werden die Bibliotheksräume in der ›Germania Judaica. Bibliothek zur Geschichte des deutschen Judentums‹, Merlowstraße 24 eröffnet.

Abb. 141 und 142: »Prager Frühling«, 1968. (links) Heinrich Böll von hinten. – (rechts) Panzer des Warschauer Paktes vor dem Gebäude des Prager Rundfunks

1963 Mit der Publikation des Romans *Ansichten eines Clowns* schließt Heinrich Böll die Auseinandersetzung mit dem bundesdeutschen Katholizismus ab.

1964 Im Sommersemester hält Henrich Böll an der Johann-Wolfgang-Goethe-Universität seine *Frankfurter Vorlesungen*.

1966 Die Familie erwirbt in Langenbroich bei Düren ein älteres bäuerliches Anwesen, das umgebaut und im Wechsel mit dem Haus in Müngersdorf (bzw. ab 1969 mit der Hülchrather Straße 7) als Wohn- und Arbeitsort genutzt wird.

1967 Heinrich Böll erhält den »Georg-Büchner-Preis«.

1968 Heinrich Böll wird Zeuge des Einmarsches von Truppen des Warschauer Paktes in Prag – das Ende des »Prager Frühling« genannten Reformversuchs in der ČSSR.

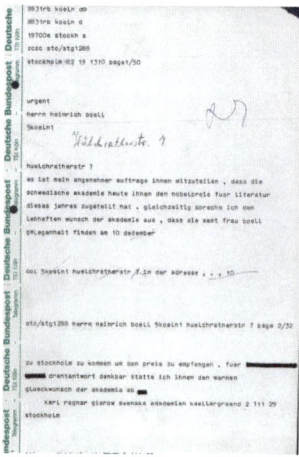

Abb 143: 12.8.1971, Bundespräsident
Gustav Heinemann besucht die Bibliothek
»Germania Judaica«, v.l.n.r.: Klaus von Dohnanyi
(als 2. Vorsitzender), Gustav Heinemann,
Hilda Heinemann, Heinrich Böll und Katharina
Focke

Abb. 144: Telegramm Nobelpreis 19.10.1972

1969 Umzug in die Hülchrather Straße 7 im Kölner Agnes-Viertel. – Rede zur Gründungsversammlung des »Verbandes deutscher Schriftsteller« am 8. Juni 1969 im Kölner Gürzenich: *Ende der Bescheidenheit.*

1970 Böll wird Präsident des P. E. N.-Zentrums der Bundesrepublik Deutschland (bis 1972).

1971 *Gruppenbild mit Dame.* – Wahl zum Präsidenten des Internationalen P. E. N. (bis 1974).

1972 Im *Spiegel* erscheint der Artikel *Will Ulrike Gnade oder freies Geleit?* Die Veröffentlichung führt zu einer monatelangen Hetzkampagne. – Am 10. Dezember wird Böll der Nobelpreis für Literatur verliehen.

1973 Im Mai hält Heinrich Böll seine Nobelpreisvorlesung *Versuch über die Vernunft der Poesie.*

1974 *Die verlorene Ehre der Katharina Blum.* – Böll erwirbt für die »Sozialpädagogische Sondermaßnahmen Köln« (SSK) ein Haus in Köln-Ehrenfeld.

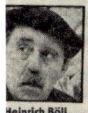

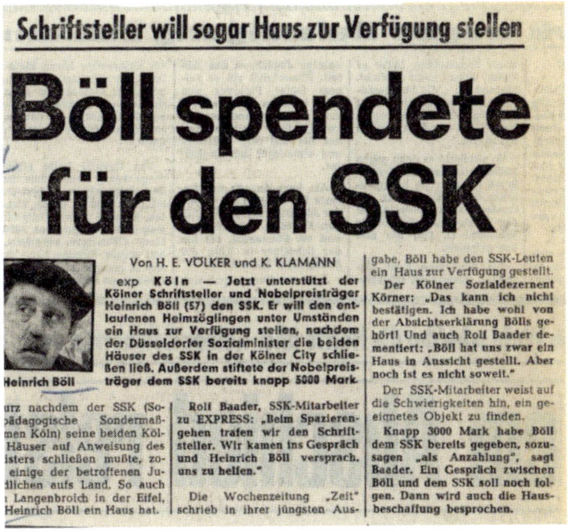

Schriftsteller will sogar Haus zur Verfügung stellen

Böll spendete für den SSK

Heinrich Böll

Von H. E. VÖLKER und K. KLAMANN

exp Köln — Jetzt unterstützt der Kölner Schriftsteller und Nobelpreisträger Heinrich Böll (57) den SSK. Er will den entlaufenen Heimzöglingen unter Umständen ein Haus zur Verfügung stellen, nachdem der Düsseldorfer Sozialminister die beiden Häuser des SSK in der Kölner City schließen ließ. Außerdem stiftete der Nobelpreisträger dem SSK bereits knapp 5000 Mark.

urz nachdem der SSK (Sopädagogische Sondermaßmen Köln) seine beiden Köl- Häuser auf Anweisung des isters schließen mußte, zo- einige der betroffenen Judlichen aufs Land. So auch Langenbroich in der Eifel, Heinrich Böll ein Haus hat.

Rolf Baader, SSK-Mitarbeiter zu EXPRESS: „Beim Spazierengehen trafen wir den Schriftsteller. Wir kamen ins Gespräch und Heinrich Böll versprach, uns zu helfen."

Die Wochenzeitung „Zeit" schrieb in ihrer jüngsten Ausgabe, Böll habe den SSK-Leuten ein Haus zur Verfügung gestellt.

Der Kölner Sozialdezernent Körner: „Das kann ich nicht bestätigen. Ich habe wohl von der Absichtserklärung Bölls gehört! Und auch Rolf Baader dementiert: „Böll hat uns zwar ein Haus in Aussicht gestellt. Aber noch ist es nicht soweit."

Der SSK-Mitarbeiter weist auf die Schwierigkeiten hin, ein geeignetes Objekt zu finden.

Knapp 3000 Mark habe Böll dem SSK bereits gegeben, sozusagen „als Anzahlung", sagt Baader. Ein Gespräch zwischen Böll und dem SSK soll noch folgen. Dann wird auch die Hausbeschaffung besprochen.

Abb. 145: Express Köln, *26.4.1974*

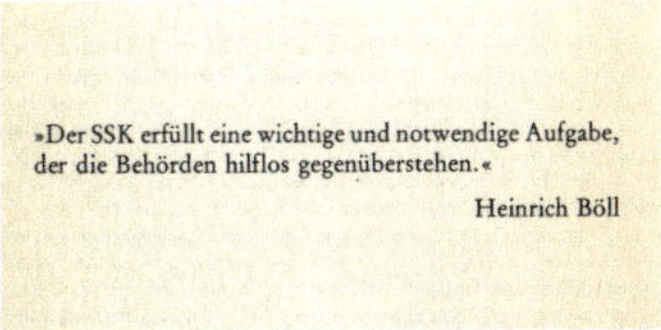

»Der SSK erfüllt eine wichtige und notwendige Aufgabe, der die Behörden hilflos gegenüberstehen.«

Heinrich Böll

Abb. 146: Böll-Zitat und Innentitel der Dokumentation von Lothar Gothe und Rainer Kippe: Aufbruch. 5 Jahre Kampf des SSK: von der Projektgruppe für geflohene Fürsorgezöglinge über die Jugendhilfe zur Selbsthilfe verelendeter junger Arbeiter. *Köln: Kiepenheuer & Witsch 1975 (pocket; 58)*

1975 Am 26. Februar verhandelt die 28. Zivilkammer des Kölner Landgerichts Heinrich Bölls Klage gegen den Journalisten Matthias Walden bzw. gegen den *Sender Freies Berlin.* Matthias Walden hatte am 21. November 1974 in einem Fernsehkommentar anlässlich der Beisetzung des von Terroristen ermordeten Berliner Kammergerichtspräsidenten Günter von Drenkmann Heinrich Böll beschuldigt, durch ›Sympathiebekundungen‹ für die Terroristen den »Boden der Gewalt gedüngt« zu haben. Böll verklagte Matthias Walden auf ein Schmerzensgeld von 100000 DM. Der Prozess beschäftigte alle Instanzen bis hin zum Bundesverfassungsgericht, das eine Entscheidung des Bundesgerichtshofs gegen Böll aufhob bzw. zur erneuten Verhandlung zurückwies, da in diesem Fall das Grundrecht des Persönlichkeitsschutzes höher zu bewerten war als das der Pressefreiheit. Der Bundesgerichtshof entschied 1981 dann im Wesentlichen zugunsten Heinrich Bölls.

1976 Heinrich und Annemarie Böll treten aus der katholischen Kirche als Körperschaft des öffentlichen Rechts aus.

Abb. 147:
Einweihung der
Zentralbibliothek
am 21.9.1979
(v.l.n.r.: Horst-
Johannes Tümmers,
Johannes Rau,
Marianne Kühn,
Heinrich Böll und
Peter Nestler)

1977 Zu Ehren Heinrich Bölls wird anlässlich seines 60. Geburtstages ein Empfang im Kölner Rathaus gegeben. Kiepenheuer & Witsch bringen den ersten Teil einer auf zehn Bände angelegten Werkausgabe heraus.

1979 Im Beisein des Ministerpräsidenten von Nordrhein-Westfalen Johannes Rau hält Heinrich Böll die Eröffnungsrede *Lesende Staatsbürger sind nicht die gehorsamsten* anlässlich der Einweihung des Neubaus der Zentralbibliothek, Joseph-Haubrich-Hof 1. Mit der Eröffnung der Zentralbibliothek wird das Heinrich-Böll-Archiv der Stadtbibliothek Köln eingerichtet.

Der Roman *Fürsorgliche Belagerung* erscheint. – Während einer Reise nach Ecuador im Dezember erkrankt Böll und muss sich nach seiner Rückkehr Anfang Januar 1980 mehreren Operationen unterziehen.

1981 Angeregt durch Marcel Reich-Ranicki publiziert Heinrich Böll einen autobiografischen Bericht über seine Schulzeit: *Was soll aus dem Jungen bloß werden? Oder: Irgendwas mit Büchern* – Neben Erhard Eppler, Heinrich Albertz, Petra Kelly hält Böll anlässlich der Friedensdemonstration am 10. Oktober in Bonn seine Rede gegen die atomare Bedrohung.

Abb. 148: Kölner Stadt-Anzeiger *vom 29.1.1986*

Abb. 149: Rathausturmfigur Heinrich Bölls (3. OG, Nr. 102), Entwurf: Olaf Höhnen

1982 Die Familie zieht in den zwischen Köln und Bonn gelegenen Ort Bornheim-Merten. Tod des Sohnes Raimund.

Der Rat der Stadt Köln beschließt auf seiner Sitzung im November Heinrich Böll die Ehrenbürgerschaft zu verleihen.

1983 Dankrede am 29. April im Rahmen des Festaktes zur Verleihung der Ehrenbürgerschaft *Ich han dem Mädche nix jedonn, ich han et bloß ens kräje.*

1984 *Bild, Bonn, Boenisch.*

1985 Für eine Operation muss Böll Anfang Juli erneut ins Krankenhaus. Am 15. Juli wird er entlassen, um sich auf einen weiteren Eingriff vorzubereiten. Am Morgen des 16. Juli stirbt Heinrich Böll in seinem Haus in dem Eifeldorf Langenbroich. – Postum erscheint der Roman *Frauen vor Flußlandschaft.*

Abb. 150: Heinrich Böll in Bornheim-Merten, 1982

Abb. 151: Annemarie Böll, 2001

1986 Nachdem die Überlegungen, den Appellhofplatz in Heinrich-Böll-Platz umzuwidmen infolge heftiger Kontroversen scheiterten, erhält der bis dahin namenlose Platz vor dem Museum Ludwig den Namen Heinrich Bölls.

1986 Die Gesamtschule Köln-Chorweiler benennt sich nach Heinrich Böll.

1989 Gründung der Heinrich-Böll-Stiftung.

2001 Im Verlag Kiepenheuer & Witsch erscheinen die ersten drei Bände »Heinrich Böll: *Werke*. Kölner Ausgabe«, die 2011 mit Band 27 abgeschlossen wird. Die Festansprache hält Bundeskanzler Gerhard Schröder im Wallraf-Richartz-Museum / Fondation Corboud.

2004 Annemarie Böll stirbt im Alter von 94 Jahren in Langenbroich.

Literaturhinweise

Heinrich Böll: *Briefe aus dem Krieg 1939–1945*. 2 Bde. Köln: Kiepenheuer & Witsch, 2001.
Heinrich Böll: *Erzählungen*. Köln: Kiepenheuer & Witsch, 2006.
Heinrich Böll: *Irisches Tagebuch*. Hrsg. von René Böll. Köln: Kiepenheuer & Witsch, 2007.
Heinrich Böll: *Werke*. Kölner Ausgabe. 26 Bände und ein Registerband. Köln: Kiepenheuer & Witsch, 2002 ff.
Heinrich Böll: *Widerstand ist ein Freiheitsrecht … Schriften und Reden zu Literatur, Politik und Zeitgeschichte*. Hrsg. von René Böll, kommentiert und mit einem Nachwort versehen von Jochen Schubert. Köln: Kiepenheuer & Witsch, 2011.

Balzer, Bernd: *Das literarische Werk Heinrich Bölls. Einführung und Kommentare*. München: Deutscher Taschenbuch Verlag, 1997. (dtv, 30650)
Balzer, Bernd (Hrsg.): *Heinrich Böll. 1917–1985. Zum 75. Geburtstag*. Bern/Berlin u. a.: Peter Lang, 1992. (Memoria)
Fortschreibung. Bibliographie zum Werk Heinrich Bölls. Hrsg. von Viktor Böll und Markus Schäfer. Köln: Kiepenheuer & Witsch, 1997.
Jung, Werner/Jochen Schubert (Hrsg.): »*Ich sammle Augenblicke*« – *Heinrich Böll 1917–1985*. Bielefeld: Aisthesis Verlag, 2008.
Reid, James H.: *Heinrich Böll. Ein Zeuge seiner Zeit*. München: Deutscher Taschenbuch Verlag, 1991. (dtv, 4533)
Sowinski, Bernhard: *Heinrich Böll*. Stuttgart: Metzler, 1993. (Slg. Metzler, 272)
Schröter, Klaus: *Heinrich Böll mit Selbstzeugnissen und Bilddokumenten*. Dargestellt von Klaus Schröter. Reinbek bei Hamburg: Rowohlt Verlag, 1982. (rowohlts monographien, 310)
Text und Kritik. Zeitschrift für Literatur. Hrsg. v. Heinz Ludwig Arnold. Heinrich Böll. 3. Aufl.: Neufassung, Text + Kritik, 1982. (Heft 33)
Vogt, Jochen: *Heinrich Böll*. 2., neu bearb. Aufl., München: C. H. Beck, 1987. (Beck'sche Reihe, 602 – Autorenbücher).
Vormweg, Heinrich: *Der andere Deutsche. Heinrich Böll*. Eine Biographie. Köln: Kiepenheuer & Witsch, 2000.

Textnachweise

Köln eine Stadt – nebenbei eine Großstadt. – In: *Kölner Leben*. – 2. Jg., Nr. 36 (4.9.1953), S. 6–7.
Aufgenommen in: Heinrich Böll: *Werke*. Kölner Ausgabe. Bd. 10, S. 7, S. 87–89.

Was ist kölnisch? – In: *Merian* (Hamburg). – 13. Jg. (1960), Nr. 8 (August) »Köln«, S. 3–8.
Aufgenommen in: Heinrich Böll: *Werke*. Kölner Ausgabe. Bd. 12, S. 67–71.

Köln I. Für Joseph Fassbender – In: *Joseph Fassbender*. Katalog. – Köln: Kölnischer Kunstverein, 1968, S. [3].
Aufgenommen in: Heinrich Böll: *Werke*. Kölner Ausgabe. Bd. 15, S. 389.

Pfäffische Drei-Tage-Freiheit. – In: *Nobis*. Mainzer Studentenzeitung. – 22. Jg. (1969), Heft 153 (Februar/März), S. 1.
Aufgenommen in: Heinrich Böll: *Werke*. Kölner Ausgabe. Bd. 16, S. 18–19.

Stichworte. – Gesendet: *Hessischer Rundfunk* (Frankfurt a. M.), Hörfunk, 17.1.1965 – Das Tagebuch und der moderne Autor (Folge XI), 34'15. In: Uwe Schultz (Hrsg.): *Das Tagebuch und der moderne Autor*. – München: Carl Hanser Verlag, 1965, S. 34–48. [Hier »2. Stichwort: *Örtlichkeit*« und »5. Stichwort: *1945*«]
Aufgenommen in: Heinrich Böll: *Werke*. Kölner Ausgabe. Bd. 14, S. 297–314 [»2. Stichwort: *Örtlichkeit*«, S. 298–302; »5. Stichwort: *1945*«, S. 306–314]

Köln II. Für Grieshaber zum 3 x 20. – In: *Engel der Geschichte* (Stuttgart). – 6. Jg. (1969), Heft 12, S. 12.
Aufgenommen in: Heinrich Böll: *Werke*. Kölner Ausgabe. Bd. 16, S. 27.

Die Stadt der alten Gesichter. – In: *Du*. Schweizerische Monatshefte für Kunst und Kultur (Zürich). – 19. Jg. (1959), Heft 226 (Dezember), S. 39.
Aufgenommen in: Heinrich Böll: *Werke*. Kölner Ausgabe. Bd. 12, S. 26–30.

Straßen wie diese. Nachwort zu »Unter Krahnenbäumen – Bilder aus einer Straße«. – In: *Köln*. Vierteljahrschrift für die Freunde der Stadt. – 2. Jg. (1958), Heft 3 (Juli–September).
Aufgenommen in: Heinrich Böll: *Werke*. Kölner Ausgabe. Bd. 10, S. 427–429.

Heimat und keine. – In: Hans Schmitt-Rost (Hrsg.): *Zeit der Ruinen. Köln am Ende der Diktatur*. Mit Bildern von Walter Dick, einem Vorwort von Heinrich Böll und einem Nachwort des Herausgebers. – Köln: Kiepenheuer & Witsch, 1965, S. VII–XI.
Aufgenommen in: Heinrich Böll: *Werke*. Kölner Ausgabe. Bd. 14, S. 376–380.

»Eure Ruinen waren unsere Spielplätze«. (Gespräch zwischen Heinrich Böll und Wolfgang Niedecken) – Gesendet: *Westdeutscher Rundfunk* (Köln), Hörfunk 2. Programm, 6.1.1985 – Brumkreisel. – Gedruckt: Heinrich Böll: *Werke*. Kölner Ausgabe. Bd. 26, S. 410–446 [hier S. 432–433].

Köln gibt's schon, aber es ist ein Traum. (Gespräch mit Werner Koch) – In: *Merian* (Hamburg). – 32. Jg. (1979), Nr. 12 (Dezember) »Köln«, S. 135–144.
Aufgenommen in: Heinrich Böll: *Werke*. Kölner Ausgabe. Bd. 25, S. 602–628.

Köln III. Spaziergang am Nachmittag des Pfingstsonntags 30. Mai 1971. – In: *Notizbuch. Neun Autoren – Wohnsitz Köln*. Köln: Kiepenheuer & Witsch, 1972, S. 45–57.
Aufgenommen in: Heinrich Böll: *Werke*. Kölner Ausgabe. Bd. 18, S. 96–106.

Drei Tage im März. Gespräch mit Christian Linder vom 11.–13.3.1975. – Heinrich Böll/ Christian Linder: *Drei Tage im März*. – Köln: Kiepenheuer und Witsch, 1975. 115 Seiten. Aufgenommen in: Heinrich Böll: *Werke*. Kölner Ausgabe. Bd. 24, S. 461–547 [hier S. 494– 495].

Wir müssen die Sitzredakteure wieder einführen. Rede auf dem »Kulturforum« der SPD am 16.9.1983 in Bonn. – In: *Ziviler Ungehorsam im Rechtsstaat*. Hrsg. von Peter Glotz. – Frankfurt a. M.: Suhrkamp Verlag, 1983, S. 144–146. Aufgenommen in: Heinrich Böll: *Werke*. Kölner Ausgabe. Bd. 22, S. 243–245 [hier S. 244].

Die Preußen und wir am Rhein. – Heinrich Böll: *Werke*. Kölner Ausgabe. Bd. 1, S. 139–140.

Undines gewaltiger Vater. – In: *Frankfurter Allgemeine Zeitung*. – 9. Jg., Nr. 8 (10.1.1957), S. 7. Aufgenommen in: Heinrich Böll: *Werke*. Kölner Ausgabe. Bd. 10, S. 149–152.

Der Rhein. – In: *Jahresring 60/61. Querschnitt durch die deutsche Literatur und Kunst der Gegenwart*; Jahrbuch für Kunst und Literatur / Hrsg. Kulturkreis im Bundesverband der Deutschen Industrie. (München). – 7. Jg. (1960) [November], S. 92–96. Aufgenommen in: Heinrich Böll: *Werke*. Kölner Ausgabe. Bd. 12, S. 102–107.

Der Rhein. Für HAP Grieshaber. In: HAP Grieshaber: *Der Rhein*. – Köln: Galerie *Der Spiegel* 1965. Aufgenommen in: Heinrich Böll: *Werke*. Kölner Ausgabe. Bd. 14, S. 368–371.

Masken. Gesendet: *Nordwestdeutscher Rundfunk* (Köln), Hörfunk, 16.2.1953 u. d. T.: Masken – ein Vortrag von Heinrich Böll. – Gedruckt: *Frankfurter Allgemeine Zeitung*. – 6. Jg., Nr. 49 (27.2.1954), ›Bilder und Zeiten‹ u.d.T.: Maskerade. Aufgenommen in: Heinrich Böll: *Werke*. Kölner Ausgabe. Bd. 6, S. 275–279.

Raderberg, Raderthal. – In: *Atlas*. Zusammengestellt von deutschen Autoren. – Berlin: Verlag Klaus Wagenbach, 1965, S.191–202. Aufgenommen in: Heinrich Böll: *Werke*. Kölner Ausgabe. Bd. 14, S. 381–390.

Preußentum – Heinrich Böll: *Werke*. Kölner Ausgabe. Bd. 1, S. 138.

Was soll aus dem Jungen bloß werden? Oder: irgendwas mit Büchern. – In: *Frankfurter Allgemeine Zeitung*. – 31. Jg., Nr. 91 (18.4.1981), ›Bilder und Zeiten‹, u. d. T.: »Den Nazis verdanke ich mein Abitur«; Buchdruck: *Was soll aus dem Jungen bloß werden? Oder: Irgendwas mit Büchern*. – Bornheim-Merten: Lamuv, September 1981, 96 Seiten. Aufgenommen in: Heinrich Böll: *Werke*. Kölner Ausgabe. Bd. 21, S. 388–440 [hier S. 392– 397; 402–403].

Heinrich Böll: *Briefe aus dem Krieg 1939–1945*. 2 Bde. Hg. und komment. von Jochen Schubert. Mit einem Vorwort von Annemarie Böll und einem Nachwort von James H. Reid. Köln: Kiepenheuer & Witsch, 2001 [hier S. 174–174 (6.3.1941); S. 196–198 (17.6.1941); S. 212–213 (9.7.1941); S. 239–240 (8.8.1941)].

An einen Bischof, einen General und einen Minister des Jahrgangs 1917. – In: *Die Zeit* (Hamburg). – 21. Jg., Nr. 49 (2.12.1966), S. 17.
Aufgenommen in: Heinrich Böll: *Werke*. Kölner Ausgabe. Bd. 15, S. 252–268.

Brief an Theo Weidmann, Köln den 24. Juni 1946. – In: Gabriele Hoffmann: *Heinrich Böll*. Eine Biographie. Bornheim-Merten: Lamuv, 1986, S. 98–100.

Hoffentlich kein Heldenlied. – In: Claus Hinrich Casdorff (Hrsg.): *Weihnachten 1945. Ein Buch der Erinnerungen*. – Königstein/Ts.: Athenäum Verlag, 1981. S. 37–44.
Aufgenommen in: Heinrich Böll: *Werke*. Kölner Ausgabe. Bd. 22, S. 79–85.

Hülchrather Straße Nr. 7. –In: *Köln*. Vierteljahresschrift für Freunde der Stadt. – 18. Jg. (1972), Heft III (Juli–September), S. 114–122.
Aufgenommen in: Heinrich Böll: *Werke*. Kölner Ausgabe. Bd. 18, S. 77–87.

Sie kamen. – In: Heinrich Böll: *Werke*. Kölner Ausgabe. Bd. 27, S. 437.

Ich han dem Mädche nix jedonn, ich han et bloß ens kräje. Dankrede zur Verleihung des Ehrenbürgerrechts der Stadt Köln am 29.4.1983. – In: Heinrich Böll: »*Ich han dem Mädche nix jedonn, ich han et bloß ens kräje*«. Texte, Bilder, Dokumente zur Verleihung des Ehrenbürgerrechts der Stadt Köln, 29.4.1983. Hrsg. von der Stadt Köln, der Oberstadtdirektor. – Köln, 1983. S. 43–56.
Aufgenommen in: Heinrich Böll: *Werke*. Kölner Ausgabe. Bd. 22, S. 221–228.

Versunken die Stadt. – In: Heinrich Böll: *Wir kommen weit her*. Gedichte. Mit Collagen von Klaus Staeck. Nachwort von Lew Kopelew. – Göttingen: Steidl Verlag, 1986, S. 72–76.
Aufgenommen in: Heinrich Böll: *Werke*. Kölner Ausgabe. Bd. 23, S. 198–202.

Abbildungsnachweise

Abb. 126: © Bild am Sonntag

Abb. 147: © Archiv Stadtbibliothek Köln

Abb. 1, 3, 5, 10, 15, 17–21, 23, 28–31, 37–39, 43–45, 46–48, 50–55, 58, 61, 63–65, 67–70, 73–78, 81–88, 90–100, 102–115, 117, 119, 121–123, 125, 127, 128–131, 133–137, 139, 141–142, 144, 150–151: Erbengemeinschaft Heinrich Böll + René Böll / © Samay Böll

Abb. 79: Heinrich-Böll-Archiv der Stadtbibliothek Köln, Sammlung Zeitungsausschnitte

Abb. 145: © Express, Köln

Abb. 4: Aus: Heinrich Böll: »Ich han dem Mädche nix jedonn, ich han et bloß ens kräje«. Texte, Bilder, Dokumente zur Verleihung des Ehrenbürgerrechts der Stadt Köln, 29.4.1983. Hrsg. von der Stadt Köln, der Oberstadtdirektor. – Köln 1983

Abb. 14: © Nachlass und Archiv Joseph Faßbender

Zu dieser Ausgabe

Der vorliegende Band versammelt die zu Köln entstandenen Texte und Gedichte Heinrich Bölls, das anlässlich des Köln gewidmeten *Merian*-Heftes mit Werner Koch 1979 geführte, ausführliche Gespräch über Köln sowie Auszüge aus anderen Gesprächen und Texten beziehungsweise aus der Korrespondenz der Kriegszeit. Der Abdruck der Texte, Gedichte und Gespräche folgt der Kölner Ausgabe, die Auszüge aus den Feldpostbriefen der 2001 publizierten Edition (siehe Literaturhinweise). Auf eine vollständige Sammlung der im Werk weit verstreuten Äußerungen musste aus Umfangsgründen leider verzichtet werden. So stehen die aufgenommenen Zeugnisse aus der Publikation der *Briefe aus dem Krieg 1939–1945* oder die Passagen aus *Was soll aus dem Jungen bloß werden?* beziehungsweise die Äußerungen aus Interviews und Gesprächen beispielhaft für die überall greifbare Präsenz des Themas. Geachtet wurde hingegen darauf, dass die Motive und Themen der Auseinandersetzung mit der Geburts- und Heimatstadt durch die Auswahl erkennbar und umfassend repräsentiert sind.

An dieser Stelle möchte ich mich bei allen, die durch ihre Unterstützung zum Zustandekommen des Bandes beigetragen haben, herzlich bedanken, insbesondere bei Walter Borgers (Nachlass Faßbender), Ansgar Fromme, Foto Lambertin, Prof. Kurt Fremppel (Nachlass Grieshaber) sowie bei Herrn Klaus H. Schopen vom Schokoladenmuseum Köln und Erwin Schmidt vom Straßenbahn-Museum Thielenbruch für die Bereitstellung von zum Teil noch unbekannten Fotografien, ferner bei Björn-Eric Kohnen, Roby Mühlhauser und Harry Schumacher. Den im Abbildungsnachweis genannten Institutionen, Verlagen und Zeitungsredaktionen danke ich für die gewährte Reproduktionsmöglichkeit der im vorliegenden Band wiedergegebenen Dokumente. Danken möchte ich zudem den Herausgebern der Kölner Ausgabe, auf die im Zusammenhang der einzelnen Bände ausgearbeiteten Kommentare zurückgreifen zu können. Bedanken möchte ich mich last but not least bei Dorothea Roll von Kiepenheuer & Witsch für ihre engagierte und ideenreiche Erstellung des Layouts sowie bei Jochen Schubert für zahlreiche Anregungen und Gespräche.